田野·社会丛书

社会变革时期的财产纠纷与诉讼实践

——Y市法院1950—1965年民事档案实证研究

李 麒 著

商务印书馆
创于1897 The Commercial Press

2018年·北京

图书在版编目（CIP）数据

社会变革时期的财产纠纷与诉讼实践：Y市法院1950—1965年民事档案实证研究 / 李麒著. — 北京：商务印书馆，2018
（田野 · 社会丛书）
ISBN 978-7-100-15115-3

I. ①社… II. ①李… III. ①财产权益纠纷－研究－中国 IV. ①D923.04

中国版本图书馆CIP数据核字（2017）第205029号

（田野 · 社会丛书）
社会变革时期的财产纠纷与诉讼实践
——Y市法院1950—1965年民事档案实证研究
李 麒 著

商 务 印 书 馆 出 版
（北京王府井大街36号 邮政编码 100710）
商 务 印 书 馆 发 行
三河市尚艺印装有限公司印刷
ISBN 978-7-100-15115-3

2018年7月第1版 开本 710×1000 1/16
2018年7月第1次印刷 印张 16 1/4

定价：48.00元

《田野·社会丛书》总序

走向田野与社会

——中国社会史研究的追求与实践

行　龙

人文社会科学领域的理论和概念总是不断出新五花八门。回顾20世纪80年代以来中国社会史研究的发展历程，我们引进、接受了太多的西方人文社会科学的理论和概念。现代化理论、"中国中心观"、年鉴派史学、国家—社会理论、"过密化"、"权力的文化网络"、"地方性知识"、知识考古学、后现代史学如此等等，林林总总。引进接受的过程既是一个目不暇接眼花缭乱的过程，又是一个不断跟进让人疲惫的过程。在这样一个过程中，我们在不断地反思，也在不断地前行。中国社会史研究深受西方有关理论概念的影响，这是一个不争的事实。另一方面，我们又不时地听到或看到对西方理论概念盲目追求一味模仿的批评，建立中国本土化的社会史概念理论的呼声在我们的耳畔不时响起。

这里的"走向田野与社会"，却不是什么新的概念，更不是什么理论之类。至多可以说，它是山西大学中国社会史研究中心三代学人从事社会史研究过程中的一种学术追求和实践。

"走向田野与社会"付诸文字，最早是在2002年。那一年，为庆祝山西大学建校100周年，校方组织出版了一批学术著作，其中一本是我主编的《近代山西社会研究》，此书有一个副标题就叫"走向田野与社会"（中国社会科学出版社2002年版），其实是我和自己培养的最初几届硕士研究生撰写的有关区域社会史的学术论文集。2007年我的另一本书将此副题移作正题，名曰《走向田野与社会》（生活·读书·新知三联书店 2007 年版）。

忆记 2004 年 9 月的一个晚上，我在山西大学以“走向田野与社会”为题的讲座中谈到，这里的“田野”包含两层意思：一是相对于校园和图书馆的田地与原野，也就是基层社会和农村；二是人类学意义上的田野工作，也就是参与观察实地考察的方法。这里的“社会”也有两层含义：一是现实的社会，我们必须关注现实社会，懂得从现在推延到过去或者由过去推延到现在；二是社会史意义上的社会，这是一个整体的社会，也是一个“自下而上”视角下的社会。

其实，走向田野与社会是中国历史学的一个悠久传统，也是一份值得深切体会和实践的学术资源。我们的老祖宗司马迁写《史记》的目的是“究天人之际，通古今之变，成一家之言”，为此他游历名山大川，了解风土民情，采访野夫乡老，搜集民间传说。一篇《河渠书》，太史公“南登庐山，观禹疏九江，遂至于会稽太湟，上姑苏，望五湖；东窥洛汭、大邳、迎河，行淮、泗、济、漯、洛渠；西瞻蜀之岷山及离碓；北自龙门至于朔方”，可谓足迹遍南北。及至晚近，“读万卷书，行万里路”几成中国传统知识文人治学的准则。

我的老师乔志强（1928—1998）先生辈，虽然不能把他们看作传统文人一代，但他们对中国传统文化的体认却比吾辈要深切许多。即使是在接连不断的政治运动环境下，他们也会在自己有限的学问范围内走出校园，走向田野。乔先生最早出版的一本书，是 1957 年由山西人民出版社出版的《曹顺起义史料汇编》，该书区区 6 万字，除抄录第一历史档案馆有关上谕、奏折、审讯记录稿本外，很重要的一部分就是他采访当事人后人及“访问其他当地老群众”，召开座谈会收集而来的民间传说。也是在 20 世纪 50 年代开始，他在教学之余，又开始留心搜集山西地区义和团史料。现在学界利用甚广的刘大鹏之《退想斋日记》、《潜园琐记》、《晋祠志》等重要资料，就是他在晋祠圣母殿侧廊看到刘大鹏的碑铭后，顺藤摸瓜，实地走访得来的。1980 年，当人们还沉浸在“科学的春天”到来之际，乔志强先生就推出了《义和团在山西地区史料》（山西人民出版社 1980 年版）这部来自乡间田野的重要资料书，这批资料也成就了他对早年山西义和团的研究和辛亥革命前十年历史的研究。

20 世纪 80 年代，乔志强先生以其敏锐的史家眼光，开始了社会史领域的钻研和探索。我们清楚地记得，他与研究生一起研读相关学科的基础知识，一起讨论提纲著书立说，一起参观考察晋祠、乔家大院、丁村民俗博物馆，一起走向田野访问乡老。一部《中国近代社会史》（人民出版社 1992 年版）被学界誉为中国社会史“由理论探讨走向实际操作的第一步”，成为中国社会史学科体系初步形成的一个最重要的标志。就是在本书的长篇导论中，他在最后一个部分专门谈“怎样研究社会史”，认为“历史调查可以说是社会史的主要研究方法”，举凡文献资料，包括正史、野史、私家著述、地方志、笔记、专书、日记、书信、年谱、家谱、回忆录、文学作品；文物，包括金石、文书、契约、图像、器物；调查访问，包括访谈、问卷、观察等等，不厌其烦，逐一道来，其中列举的山西地区铁铸古钟鼎文和石刻碑文等都是他多年的切身体验和辛苦所得。

乔志强先生对历史调查和田野工作的理解是非常朴实的，其描述的文字也是平淡无华的，关于“调查访问”中的“观察”，他这样写道：

> 现实的社会生活，往往留有以往社会的痕迹，有时甚至很多传统，特别如民俗、人际关系、生活习惯，这些就可以借助于观察。另外还可以借助于到交通不便或是人际关系较为简单的地区去观察调查，因为它们还可能保留有较多的过去的风俗习惯、人际往来等方面的痕迹，对于理解历史是有用处的。（《中国近代社会史》，人民出版社 1992 年版，第 30—31 页）

二十多年后重温先生朴实无华的教诲，回想当年跟随先生走村过镇的往事，我们为学有所本亲炙教诲感到欣慰。

走向田野与社会，又是由社会史的学科特性所决定的。20 世纪之后兴起的西方新史学，尤其是法国年鉴学派史学在批判实证史学的基础上异军突起，年鉴派史学“所要求的历史不仅是政治史、军事史和外交史，而且还是经济史、人口史、技术史和习俗史；不仅是君王和大人物的历史，而且还是所有人的历史；这是结构的历史，而不仅仅是事件的历史；这是有演进的、变革地运动着的历史，不是停滞的、描述性的历史；是有分析的、有说明的历史，而不再是纯叙述性的历史；总之是一种总体的历史”。100 年前，梁启超在中国倡导的“新史学”与西方有异曲同工之妙，20 世纪 80 年代恢复后的中国社会史研究更以其“把历史的内容还给历史”的雄心登坛亮相。长期以来以阶级斗争为主线的历史研究使得历史变得干瘪枯燥，以大人物和大事件组成的历史难以反映历史的真实，全面地准确地认识国情把握国情，需要我们全面的系统的认识历史认识社会，需要我们还历史以有血有肉丰富多彩的全貌。可以说，中国社会史在顺应中国社会变革和时代潮流中得以恢复，又在关注社会现实的过程中得以演进。

因此，社会史意义上的“社会”，又不仅是历史的社会，同时也是现实的社会。通过过去而理解现在，通过现在而理解过去，此为年鉴派史学方法论的核心，第三代年鉴学派的重要人物勒高夫曾宣称，年鉴派史学是一种“史学家带着问题去研究的史学”，“它比任何时候都更重视从现时出发来探讨历史问题”。

很有意思的是，半个世纪以前，钱穆先生在香港某学术机构做演讲，有一讲即为“如何研究社会史”，他尤其强调：

> 要研究社会史，应该从当前亲身所处的现实社会着手。历史传统本是以往社会的记录，当前社会则是此下历史的张本。历史中所有是既往的社会，社会上所有则是先前的历史，此两者本应联系合一来看。
>
> 要研究社会史，决不可关着门埋头在图书馆中专寻文字资料所能胜任，主要乃在能从活的现实社会中获取生动的实像。
>
> 我们若能由社会追溯到历史，从历史认识到社会，把眼前社会来做以往历史的一个生动见证，这样研究，才始活泼真确，不要专在文字记载上作片面的搜索。(《中国历史研究法》，生活·读书·新知三联书店2001年版，第52—56页)

乔志强先生撰写的《中国近代社会史》导论部分，计有社会史研究的对象、知识结构、意义及怎样研究社会史四个小节，谈到社会史研究的意义，没有谈其学术意义，“重点强调研究社会史具有的重要的现实意义”。社会史的研究要有现实感，这是社会史研究者的社会责任，也是催促我们走向田野与社会的学术动力。

社会史意义上的“社会”，又是一种“自下而上”视角下的社会。与传统史学重视上层人物和重大历史事件的“自上而下”视角不同，社会史的研究更重视芸芸众生的历史与日常。举凡人口、婚姻、家庭、宗族、农村、集镇、城市、士农工商、衣食住行、宗教信仰、节日礼俗、人际关系、教育赡养、慈善救灾、社会问题等等，均从“社会生活的深处”跃出而成为社会史研究的主要内容。显然，社会史的研究极大地拓展了传统史学的研究内容，如此丰富的研究内容决定了社会史多学科交叉融合的特性，如此特性需要我们具有与此研究内容相匹配的相关学科基础知识与训练，需要我们走出学校和图书馆，走向田野与社会。由此，人类学、社会学等成为社会史最亲密的伙伴，社会史研究者背起行囊走向田野，“优先与人类学对话”成为一道风景。

“偶然相遇人间世，合在增城阿姥家。”山西大学的社会史研究与人类学是有学脉缘分的，一位祖籍山西，至今活跃在人类学界的乔健先生1990年自香港向我们走来。我不时地想过，也许就是一种缘分，“二乔”成为我们社会史研究的领路人，算是我们这些生长在较为闭塞的山西后辈学人的福分。现在，山西大学中国社会史研究中心的鉴知楼里，恭敬地置放着“二乔”的雕像，每每仰望，实多感慨。

1998年，乔志强先生仙逝后，乔健先生曾特意撰文回忆他与志强先生最初的交往：

> 我第一次见到乔志强先生是在1990年初夏，当时我来山西大学接受荣誉教授的颁授。志强先生与我除了同乡、同姓的关系外，还是同志。我自己是研究文化/社会人类学的，但早期都偏重所谓“异文化”的研究，其中包括了台湾的高山族、美国的印第安人（特别是那瓦侯族）以及华南的瑶族。但从九十年代起，逐渐转向汉族，特别是华北汉族社会的研究。志强先生是中国社会史权威，与我新的研究兴趣相同。由于这种“三同”的因缘，我们一见如故，相谈极欢。他特别邀请我去他家吃饭，吃的是我最爱吃的豆角焖面。我对先生的纯诚质朴，也深为赞佩。（《纪念乔志强先生》，未刊稿，第32页）

其实，乔健先生也是一位“纯诚质朴”的蔼蔼长者，又是一位立身田野从来不知疲倦的著名人类学家。他为扩展山西大学的对外学术交流，尤其是对中国社会史研究中心的学术发展付出了大量的心血。我初次与乔健先生相识正是在1990

年山西大学华北文化研究中心的成立仪式上。1996年，“二乔”联名申请国家社科基金重点项目——华北贱民阶层研究获准，我和一名研究生承担的“晋东南剃头匠”成为其中的一部分，开始直接受到乔健先生人类学的指导和训练；2001年，乔健先生又申请到一个欧洲联盟委员会关于中国农村可持续发展的研究项目，我们多年来关注的一个田野工作点赤桥村（即晋祠附近刘大鹏祖籍）被确定为全国七个点之一；2006年下半年，我专门请乔先生为研究生开设了文化人类学专题课，他编写讲义，印制参考资料，每天到图书馆的十层授课论道，往来不辍。这些年，他几乎每年都要来中心一到两次，做讲座，下田野，乐在其中，老而弥坚。前不久他来又和我谈起下一步研究绵山脚下著名的张壁古堡计划。如今，乔健先生将一生收藏的人类学、社会学书籍和期刊捐赠中心，命名为“乔健图书馆”，又特设两种奖学金鼓励优秀学子立志成才，其情其人，良多感佩。正是在这位著名人类学家的躬身提携下，我结识了费孝通、李亦园、金耀基等著名人类学社会学前辈及大批同行，我和多名研究生曾到香港和台湾参加各种人类学、社会学会议。正是在乔健先生的亲自指导之下，我们这些历史学学科背景的晚辈，才开始学得一点人类学的知识和田野工作的方法，山西大学中国社会史研究中心的学术工作有了人类学、社会学的气味，走向田野与社会成为中心愈来愈浓的学术风气。

奉献在读者面前的这套丛书，命名为“田野·社会丛书”，编者和诸位作者不谋而合。丛书主要刊出山西大学中国社会史研究中心年轻一代学者的研究成果，其中有些为博士论文基础上的修改稿，有些则为另起炉灶的新作。博士论文也好，新作也好，均为积年累月辛苦钻研所得，希望借此表达出走向田野与社会的研究取向和学术追求。

丛书所收均为区域社会史研究之作，而这个“区域”正是以我们生于斯，长于斯，情系与斯的山西地区为中心。在长期从事中国社会史研究的过程中，编者和作者形成了这样一个基本认知：社会史的研究并不简单是“社会生活史”的研究，只有“自上而下”与“自下而上”的结合，理论探讨与实证研究的结合，宏观研究与微观研究的结合，才能实现“整体的”社会史研究这一目标，才能避免“碎片化”的陷阱。

其实，整体和区域只是反映事物多样性和统一性及其相互关系的范畴，整体只能在区域中存在，只有通过区域而存在。相对于特定国家的不同区域而言，全国性范围的研究可以说是宏观的、整体的，但相对于跨国界的世界范围的研究而言，全国性的研究又只能是一种微观的、区域的研究，整体和区域并不等同于宏观和微观。史学研究的价值并不在于选题的整体与区域之别，区域研究得出的结论未必都是个别的、只适于局部地区的定论，“更重要的是在每个具体的研究中使用各种方法、手段和途径，使其融为一体，从而事实上推进史学研究”。我们相信，沉湎于中国悠久的历史文化传统，研读品味先辈们赐赠的丰硕成果，面对不断翻新流行时髦的各式理论概念，史学研究的不变宗旨仍然是求真求实，而求真求实的重要途径之一就是通过区域的、个案的、具体的研究去实践。这里需要引起注意的是，这样一种区域的、个案的、具体的研究又往往被误认为社会史研究“碎化”的表现，其实，所谓的“碎化”并不可怕，把研究对象咬烂嚼碎，烂熟于胸化然于心并没有什么不好，可怕的是碎而不化，碎而不通。区域社会史的研究绝不是画地为牢的就区域而区域，而是要就区域看整体，就地方看国家。从唯物主义整体的普遍联系的观点出发，在区域的、个案的、具体的研究中保持整体的眼光，正是克服过分追求宏大叙事，实现社会史研究整体性的重要途径。丛书所收的各种选题中，既有对山西区域社会一些重大问题的研究，也有一些更小的区域（如黄河小北干流、霍泉流域）、甚至某个具体村庄的研究，选题各异，而追求整体社会史研究的目标则一。

作为一种学术追求与实践，走向田野与社会也是区域社会史研究的必然逻辑。我们知道，传统历史研究历来重视时间维度，那种民族——国家的宏大叙事大多只是一个虚幻的概念，一个虚拟和抽象的整体，而没有较为真切的空间维度。社会史的研究要“自下而上”，要更多地关注底层民众的历史，而区域社会正是民众生活的日常空间，只有空间维度的区域才是具体的真实的区域，揭示空间特征的“田野”便自然地进入区域社会史研究的视野，走向田野从事田野工作便成为一种学术自觉与必然。

社会史研究要“优先与人类学对话”，也要重视田野工作。我们知道，人类学的田野工作首先是对“异文化”的参与观察，他要求研究者到被研究者的生活圈子里至少进行为期一年的实地观察与研究，与被研究者“同吃同住同劳动”，进而撰写人类学意义上的民族志。人类学强调参与观察的田野工作，对区域社会史研究具有重要的借鉴意义。走向田野，直接到那个具体的区域体验空间的历史，观察研究对象的日常，感受历史现场的氛围，才能使时间的历史与空间的历史连接起来，才能对“地方性知识”获取真正的认同，才能体会到“同情之理解”的可能，才能对区域社会的历史脉络有更为深刻的把握。然而，社会史的田野工作又不完全等同于人类学的田野工作。“上穷碧落下黄泉，动手动脚找资料”，搜集资料、尽可能地全面详尽地占有资料，是史学研究、尤其是区域社会史研究最基础的工作。

如果说宏大叙事式的研究主要是通过传统的正史资料所获取，那么，区域社会史的研究仅此是远远不够的，这是因为，传统的正史甚至包括地方志并没有存留下丰厚的地方资料，“地方性资料”诸如碑刻、家谱、契约、账簿、渠册、笔记、日记、自传、秧歌、戏曲、小调等等只有通过田野调查才能有所发现，甚至大量获取。所以说，社会史的田野工作，首先要进行一场“资料革命”，在获取历史现场感的同时获取地方资料，在获取现场感和地方资料的同时确定研究内容认识研究内容。在《走向田野与社会》一书开篇自序中，笔者曾有所感触地写道：

> 走向田野，深入乡村，身临其境，在特定的环境中，文献知识中有关历史场景的信息被激活，作为研究者，我们也仿佛回到过去，感受到具体研究的历史氛围，在叙述历史，解释历史时才可能接近历史的真实。走向田野与社会，可以说是史料、研究内容、理论方法三位一体，相互依赖，相互包含，紧密关联。在我的具体研究中，有时先确定研究内容，然后在田野中有意识地收集资料；有时是无预设地搜集资料，在田野搜集资料的过程中启发了思路，然后确定研究内容；有时仅仅是身临其境的现场感，就激发了新的灵感与问题意识，有时甚至就是三者的结合。

值得欣慰的是，在长期从事社会史学习和研究的过程中，走向田野与社会这一学术取向正在实践中体现出来。《田野·社会丛书》所收的每个选题，都利用了大量田野工作搜集到的地方文献、民间文书及口述资料；就单个选题而言，不能说此前没有此类的研究，就资料的搜集整理利用之全面和系统而言，至少此前没有如此丰厚和扎实。我们相信，走向田野与社会，利用田野工作搜集整理地方文献和资料，在眼下快速城市化的进程中是一种神圣的文化抢救工作，也是一项重要的学术积累活动。我们也相信，这就是陈寅恪先生提到的学术之“预流”——“一时代之学术，必有其新材料与新问题。取用此材料以研究问题，则为此时代学术之新潮流。治学之士，取预此潮流，谓之预流”。

走向田野与社会，既驱动我们走向田野将文献解读与田野调查结合起来，又激发我们关注现实将历史与现实粘连起来，这样的工作可以使我们发现新材料和新问题，以此新材料用以研究新问题，催生了一个新的研究领域——集体化时代的中国农村社会研究。

对于这样一个新的研究领域，这里还是有必要多谈几句。其实，何为“集体化时代”，仍是一个见仁见智的问题。陋见所知，或曰“合作化时代”，或曰“公社化时代”，对其上限的界定更有互助组、高级社、甚至人民公社等诸多说法。我们认为，集体化时代即指从中国共产党在抗日根据地推行互助组，到20世纪80年代农村人民公社体制结束的时代，此间约40年时间（各地容有不一），互助组、初级社、高级社、人民公社、农业学大寨前后相继，一路走来。这是一个中国共产党人带领亿万农民走向集体化，实践集体化的时代，也是中国农村经历的一个非常特殊的历史时代。然而，对于这样一个重要的研究领域，以往的中国革命史和中国共产党党史研究并没有给予足够的重视，宏大叙事框架下的革命史和党史只能看到上层的历史与重大事件，基层农村和农民的生活与实态往往淹没无闻。在走向田野与社会的实践中，我们强烈地感受到，随着现代化过程中“三农”问题的日益突出，随着城市化过程中农村基层档案的迅速流失，从搜集基层农村档案资料做起，开展集体化时代的农村社会研究，是我们社会史工作者一份神圣的社会责任。坐而论道，不如起而行之。21世纪初开始，我们有计划、有组织地下大力气对以山西为中心的集体化时代的基层农村档案资料进行抢救式的搜集整理，师生积年累月，栉风沐雨，不避寒暑，不畏艰难，走向田野与社会，深入基层与农村，迄今已搜集整理近200个村庄的基层档案，数量当在数千万字以上。以此为基础，我们还创办了一个“集体化时代的农村社会”学术展览馆。集体化时代的农村基层档案可谓是“无所不包，无奇不有”，其重要价值在于它的数量庞大而不可复制，其可惜之处在于它的迅速散失而难以搜集。我们并不是对这段历史有什么特殊的情感，更不是将这批档案视为“红色文物”期望它增值，实在是为其迅速散失而感到痛惜，痛惜之余奋力抢救，抢救之中又进入研究视野。回味法国年鉴学派倡导的“集体调查”，我们对此充满敬意而信心十足。

勒高夫在谈到费弗尔《为史学而战》时写道：

> 费弗尔在书中提倡“指导性的史学”，今天也许已很少再听到这一说法。但它是指以集体调查为基础来研究历史，这一方向被费弗尔认为是“史学的前途”。对此《年鉴》杂志一开始就做出榜样：它进行了对土地册、小块田地表格、农业技术及其对人类历史的影响、贵族等的集体调查。这是一条可以带来丰富成果的研究途径。自1948年创立起，高等研究实验学院第六部的历史研究中心正是沿着这一途径从事研究工作的。（勒高夫等主编：《新史学》，上海译文出版社1989年版，第14—15页）

集体化时代的农村社会研究，还使我们将社会史的研究引入到了现当代史的研究中。中国社会史研究自20世纪80年代复兴以来，主要集中在1949年以前的所谓古代史、近代史范畴，将社会史研究引入现当代史，进一步丰富革命史和中国共产党党史的研究，以致开展“新革命史”研究的呼声，近年来愈益高涨。我们认为，如果社会史的研究仅限于古代、近代的探讨而不顾及现当代，那将是一个巨大的缺失和遗憾，将社会史的视角延伸至中国现当代史之中，不仅是社会史研究“长时段”特性的体现，而且必将促进“自上而下”与“自下而上”的有机结合，进而促进整体社会史的研究。

三十而立，三十而思。从乔志强先生创立中国社会史研究的初步体系，到由整体社会史而区域社会史的具体实践，从中国近代社会史到明清以来直至中国的当代史，在走向田野与社会的学术追求和实践中，山西大学的中国社会史研究在反思中不断前行，任重而又道远。

1992年成立的山西大学中国社会史研究中心，到今年已经整整20年了。田野·社会丛书的出版，算是对这个年轻的但又是全国最早出现的社会史研究机构的小小礼物，也是我们对中国社会史研究的重要开拓者乔志强先生的一个纪念。

2012年岁首于山西大学
中国社会史研究中心

目 录

引　言

以民事诉讼档案为中心从法律史的角度展开社会经济史的研究，是社会经济史研究的一种新视野和新思路。法律史和社会经济史结合，给法律研究注入了新的活力；社会经济史和法律史结合，透过法律的维度来看社会经济，可以增强社会经济史的叙事功能、解释功能、人文关怀和整体史追求。以往的研究侧重于宋代、明清时期、民国时期的民事诉讼实践，取得了不少成果。不过，对于20世纪50年代至60年代的财产纠纷与诉讼实践尚没有展开以区域为基础的系统、细致的研究。

财产纠纷本质上是财产权利的争议，而财产权利则是由正式的财产制度或非正式的财产制度加以确认和保护的；财产纠纷的诉讼解决，在审理程序上受到国家诉讼制度的约束，在处理依据上受到财产权利制度的约束。因此，财产纠纷及其诉讼实践与财产权利制度以及相关司法制度等密切相关。

本书通过对Y市法院1950年至1965年民事诉讼档案的解读，并结合其他资料，对财产纠纷与诉讼实践，进行了比较深入的探讨。通过诉讼解决的财产纠纷是众多财产纠纷的一部分，与未进入司法过程的财产纠纷相比较，它们在形成的原因、对社会经济秩序的影响以及解决的方法与过程等方面，都有明显的不同。在经济社会变革的特定历史时空中，在没有相对完善的民事法律制度的司法场域中，诉讼当事人是如何表达他们财产诉求的，司法权对财产权利是如何进行确认和保护的，财产诉讼解决过程中各种力量和因素是如何介入和产生作用的，等等，都从不同的方面有效而深刻地表达着民众之间的财产权利关系，国家权力和民众权利诉求之间的关系，经济社会和法律之间的关系，政策、法律构成的正式制度与以民事习惯为主要表现形式的非正式制度在财产权利保护方面的关系。

新中国成立后，中国社会进入了一个新的发展变革时期，经济制度的不断调整和变化、基层社会权力结构的调整、政治运动的频繁交替、随着旧法统的废除而带来的法律制度变革及其相当不完备状态等，都对包括财产纠纷在内的民事纠纷及其诉讼实践产生了影响。同样，财产纠纷及诉讼实践反映着和参与着社会政治经济生活的变革和权利观念的发展。诉讼档案表明，法院在20世纪50年代至60年代中期的司法实践中，在法律制度不尽完善甚至有所缺失的情况下，依据既有的法律规定、政策和习惯，结合具体案件的实际情况，实现了保障财产权利、维护社会经济制度的基本功能，其经验对于新时期的社会经济制度完善、法律发展和司法实践具有重要的参考价值。

男女结婚不仅创设夫妻身份关系，在经济生活中也要发生财产关系，财产关系成为婚姻效力的重要组成部分。为保障婚姻关系的经济基础和实现婚姻家庭的社会经济功能，有必要对夫妻财产关系加以制度化，这就形成了夫妻财产制。离婚时的财产分割是夫妻财产制的内容之一。诉讼实践表明，离婚时当事人双方在财产权利诉求上有所差异。一般地讲，男方往往表现出对财产的强烈要求，甚至把女方退还财物作为离婚的条件；女方对财产则很少表现出如此执着的态度，而是希望尽快结束难以维持的婚姻关系。法官注意依法维护妇女的财产权利，有时也会考虑到男方的实际情况，以作出合乎法律、政策和实际的处理。离婚时财产纷争所涉及的财产的多寡、种类等因时代经济发展状况和个人家庭经济状况而异。部分案件反映出新中国成立初期妇女在家庭经济生活中的困境。

分家、继承是社会经济生活的常见现象，也是重要的社会经济制度。在大多数情形之下，人们已经根据民间的分家习惯，对死者生前的财产进行了分配、占有和使用，同时，也预先按照均分或权利义务相一致的原则对死者身后遗产之事进行了安排。只有那些通过和解、调解尚不能平息当事人不满的案件，才不得已诉诸法庭。分家、继承中这些麻烦案例的发生及诉讼过程，集中地反映了新的但是尚不完善的继承制度与旧习俗之间的冲突与妥协、改造与吸纳的复杂关系。在兄弟之间的分家、继承纠纷中，法官依据法律确认的私有财产继承权的原则，认可长久以来形成的诸子均分的习惯，并参考各个家庭人口、经济状况以及对大家庭的贡献等，在听取各方意见的基础上作出适当的处理。在妇女作为原告提出的继承纠纷案件中，法官显示出毫不妥协的立场，把保护妇女的财产继承权作为平等、民主的新制度的基本要求和改造社会的重要途径。对待过继问题，则比较谨慎一些，对于那些依据习俗只是为死者“顶盆”“搭幡”而建立的过继关系，法官不承认过继子的财产继承权。

作为稀缺资源的房屋、宅基地是民众日常生活的必需的物质资料，房产权、宅基地权是对于人们相互之间信赖关系和行动选择的制度安排。房屋在人们生活中的重要性与产权在经济制度和法律制度中的重要性结合在一起，使得房屋产权在个人、家庭、社会经济生活中的价值凸显出来。围绕房屋产权的纠纷与诉讼，在产权界定、维护经济交易安全和社会秩序方面具有重要的意义。房屋纠纷发生的原因主要在于：住房紧张；产权关系变动而导致产权不明；法律规范缺失而引起产权争执；有的人意图侵占他人财产而致讼。房屋纠纷的主要类型有房屋所有权之争、房屋买卖纠纷、房屋典权纠纷等。国家政策、法律和民间习惯在房屋纠纷的处理过程中互相结合、彼此影响。宅基地纠纷到了 1962 年之后不再是所有权之争，而是宅基地使用权以及相邻关系的问题。

民间因借款、代买物品而欠款形成的债务纠纷，绝大多数都发生在具有亲戚、朋友、邻居、师徒关系的当事人之间。由当时民众的经济生活水平所决定，借款、欠款数额一般较小，且均属于无息借款和欠款。财产损害赔偿纠纷的发生往往是因琐事纷争而起，出于过失的居多，故意实施侵权行为的尚属少数。个别案件显示，一些单位或政府机关的不负责任和滥用权力致使公民的财产受到很大的损害。尽管没有一套详细的法律规范来规制借款行为和侵权行为，但“欠债还钱”和“损害东西要赔偿”这种“活的法律”构成了审理债务纠纷和财产损害赔偿纠纷的基本规则。法官在查明和确定有无借款、欠款的关系和事实发生，借款、欠款的数额，还款的具体方式，有无侵权行为的发生、责任在谁、损害财物的价值、赔偿的方式等方面都积累了一些经验。

诉讼档案记载的民事纠纷与诉讼实践过程表明：除离婚案件外，法院审理了分家、继承、房屋、宅基地、债务、赔偿、买卖、合同、加工、抚养等各类案件，反映了社会经济生活的诸多方面。基于此，将这一特定时期的民事法制归结为主要是离婚法制是不够准确的。民事判决作为一种结案方式，在解决重大财产纷争的案件中起到了不可替代的作用，因而不宜过分夸大法院调解的意义；民众在诉讼过程中表现出来的牢固而强烈的私有财产权利观念是由现实经济生活决定的，一些超越特定历史阶段和普遍的私有权利观念的社会变革，往往不能持久和深入人心；政策、法律等正式制度和民事习惯如彩礼习俗、典权交易习惯等非正式制度在财产权利保护上发挥了各自的功能。

民众的权利观念，以及在此观念支配下的为维护自己权利而进行的包括诉诸国家权力介入的诉讼程序等各种形式的讼争，是社会经济变革和法律发展的内在动力，同时，社会经济变革和法律发展也在影响民众的权利观念和行动选择。协调国家法和民间法的关系，为权利提供细致周到的和强有力的制度保障，是民众的基本需求，也是中国社会经济变革的内在需求和法律现代化的基本命题。

第一章　导论：研究的视野、问题与意义

第一节　视野：经济史、社会史与法律史

传统的经济史研究以各历史时期的经济结构、运行机制和效果为其对象，有意无意地忽略了经济发展与制度变迁和社会与文化思想变迁的关系，随着研究的深入与转型，那种狭隘的经济史研究已不再是经济史的主流了。吴承明先生梳理了西方经济史的发展脉络，指出了各种研究方法及学术派别的局限性，结合西方经济史的发展趋向以及我国经济史研究的状况，提出经济史研究要注意非经济因素，赞成“社会经济史”的提法。[①]行龙先生进一步指出：“经济史与社会史的结合，是20世纪以来西方经济史研究的大趋势，也是传统史学走向新史学过程中的突出特征。”他指出，一方面，中国经济史在研究经济因素的同时，要从社会变迁的大背景中把握经济发展的脉搏，把经济发展置于社会历史变迁的整体过程中进行考察，如此才能体现整体历史变迁的面貌；另一方面，中国社会史的研究，也不能局限于对社会区域、社会生活、社会功能、社会问题的研究，应将经济因素、经济结构纳入研究的视野。[②]

侯建新先生系统地阐释了西方经济史转向经济—社会史的动因与表现，并将这种转向视为历史研究的新方向。他指出：经济—社会史的研究对象不同于单纯的经济史和社会史，也不是二者简单的叠加，而是两者在新基础上有选择和有侧重的结合。这种“联姻”克服了经济史和社会史在观察和解释历史中各自的局限

---

① 参见吴承明：《经济史：历史观与方法论》，《中国经济史研究》2001年第3期。

② 参见行龙：《经济史与社会史》，《山西大学学报》2003年第4期。

和盲点，特别是克服了简单的经济决定论，在较大程度上提高了历史的解释力。历史表明，经济变化往往通过社会的基本制度来实现。国家连同政治过程与法律制度，在相当大程度上奠定了经济运行的变因，而经济运行又与市场活动主体的自由以及制约市场的各种游戏规则相适应。经济与社会互动的方法较传统的经济史或社会史要深刻得多。经济一社会史是“整体史观”合乎逻辑的发展，也是要不断开拓新的历史研究领域，当经济史研究达到高峰后，一些人自然要转向人口史、文化史、心态史，以及在新的逻辑和层次上转向政治史、法律史等。[①]

法律根植于经济和社会，它与经济发展、社会结构、社会生活、社会心态和社会变迁密切相关。黑格尔指出，法律规定“不应孤立地、抽象地来看，而应把它们看作在一个整体中依赖的环节，这个环节是与构成一个民族和一个时代特性的其他一切特点相联系的。只有在这一联系中，整个立法和它的各种特别规定才获得它们的真正意义和正当理由”[②]。只有放置在经济和社会之网中才能理解法律抽象、规范的条文背后蕴含的真义。经济和社会离不开法律。法律将它的触角伸向经济和社会生活的各个角落，它确认产权、社会地位和角色，规范集体和个人的行动。社会经济生产生活得以稳定有序的展开离不开法律所安排的制度基础，在发生纠纷或冲突的情况下，法律更显出其塑造秩序的力量。

法律和经济、社会的密切关联，使经济史、社会史和法律史需要彼此的视野以形成开放的思维。瞿同祖先生将法律与家族、婚姻、阶级、巫术、宗教、儒家思想、法家思想等结合考察，对中国古代法律的基本精神和主要特征及其变化轨迹提供了一种全新的解释。[③]在兼跨社会学、历史、法律这三个学科领域之间，开创了把法律史和社会史结合起来的研究，由此而形成一种新的学术研究体系，它可以被称为“法律社会史”，瞿先生也称自己的著作“既是一部法律史，也是一部社会史”[④]。

英国人类学家 S. 斯普林科尔没有把法制局限于国家制定和颁行的律例及贯彻

---

① 参见侯建新：《西欧崛起：经济与社会互动的历史及相关学科》，《社会科学战线》2008 年第 2 期。

② 〔德〕黑格尔：《法哲学原理》，范扬、张企泰译，商务印书馆 1982 年版，第 5 页。

③ 参见瞿同祖：《中国法律与中国社会》，中华书局 1981 年版。

④ 瞿同祖：《瞿同祖法学论著集》，中国政法大学出版社 2004 年版“自序”。

实施法令的地方衙门，而是着力描述了村庄、亲族、家户、市镇、会社、行帮、士绅、农民、商贾、僧道、婚姻、收养、继承、交易、节日、娱乐、纠纷及其解决等普通的社会组织和生活场景，于其中解析了作为大传统的国家法和作为小传统的民间法的运行状况及相互关系。①

美国历史学家黄宗智在治经济史的积淀上，进而治法律社会史。他通过对诉讼档案的梳理和解读，对清代民间经济社会生活进行了新的研究，他所提出的“表达”与“实践”的悖论现象和“第三领域”观点，颇受关注。②

法律社会史的兴起，为法学研究向纵深发展提供了契机。当代中国法学研究取得了令人瞩目的成绩，但是也存在一些问题，如较多地注意到法理探求和法典编纂的“书本上的法”的研究，对于法律实施的社会、经济、文化条件以及实施效果“行动中的法”关注不够，对于民间习惯、民间规约这些“活的法”缺少深层次的探究。这就使得研究视野狭窄，吸收域外经验、汲取本土传统法律文化资源的能力不足，在研究的进路和实效上都有欠缺。开展法律社会史的研究是为摆脱困境而进行的极为有益的探索。梁治平可以说是这方面的杰出代表。他以民国司法行政部编定、1930年印行的《民商事习惯调查报告录》为基本材料，对清代习惯法中若干重要制度如婚姻、析产与继承、土地交易、地权形态、土地典当、中人制度等进行了考察，勾勒出清代习惯法的基本面貌，剖析了习惯法作为地方性知识和国家法之间的复杂关系。③

法律史和社会经济史的结合，给法律研究打开了新的思路，注入了新的活力；社会经济史和法律史结合，透过法律的维度来看社会，对社会经济史的研究也具有多重的意义。

首先，它能够强化社会经济史的叙事功能。叙事，又称为叙述（Narrative），通俗地说，就是讲故事。在学术意义上，叙事可被视为这样一种话语模式，它通过对某件事情或某些事情依时间顺序的描述，构造一个可以理解的场景即有意义

---

① 参见〔英〕S. 斯普林科尔：《清代法制导论》，张守东译，中国政法大学出版社2000年版。

② 参见〔美〕黄宗智：《民事审判与民间调解：清代的表达与实践》，中国社会科学出版社1998年版。

③ 参见梁治平：《清代习惯法：社会与国家》，中国政法大学出版社1996年版。

的语言结构。[1]海登·怀特在《形式的内容：叙事话语与历史再现》中写道："叙事远非某种文化用来为经验赋予意义的诸多代码中的一种，它是一种元代码，一种人类普遍性，在此基础上有关共享实在之本质的跨文化信息能够得以传递。如同巴尔特所说，叙事产生于我们关于世界的经验和我们关于世界的经验和我们用语言描述该经验的努力之间，它'不断用意义来替代被叙述事件的简单副本'。"[2]叙事就是在绵延不断的经验流中来展示人生，时间概念在叙事中的重要地位，使得叙事与历史紧密地结合起来，叙事在历史中获得了不可或缺的地位。叙事作为史学集思维与表达于一体的本质特征，构成史学与自然或社会科学语言游戏规则的本质区别。[3]历史叙事就是挖掘埋藏在典籍、方志、族谱、碑刻、传说、口述等中的历史记忆，对其形成和发展的脉络和历程进行描述，使之再现的过程。它"源出于一种愿望，即让实在的事件展示出生命图景的一致、完善、全面和闭合"[4]。克罗齐说道："不存在叙事的地方则没有历史。"[5]社会史作为社会生活的历史，为展示社会生活所必需，叙事构成了社会史的内在属性。"历史知识具有叙事的结构，这在认识论上确定了它作为人类文化特定领域的独特本质。"[6]在汉语中"史"的基本含义就是"记事"。伟大的史学巨著《史记》可称为历史叙事的典范，班固虽然不赞成司马迁的一些看法，但也不得不承认"其文直，其事核，不虚美，不隐恶，故谓之实录"。《史记》的熔实在、简洁、优雅为一炉的卓越的叙事艺术，使得那些渐行渐远的故事流传至今，脍炙人口，历久弥新。

以布罗代尔为代表的年鉴学派，提出"长时段"和"经济社会史"的概念，一改以往历史著作注重政治史、军事史、事件史、大人物史的套路，开辟了史学的新领域，拓展了史学的视界。然而，该学派在建构新模式的同时，也在解构着

---

① 周建漳：《历史及其理解和解释》，社会科学文献出版社 2005 年版，第 208 页。

② 〔美〕海登·怀特：《形式的内容：叙事话语与历史再现》，董立河译，北京出版社出版集团文津出版社 2005 年版，第 2 页。

③ 周建漳：《历史及其理解和解释》，社会科学文献出版社 2005 年版，第 216 页。

④ 〔美〕海登·怀特：《叙事性在实在表现中的用处》，载陈新主编：《当代西方历史哲学读本》，复旦大学出版社 2004 年版，第 220 页。

⑤ 〔美〕海登·怀特：《形式的内容：叙事话语与历史再现》，董立河译，北京出版社出版集团文津出版社 2005 年版，第 8 页。

⑥ 周建漳：《历史及其理解和解释》，社会科学文献出版社 2005 年版，第 216 页。

史学的叙事的基本要素。布罗代尔公开反对叙事，称自己“不喜欢叙事”，“叙事是幼稚和虚妄的”。在他那里以及后来的长时期内，叙事在历史学中成了一个问题。海登·怀特洞察和反思了分析史学忽视叙事的缺陷，申言了叙事在再现实在中的价值。他说：“提出叙事的性质问题，就要引起对文化本性的反思，而且，甚至可能要引起对人性自身的反思。叙事的冲动是很自然的，而对于就事件如何真正发生的任何叙述而言，叙事的形式都是不可避免的，因而，叙事性只有在缺少它或有步骤地拒斥它的文化中，比如在当代西方学术文化和艺术文化领域内，才可能显得颇成问题。”① 叙事的视角往往决定了主体对叙事对象的观察和摄取能力。缺乏某种视角，就会遗漏某些社会事实或对某些社会事实不能比较全面地叙述。法律生活是社会生活的有机组成部分。社会经济史的法律视角，能够打开新的史料大门，发现那些尘封于诉讼档案、契约文书中的法律活动和笔记，以及小说中的法律故事，并将其叙述出来，从而使社会经济史的叙事更加生动和完善。

其次，它能增强社会经济史的解释功能。解释就是阐明事件的逻辑关系，也包括揭示现象之间的规律。事件以此种面目表现出来，而非以别的样态出现，是多种因素的综合结果。比如说，中国古代的分家析产这一社会现象，既是经济生产的需要，又受到“父母在，不别居”的法律规范的制约，具体操作过程还要遵循某一区域长久生活中形成的惯习。如果缺乏法律史的视角，有的时候就不会注意到这一重要的社会事实，有的时候则不能对其作出更有说服力的解释。中国古代缺少西方或现代中国那样比较系统完整的权利观念和权利体系。但这并不意味着没有相似的社会事实。人们在社会关系中必须有一定的行动自由，也不能超越一定的限度；在社会交往和商业贸易中，各方当事人都要获得或失去什么，都必须遵守礼仪和规则，也难免产生这样或那样的纠纷，需要通过一定的方式加以解决。因此，在不脱离语境的情况下，可以合理、谨慎地使用现代的法律术语，对相关历史事件进行现代人可理解的并不致违背历史的解说。

再次，它有助于社会经济史向整体史迈进。一段时期以来，史学界对于以政

---

① 〔美〕海登·怀特：《形式的内容：叙事话语与历史再现》，董立河译，北京出版社出版集团、文津出版社 2005 年版，第 1 页。

治史为中心的研究范式表现出极大的反感，这是由于这种史学的狭窄视阈和解释能力不足所致。但完全的“去政治化”也是不正确的，缺少政治史的社会史是不完整的，是与社会史追求整体史的宏大目标不相符的。因此，重提政治史已成共识。重提政治史就是将缺席已久的“国家”拉入到社会史中来，虽然并不意味着恢复它的支配地位。现代社会的法律与政治既有关联又有分野，在古代社会两者之间并无严格的界分。民众正是从征收赋税、缉拿嫌犯、断狱审案等地方官府的法律活动中切实感受到国家、皇权和政治的力量。当前社会史正经历着向区域社会史的转向。区域社会史研究要有整体史的意识，这样才能很好地彰显区域社会史研究的价值。在此，布罗代尔的长时段、中时段、短时段和结构、趋势、事变等概念都是有意义的。如自然环境、法律制度等应该说是对应着长时段的概念，特别是就中国而言，超稳定的封建社会结构的诸多因素，不可能不在区域中产生影响。因此，对于这些因素是如何影响区域社会的也应进行研究。区域社会史虽然不是政治史学，但对区域政治的研究也应属于其研究对象。乔志强先生很早就提出：“重要的是，微观研究应当从整体社会史的角度进行，即把微观研究的对象放在总体社会史中考察，在系统社会史的知识体系中明确专题研究的位置。”① 区域社会史的研究也需要法律视角。在区域社会史中可以对国家法在某一区域中的实施状况，特定区域的民间风俗、习惯等民间法两者之间的相互关系以及与社会变迁的互动进行更加具体细致的考察，从而促进区域社会史向整体社会史迈进。

最后，它能够提升社会经济史的人文关怀。史学有发现、叙述、解释、借鉴的功能，满足人们好奇心的功能和陶冶情操的功能。其实，任何一门学问都起源于人们对自身的关怀和好奇心，不一定具有纯粹的功利色彩。“直接”的古为今用是好事。但是使好奇心得到满足，又激发新的求知欲；使心灵得到体贴，情感找到共鸣和寄托，从而对人生充满信心，这难道不是更深刻更长久的古为今用吗？见仁见智，各取所需，史学要追求得长远些。人类的心灵中存在着突破时间壁垒与有限性的愿望，作为时间中的故事，历史记忆提供了超越时空的可能性，人们可以通过时代的变迁，在有涯的不完全的人生中领悟到永恒。法律是公平正义的

---

① 乔志强：《深化中国社会史研究》，《历史研究》1993 年第 2 期。

艺术，法学是理性和经验之学。英国历史学家和法学家梅因说："所有进步社会的运动，到此处为止，是一个从身份向契约的运动。"[①]"学科的亲善主要发生在地方性和地方性领域，其动力则源自于对微观结构、微观过程及话语分析研究前景的信心。"[②]社会经济史和法律史的结合，能够使我们更加清晰地认识到在特定时代的经济、文化、法律和社会条件下人们的境遇，理解人类社会从不自由到相对自由，从拥有较少权利到拥有较多权利的艰难历程。

第二节　问题：财产纠纷与诉讼实践

本书所称财产纠纷主要指因财产所有权和使用权归属而产生的并提交法院进入诉讼程序的民事纠纷，大致包括与夫妻财产所有制相关的离婚诉讼中的财产分割争执、分家、继承纠纷、房屋纠纷、民间借款、欠款纠纷和财产损害赔偿纠纷。财产纠纷本质上是财产权利的争议，而财产权利则是由正式的财产制度或非正式的财产制度加以确认和保护的；财产纠纷的诉讼解决，在审理程序上受到国家诉讼制度的约束，在处理依据上受到财产权利制度的约束。因此，财产纠纷及其诉讼实践与财产权利制度以及相关司法制度等密切相关。

20世纪以来制度经济学的兴起，使得"制度"成为经济学最关键的术语，围绕制度的研究成果的凸显，使经济学中制度的含义迅速向其他领域扩张，经济学对制度的定义和意义的探寻，成为其他学科研究"制度"都必须思考和借鉴的理论基点。康芒斯说："如果要找出一个普遍的原则，适用于一切所谓制度的行为，我们可以把制度解释为'集体行动控制个体行动'。"[③]诺思指出："制度是为约束在谋求财富或本人效用最大化中个人行为而制定的一组规章、依循程序和伦理道德行为准则。"[④]柯武刚和史漫飞在《制度经济学》一书中说："制度是人类相互交

---

① 〔英〕梅因：《古代法》，沈景一译，商务印书馆1984年版，第170页。

② 行龙：《二十年中国近代社会史研究之反思》，《近代史研究》2006年第1期。

③ 〔美〕康芒斯：《制度经济学》（上册），于树生译，商务印书馆1962年版，第87页。

④ 〔美〕道格拉斯·C.诺思：《经济史上的结构和变革》，厉以平译，商务印书馆1992年版，第227—228页。

往的规则。它抑制着可能出现的机会主义和乖僻的个人行为，使人们的行为更可预见并由此促进着劳动分工和财富创造。”① 他们还指出：制度为一个共同体所共有，并总是依靠某种惩罚而得以贯彻；制度对人们能在多大程度上实现其经济上和其他方面的目标有着巨大影响；人们通常偏好能增进其选择自由和经济福祉的制度；某些规则可以对物质福利、自由和其他人类价值产生不利影响，规则体系的衰败会导致经济和社会的衰落；制度的关键功能是促进秩序，它是一套关于行为和事件的模式，它具有系统性和非随机性，因此是可理解的。在存在社会混乱的地方，社会的交往必然代价高昂，信任和合作也必然趋于瓦解。秩序鼓励着信赖，并减少着合作的成本。总之，我们可以看出，制度源于人类趋利避害的本能和相互交往的需要，制度体现人类对利益、秩序、自由等价值的追求；制度是保障和约束人们的行为，减少不确定性，并以求得价值最大化为目的的，在一定时空范围内普遍适用的规则体系。制度又有正式制度和非正式制度之分。

本书所涉及的正式制度主要指法律制度和政策，前者指通过正式的立法程序所制定的有关权利义务关系的实体规则体系、程序规则体系以及相关的司法组织和机构等，后者指中国共产党和政府针对特定时期的社会经济状况而制定的方针和策略。法律制度具有制度的一般特性和功能，但是法律制度更加鲜明地体现了国家的强制力并具有较强的稳定性。政策反映了党和国家调整社会利益的意志和行动措施，相比之下，有更多的灵活性。本书所涉及的非正式制度主要指的是民事习惯或习惯法。民事习惯是民间长久以来形成的一套关于民事交往的非正式安排，它是民族文化传统的重要组成部分，具有历史的积淀性和自发性。制度运作方式是制度走向社会活动的具体环节，它既受到制度的支持和约束，同时，它与相对封闭和独立的制度比较而言，更加开放和活跃。在通过诉讼进行纠纷的解决过程中，各种影响制度实施的因素都会选择时机，施展身手，力求对终局裁判的形成产生作用。在这里，制度的表达和实践之间，或者一致，或者背离，实践在制度的框架下，或者靠拢，或者远离，制度在实践中，或者巩固，或者修正。在这种复杂微妙的互动关系过程中，秩序被破坏，也在被形成，制度也逐渐在变迁

① 〔德〕柯武刚、史漫飞：《制度经济学》，韩朝华译，商务印书馆2000年版，第35页。

和创新。

民事纠纷及诉讼实践集中地反映了个体的权利观念和维护权利的行动以及国家对待权利的立场和权利制度实施状况并有效地参与社会经济秩序的构建，因而愈来愈受到人们的重视。

在法律人类学领域内，先前的法律人类学家关注的是在地方性层次上本土人如何化解冲突，而不太注重将纠纷与国家权力联系在一起，现在的相关研究则不是再去问社会是如何平静地解决纠纷的，大多数的时候是要问，在特定的时间和地点，个体和群体是如何利用法律资源来达到他们的目的的。①

在史学理论领域内，也提出了"史学不应置身于权利研究之外"而应积极关注权利的生成和发展历史的扩展史学研究视野的论点。权利作为历史的产物，属于一定的历史范畴，同时它又是一种社会现象，普遍存在于日常生活中。在不同的时空条件下，权利表现出不同的社会内容，反映着政治、经济、法律、伦理等诸多方面的问题。社会变革和转型总是和某种新的权利观念联系在一起，并随着这种权利观念的逐步制度化而发展。权利作为学术概念在法学、政治学、哲学等学科领域受到普遍的重视和广泛研究，但权利和权利发展问题却长期没有引起史学界的重视。权利发展的历史是认识人类历史的一个重要视角，权利意识、权利内容、权利保障是衡量人类进步的一个标尺，因此，史学要研究权利史。例如，王加丰先生认为，了解历史上人们如何维护自己的权利，可以使我们深入地认识许多历史问题，不再简单化地理解历史上各种各样的斗争和冲突，可以使我们关注历史上劳动人民以权利观念为主的"政治思想"，从而充实或者改写以政治思想家为话语主体的思想史。侯建新先生说"个体权利保障了个体财产和社会财富的增长"，"我举双手赞成权利、尤其是个体权利的观念与实践进入历史学家的视野"。赵文洪先生指出，财产问题是人类文明社会所面对的最基本问题。了解每一个时代的财产权利拥有形式，是研究历史，尤其是政治史、经济史的基本任务。②

---

① 参见赵旭东：《秩序、过程与文化 —— 西方法律人类学的发展及其问题》，《环球法律评论》2005 年第 5 期。

② 王加丰、侯建新、赵文洪等：《权利视野下的史学研究 —— 我们为什么要研究权利史》，《史学理论研究》2004 年第 1 期。

在学科交叉、互动的影响下，法学家也对纠纷与诉讼有了新的认识。王亚新先生在吸收政治学、经济学、法律人类学、法律社会学等的相关研究成果的基础上，对纠纷与秩序的关系进行了新的解读。[①] 他指出，在一般人的意识中“纠纷”一词往往被看作“秩序”的对立面。从这样的常识出发，很容易把纠纷理解为对秩序的妨碍、扰乱以致破坏。王亚新先生认为，纠纷能够被理解为一个不局限于公开冲突事态的社会过程。而这种理解的长处之一则是提供了有利于揭示纠纷与秩序之间内在联系的途径。可以把秩序定义为一定范围内社会主体之间恒长的关系或习以为常、反复从事的行为及交往方式的整体。社会影响较大的公开冲突以及需要第三者介入的纠纷似乎明显地呈现出与秩序对立的性质。很难否认发展到这些阶段的纠纷过程具有妨碍、扰乱秩序的作用。但同时也应看到纠纷与秩序的连续性或相辅相成的内在联系。这一方面表现在纠纷总是由构成秩序的前冲突阶段发展而来，又因处理解决而回到秩序中去。更重要的是，对于生活在一定秩序中的当事者、第三者以及周围人们来说，纠纷使原来没有意识或无需意识的秩序变成了一个问题，即通过对纠纷的处理解决人们必须做出选择，是确认、坚持还是修正、改变秩序。纠纷把人们往往是无意识地服从秩序的行为变成了有意识地“经营”秩序的行为。而且冲突或纠纷越是公开，对社会的影响越大，卷入的主体越多，这样的性质就越明显。从这个意义上讲，纠纷并不存在于秩序之外，而是保持着与秩序的内在的连续性。王亚新先生的论述，比较好地阐明了纠纷的性质及其与秩序的内在关联。

我们认为，纠纷是普遍存在的，它存在于一切社会关系之中，纠纷与秩序是相互定义的。纠纷一般地处于秩序的对立面，它是秩序的破坏者；纠纷又孕育于秩序的母腹之中，它是秩序的一种构成者；纠纷的形成与解决，不仅会回归到原有的秩序之中，而且还会提供创造新秩序的契机、思路甚至雏形，因此，纠纷又是秩序的建设者。在建构、解构和重构的过程中，纠纷与秩序表现出了各自的形态和活力，并不断地进行着角色承担、角色冲突、角色转换和角色融合。与通过

---

① 参见王亚新：《纠纷，秩序，法治——探寻研究纠纷处理与规范形成的理论框架》，载马俊驹主编：《清华法律评论》（第二辑），清华大学出版社 1999 年版。

民间调解、双方当事人诉前和解等依靠私人力量和权威解决纠纷的方式不同，诉讼是一种主要依靠国家和法律的力量来解决纠纷的公力救济机制。诉讼是一整套程序，即通过受理纠纷、提供证据、调查事实、相互辩论、评议等一系列步骤，最终达成一项以国家权威名义做出的纠纷解决方案。拥有一定数量的财产是个体生存的基本条件，围绕财产权利而展开的争执，是个体财产权利观念的集中体现。财产纠纷及诉讼实践展现了权利观念与行动、财产制度与实施、侵权与维权、个体与社会及国家、纠纷与秩序等诸多方面的深刻复杂的互动关系，因而具有重要的经济、社会和文化的意义。

对包括财产纠纷在内的民事纠纷与诉讼在中国法律制度及其司法实践结合起来的框架之下进行综合研究，已经取得了不少的成果。下面我们选取一些有代表性的论著加以陈述。

黄宗智先生的研究。黄先生回顾自己对中国法律制度史研究的历程，说道："从1988年开始，我把全部精力投入到法律史研究，转眼已20年了。……中国法律史的研究一般多偏重理论、表达或制度，而我近20年的研究则一贯强调从诉讼档案出发，亦即从法律实践的记录出发，由此来提炼分析概念。"①

在《民事审判与民间调解：清代的表达与实践》一书中，黄先生以巴县、宝坻、淡新的清代诉讼档案为基础材料，对清代的法律制度与实践，从法律史、经济史、文化史结合的角度，进行了别有新意的探讨。他认为，在清代，官方有关其法制的表达与实践，相互矛盾，但又共同组成一个不可分割的整体。在表达上的三个方面是：民事诉讼不多，国家意识形态认为这种诉讼不应当有，即使有，也是细事，中央政府多不关心，由州县来自理；一般良民是不会涉讼的，如果涉讼，多半是受了不道德的讼师讼棍的唆使；县官们在处理民事诉讼案件的时候，一般会向父母处理孩子们的争执那样，采取调处的方法，不都以法律判案。而在实践上却显示了不同的图像：民事诉讼案件占了县衙门处理案件总数的大约三分之一；诉讼当事人大多数是普通人民，上公堂多是迫不得已，为了维护自己的合

---

① 〔美〕黄宗智：《中国法律的实践历史研究来源》，国学网：http://eco.guoxue.com/print.php/17761（2008年9月11日）。

法利益；衙门处理纠纷时，要么让庭外的社区和亲族调解解决，要么就是县官听讼断案件，依法律办事。造成这种表达与实践背离的原因在于，官方表达的是儒家仁政的理想图景，属于应然的范畴，而实践却面临和回应的是现实生活的情境。

在此书中黄宗智先生还提出了"第三领域"理论，他指出："有大批争端，虽然随着呈递告状，而进入官方审理过程，但在正式堂审之前，都获得了解决。在此中间阶段，正式制度与非正式制度发生某种对话，并有其既定程式，故而形成一个半官半民的纠纷处理地带。"因此"为了揭示清代民事纠纷处理的实际过程，我们不仅要考察村社族邻的非正式性调解，以及州县衙门的正式性审判，还要进一步了解介于这两者之间的第三领域，正是在此一领域，民间调解与官方审判发生交接、互动"[①]。

在《法典、习俗与司法实践：清代与民国的比较》一书中，黄先生主要运用了清代巴县、宝坻、新竹—淡水的诉讼档案和民国时期河北顺义、四川宜宾、浙江乐清、江苏吴江的诉讼档案，分析了法典、习俗在有关典、田面权、债、赡养、婚姻、奸情等诉讼案件的司法实践中的相互作用，比较了清代与民国在重要的民事法律制度与实践方面的差异。[②] 他指出，对二者的比较形成了某些明显的或众所周知的对照，像父系社会秩序与个人秩序之间的对照：生存伦理与投资伦理之间、土地的永恒产权与土地乃有价物品之间、有拘束的产权与单元的独自的产权之间等等。他认为，总体而言，清代法律比国民党法律与民间习俗更加一致。

在《中国民事判决的过去和现在》《中国法庭调解的过去和现在》《离婚法实践：当代中国法庭调解制度的起源、虚构和现实》《取证程序的改革：离婚法的合理与不合理实践》《中国法律的现代性》[③] 等文中，黄宗智先生出于对中国法律现代性的关怀与思考，着重对新中国成立以来的民事法律制度与实践作了探讨。他指出：中国法律今日的去向既不简单在于西方的形式主义权利法律也不在于中国的实用道德主义传统的任何一方，而应寓于两者在制度上的长时期并存、融合、

---

① 〔美〕黄宗智：《民事审判与民间调解：清代的表达与实践》，中国社会科学出版社 1998 年版，第 108 页。

② 参见〔美〕黄宗智：《法典、习俗与司法实践：清代与民国的比较》，世纪出版集团上海书店出版社 2003 年版。

③ 参见〔美〕黄宗智：《经验与理论：中国社会、经济与法律的实践历史研究》，中国人民大学出版社 2007 年版。

分工、竞争和相互影响。

白凯教授对宋代至民国的中国妇女的财产权利特别是继承权利进行了系统深入的研究，她指出：对妇女各种角色的深入研究表明分家和承祧是两个分别的过程和概念体系，它们对财产继承有不同的关系。对妇女来说，男性在场还是缺席对她们至关重要。在帝制时期妇女在分家过程中的权利没有什么变化，自宋代以来她们仅有的权利是一笔嫁妆和扶养费。但是她们在承祧中的权利则有重大变化。国民党的现代法律对妇女有着多重的结果。不像立法者们所希望的，对妇女来说，并不存在一个简单的从没有财产权利向享有充分财产权利的过渡。相反，分家的惯行顽固地延续着。妇女丧失了承祧制度下所享有的财产监护权，只在继承权的获得上得到部分的补偿。①

高楠博士考察了宋代田宅、钱债、家庭中的特殊财产、遗产继承等各类财产纠纷的状况，分析了民间财产争讼的调处机制、执行问题以及民众在财产争讼中表现出来的法律观念，并对财产纠纷与社会经济发展、观念变化等的关系进行了探讨。②

吴欣博士以民事诉讼主体为主线，从一般诉讼与秩序、权力与诉讼、经济交往中的权利与诉讼、信仰空间中的诉讼、弱势群体的诉讼与权利、民事诉讼主体的保障等方面探讨了清代民事诉讼与社会秩序的关系。她的研究重视不同职业、年龄、性别群体的社会地位，展现了诉讼过程中士、农、工、商、僧道、妇女等的生活样态。③

付海晏博士以民事诉讼档案的分析为基础，考察了 1929—1949 年变动时期鄂东地区的民事案件数量变化趋势，抗日战争这一最大的社会变动因素对法律秩序形成的影响以及婚姻关系、财产权、当事人行动等国民党民事法律秩序的实践，分析了变动时期法律秩序的特征。④

张佩国先生的研究。在《农民的财产边界与近代中国司法的性质》一文中，张佩国先生指出：传统中国司法重在维护“差序格局”的社会秩序，当事人的财产诉

---

① 参见〔美〕白凯：《中国的妇女与财产（960—1949 年）》，世纪出版集团上海书店出版社 2003 年版。

② 参见高楠：《宋代民间财产纠纷与诉讼研究》，河北大学博士论文，2005 年。

③ 参见吴欣：《清代民事诉讼与社会秩序》，中华书局 2007 年版。

④ 参见付海晏：《变动社会中的法律秩序 ——1929—1949 年鄂东民事诉讼案例研究》，华中师范大学出版社 2010 年版。

求就自然地要退居次要的地位，这一特点在近代也未发生根本变化。个人不是作为独立的权利主体而存在，即使是地方司法官判决诉讼当事人一方得到了他应得的财产，那也只能称为他得到了其“既得利益”。伦理本位的关系格局、习俗调控的权力体系，构成了中国乡村社会的基本构造，它是家族本位的财产法秩序的基础，进而决定了近代中国司法在当时的历史空间中只能扮演行政性工具这样的角色，其本质在于维护伦理化的政治秩序，而不重私人财产的保护。[①] 在《公产与私产之间——公社解体之际的村队成员权及其制度逻辑》一文中，张佩国先生通过对 20 世纪 80 年代初期山东部县法院部分民事诉讼档案的解读，指出 20 世纪 80 年代初期，家庭联产承包责任制广泛推行，公社制度逐渐解体，公社初期就埋下的财产纠纷，特别是村队与家户之间的房产纠纷大量发生，村队成员权的制度逻辑也得以充分呈现。村落传统的亲族关系、家族共财观念、生存伦理和互惠观念，与包含阶级话语、集体主义公平原则的村队新传统，成为村队场境的内在组成部分，而村队成员权恰恰反映了两者紧密结合的制度逻辑，可以概括为“公”“私”相对化的实践逻辑。[②] 在《口述史、社会记忆与乡村社会研究——浅谈民事诉讼档案的解读》一文中，张佩国谈到，就他所接触的宅基地纠纷的民事诉讼案卷看，庭审记录和法官调查所反映的当事人和证人对事实的表达，已经很难做到法律事实和社会事实的二元界分了。与其如此，倒不如将其视为法律实践的连续性整体，以在社会事实的多维视野中透察其内在逻辑。民事诉讼当事人作为地方成员的表达和社会记忆本身就构成关于地方社会的想象，因而也成为地方性秩序场境的组成部分。[③]

此外，美国学者科恩、陆思礼都比较关注在中国作为法庭外解决纠纷机制的人民调解制度。科恩试图通过对传统中国特别是清代的调解实践以及民国时期的调解实践的研究来说明中国共产党对调解的重视具有历史的延续性。[④]

---

① 参见张佩国：《农民的财产边界与近代中国司法的性质》，《河北大学学报》2002 年第 4 期。

② 参见张佩国：《公产与私产之间——公社解体之际的村队成员权及其制度逻辑》，《社会学研究》2006 年第 5 期。

③ 参见张佩国：《口述史、社会记忆与乡村社会研究——浅谈民事诉讼档案的解读》，《史学月刊》2004 年第 12 期。

④ Jerome Alan Cohen. *Chinese Mediation on the Eve of Modernization*. California Law Review, Vol. 54, 1966. pp.1201-1226.

上述研究成果在研究方法、研究思路、研究结论上都对本书所研究的问题有借鉴参考价值，本书的研究与已有研究成果的主要不同在于：（1）从历史的时间维度来看，以往的相关研究侧重于对明清时代甚至更远年代或者二十世纪八十年代的相关问题，本书则选择了1950—1965年的特定历史时期，这一时期正是中国社会变革和新民主主义革命时期法律传统在全国范围内的推开，经济社会制度、法制观念及法律制度也在变动发展的时期，有其鲜明的时代的特点。（2）从研究的资料基础来看，以往的研究所用资料具有零散性和个案数量较少的特点，本书的研究资料在系统梳理Y市法院1950—1965年民事诉讼档案的材料上，选取更多的个案来进行较为细致的研究，从而更充实一些。（3）从研究的侧重点来看，以往的相关研究（黄宗智先生的研究）侧重于对离婚案件及其调解的研究，黄宗智先生认为当时的法制主要是离婚法制，而离婚法制主要是调解法制，不够重视国家在解决财产纠纷和诉讼方面的实践。本书侧重于对财产纠纷与诉讼实践的研究，试图揭示出财产纠纷与诉讼实践是民众维护财产权利的行动和司法权定纷争的基本功能的实现过程；同时，这些研究还过分强调了调解的政治功能而不够重视调解在维护权利、恢复秩序方面的功能，过分强调了调解与判决的差别而不够重视二者功能的一致性。（4）从研究视角来看，以往的研究侧重于国家是如何解决纠纷的，侧重于国家的立场，本书的研究则结合当事人是如何表达自己的权利诉求的，从而展现财产权利制度、财产权利观念与实践之间的相互关系。（5）从研究结论来看，以往的研究往往认为中国民众特别是农民缺乏明确的财产权利观念，本书的研究认为中国农民虽然缺少清晰的法律概念和知识，但却有明确的财产权利观念，并在为权利而斗争，这正形成了社会进步的重要动力。

第三节 意义：历史的追寻与现实的关注

“一切历史都是当代史”，人类历史具有延续性，现实之中包含着历史因素，割不断的传统深深地影响着当代社会；历史可以从当代的角度去发现和解读，当代所面临的现实问题，促使我们去追寻它形成的根源，去叩问前人的智慧，以资借鉴。

中国近百年的历史可以说是一个从传统社会转向现代社会的历史，其中法律制度与司法实践的现代化无疑构成了这一巨大社会变迁的重要内容。在平静缓慢、绵延不绝的历史长河中，总有那么一些波澜壮阔的时期，它们所孕育的巨大转折价值和意义深深地影响着后来者。早在新民主主义革命时期，中国共产党就开始在红色区域尝试革命法制的立法与实践。在1949年2月，中共中央发布了《关于废除国民党的六法全书与确定解放区的司法原则的指示》，表明了向旧法制决裂而迈向新法制的态度。新中国的成立，使得在全国范围内推行与以往国民政府法律制度完全不同的新法制的政治条件日渐成熟。以1950年新中国第一部《婚姻法》的颁布为契机，以1952—1953年司法改革为重要标志，伴随着经济上的土地改革和工商业的社会主义改造以及各种政治运动，中国法制现代化经历了发展变化的一个特殊的历史时期，直至1966年开始的长达十年的“文化大革命”。由于“文化大革命”中法律虚无主义的盛行，其间的司法实践与之前相比较，有了很大的扭曲与变形。在经过1976—1978年的短暂而重要的过渡时期后，近三十年来，中国法制进入了重建和迅速变革的时代，依法治国，建设社会主义法治国家成为鲜明的时代主题。这个时期法制发展的主要特征是：（1）大规模的立法活动；（2）西方法律观念和制度的强烈影响；（3）以法官职业化、民事审判模式变革等为内容的司法改革。这30年的法制发展与变革取得了重大的成就，如初步建立了与社会主义市场经济体制相适应的法律体系，建立了完整的司法体制，维护和促进了经济社会的稳定与发展。然而也产生了一些问题，主要表现在：执行难问题没有得到很好地解决；司法腐败现象日趋严重；涉法上访增多；司法权威和司法公信力不足，等等。为此，中共中央提出了建立公正高效廉洁权威的司法体制的新时期的司法改革目标。这一目标的实现，既需要相应的社会经济条件，也需要广泛的智力支持。我们回顾过去，正是为了关注当下和规划未来。伯尔曼指出："如果没有一种对于过去的重新整合，那么既不能回溯我们的过去，也不能找到未来的指导路线。"① 反思 1950—1965 年的新中国法制创建与发展的最初时期的经验，能够对当代面临的问题及出路提供历史的参照。而综观相关研究，总体上来看，学界对于这一时期的民事诉讼研究重视不够，缺少以第一手资料为基础的系统的研究。1950—1965 年的法律制度与司法实践，构成了当时的社会变革的重要内容，构成了中华人民共和国国史的重要篇章。本书旨在探究在社会变革的特定历史时空中，在没有相对完善的民事法律制度的司法场域中，诉讼当事人是如何表达他们的财产诉求的，司法权对财产权利是如何进行确认和保护的，财产诉讼解决过程中各种力量和因素是如何介入和产生作用的，等等；因为，它们都从不同的方面有效而深刻地表达着民众之间、国家权力和民众权利之间、经济社会和法律之间的关系，而财产纠纷的诉讼解决也成为通过司法的社会治理的重要策略。

宏观的关注和思考，需要从微观的描述和分析来入手。本书主要是以 Y 市人民法院的民事诉讼档案为中心来展开研究的。诉讼档案是国家司法机关在侦查、审理案件过程中直接形成的有价值的历史记录，可分为民事诉讼档案、刑事诉讼档案和行政诉讼档案三类。民事诉讼档案是在审理产权、财产继承、损害赔偿、婚姻、合同等民事纠纷案件中形成的，主要包括原告的起诉状或口诉笔录，被告的答辩状；调查笔录和调查取证材料；调解笔录和其他调解材料；审判庭审判笔录，合议庭评议笔录，案情报告、审判委员会决议或记录；判决书或裁定书、调解书、宣判笔录等；当事人向上一级法院上诉的材料，上一级法院的判决书或裁定书；有关立案、起诉、开庭的通知、公告、传票、提票等。诉讼档案是审判工作的凭证和依据，是研究法学、社会学、政治学、经济学、民俗学等的第一手材料，是严格按照国家法定的诉讼程序形成的。诉讼档案实行按年度、审级、一案

① 〔美〕伯尔曼：《法律与革命——西方法律传统的形成》，贺卫方、高鸿钧等译，中国大百科全书出版社 1993 年版"序言"。

一号单独立卷，一个案件从收案到结案，所有的诉讼文书都使用收案时统一编定的案号，以便于查找利用。

Y 市中级人民法院成立于 1973 年 8 月，此前，它一直是作为一个基层人民法院而存在和履行职能的。1947 年 5 月 8 日 Y 市人民政府成立，随即设立司法处行使审判职能。1948 年 9 月，Y 市由华北人民政府直辖后，市人民政府司法处于同年 1 月改建为 Y 市人民法院，内设一个看守所。1949 年 1 月，市人民法院随行政隶属关系变更，改由 Z 市人民法院代管。同年 8 月 Y 市划归 S 省后更名 Y 工矿区，市人民法院亦更名为 Y 工矿区人民法院，隶属于 S 省人民法院某分院，同年底，在编干警 14 人。1952 年 4 月 1 日，恢复市建制，Y 工矿区人民法院复名为 Y 市人民法院，并改由 S 省人民法院直辖。同年，市人民法院看守所并入市公安局看守所。1954 年 9 月市人民法院成立经济保卫庭，年底增设刑事审判庭、民事审判庭和秘书室。1955 年 3 月市人民法院增设公证室；同年 6 月，为便利市郊区农民诉讼，派出一个人民法庭。1956 年市人民法院内部机构变更，经济保卫庭并入刑事审判庭。1967 年 2 月 24 日，市人民法院被"造反派"夺权，市"革命委员会"代行审判职能。1968 年 6 月司法机关实行军事管制，同年 10 月，市革命委员会保卫组成立，下设审判办公室。1973 年 6 月，根据中共 S 省委指示精神撤销军管会，恢复人民法院，独立行使审判权。同年 8 月，成立 Y 市中级人民法院。

Y 是革命老区，早在 1947 年解放建市之前，就开始了在中国共产党领导下的民事审判工作；从 1947 年解放建市到 1949 年全国解放之前，Y 市司法部门进行民事审判实践，为新中国民事司法实践提供了一些区域性的经验；从新中国成立后一直至 1973 年，尽管有辖区、审判权的变更等情形存在，但 Y 市人民法院一直作为一个基层法院来受理民刑案件，就民事审判而言，在国家相关法律制度较为粗疏甚至缺乏的情况下，Y 市人民法院从未间断过对民事案件的审理，对于解决纠纷、维护公民权益、促进社会稳定和经济发展起到了积极作用。同时，也积累了丰富的民事审判经验。

1950 年 5 月 1 日，新中国第一部《婚姻法》颁布施行。1950—1953 年，Y 市人民法院根据政务院关于《婚姻法执行情况的指示》和翌年中共中央、政务院《关于贯彻婚姻法的指示》，以及省委省政府相关指示精神，进行大规模的贯彻《婚姻法》的宣传运动。1953 年 3 月，确定为“贯彻《婚姻法》运动月”，在婚姻问题上系统批驳旧思想、旧制度，以民事审判、调解等形式，树立新思想、新制度和新风气。期间，按照《中华人民共和国婚姻法》，本着“依靠群众、调查研究、调解为主、就地解决”的方针，受理婚姻案件，依法解除封建包办婚姻案件，并解除了一些地主、资本家、国民党旧官僚、旧军人，以及反动会道门头目和他们所娶纳的小妾之间的所谓“婚姻关系”，从一些富裕家庭中解救出一大批所谓的“童养媳妇”；调解发生在 Y 市工矿区的劳资纠纷案件，审理房产、田产、林权等财产性案件以及继承案件，维护劳动者和公民的合法权益，确保公民合理的劳动权、财产权、继承权得以实现。在民事工作中，Y 市人民法院运用马锡五审判方法化解人民内部矛盾，采取上门办案、就地调查、依靠群众、调解为主、调判结合的方式解决婚姻问题、财产权属问题和邻里纠纷等民事案件。同时协助 Y 市各工矿企业、街道办事处和农村普遍建立起各级调解委员会。

1954—1959 年，我国政治运动频繁，先后开展了三次“镇压反革命”运动、“三反”运动、“五反”运动、农业合作化运动、资本主义工商业的社会主义改造和反右运动，以及“大跃进”、人民公社等具有重大历史影响的政治运动。在此期间我国生产关系发生了重大改变，绝大多数规模以上的工、矿企业和大中型商业企业，包括重要的社会服务业等，通过政府赎买和社会主义改造等方式，成为全民所有制企业，一些小型手工作坊、加工厂则成为集体所有制企业，工人成为工商企业的真正主人。劳资纠纷在工商业社会主义改造完成后基本消失。农村社会组织也由农民之间的互助组、自然村组织的初级社、高级社过渡到人民公社，土地转归集体所有，农村人民公社在所有制上实行“一大二公”“一平二调”，土地所有权纠纷完全退出民事诉讼领域。其中，1955 年是整个 50 年代审理民事案件较多的一年。据统计，Y 市人民法院 1955 年全年审结民事案件 988 件，其中婚姻纠纷 759 件，债务纠纷 63 件，房屋纠纷 19 件，土地纠纷 12 件，军人婚姻案件 9 件，抚养纠纷 11 件，劳资纠纷 4 件，其他纠纷 111 件。

1960 年年初，中央开始着手纠正“大跃进”以来农村人民公社出现的一些问题，公社和所属各生产大队、生产小队集体财产，以及公社社员私人财产的平调问题，引起党中央高度重视。3月9日，中共中央发出《关于城市人民公社问题的批示》，要求各地采取积极的态度建立城市人民公社。Y市所属各街道办事处，被改造成“城市人民公社”，一些就近的小作坊、小商铺和服务网点，如理发店、早点店、照相馆、修理行业等，划转为各“城市人民公社”管理的集体所有制工商企业，后来称为“街办企业”，其主要从业人员为城镇职工家属、普通市民和城镇一部分能够自食其力的残疾人。1960年的民事调解和审判工作，曾实行“一包、二就（实为三就）、五结合”的办法化解矛盾纠纷，“一包”，即“干部分片包干”；“二就（实为三就）”，即“就地调查、就地审判、就地调解”；“五结合”，即“审判与摸底整社结合、审判与劳动结合、审判与指导调处结合、审判与群众辩论结合、审判与《五爱公约》（即热爱毛主席、共产党，热爱社会主义祖国，热爱总路线，热爱大跃进，热爱人民公社）的结合”。

1961年，Y地区民事案件急剧增加，全年受理民事案件906件（含上年旧存6件），比上年度的316件上升186.71%，其中，婚姻案件781件，比上年度增加162.08%。房产、地基、树木、继承、合同等五种案件22件，比上年度的3件，上升了近8倍。抚养、债务、赔偿纠纷33件，比上年度同样有所上升。全年审结民事案件865件，占受理906件的95.47%，未结41件，占4.53%。民事案件急速上升的原因有两个方面：一方面，随着社会主义革命和建设事业的不断深入和发展，党的12条和60条政策得到全面贯彻落实，尤其是批判了以“共产风”为主的“五风”后，广大群众的政治思想觉悟得到了进一步的提高，对人与人、人与集体之间的关系及对财产所有制方面有了明确的认识，因而出现了一些以往为数不多或很少有的地基、房产、树木、继承等民事纠纷。另一方面，由于处于经济困难时期，基层调解工作受到一定程度的削弱，各厂矿企业、农村人民公社和生产大队的调解组织有所涣散，作用得不到充分发挥，过去一些本来经过基层调解即可解决的矛盾纠纷起诉到人民法院，增加了民事案件的数量。

1962年9月27日，中共八届十次会议通过《农村人民公社工作条例修正草案》，并下发执行。9月30日，党中央提出“调整、巩固、充实、提高”方针。尤其是《农村人民公社工作条例修正草案》，承认了社员从事的家庭副业为“社会主义经济的必要的补充部分”，鼓励社员利用剩余时间和假日，发展家庭副业，增加社会产品，增加社员收入，活跃农村市场；允许社员耕种集体分配的自留地、自留山，开垦统一规划的零星荒地，饲养猪、羊、兔、鸡、鸭、鹅等家畜和大牲畜，从事编制、缝纫、刺绣等家庭手工业的生产和采集、渔猎、养蚕、养蜂等副业生产，经营由集体分配的自留果树和竹木；确认社员个人所有的一切生活资料，包括房屋、家具、衣被、自行车、缝纫机和在银行、信用社的存款等，以及社员自有的农具、工具等生产资料；保障社员自有的牲畜永远归社员所有，任何人不得侵犯；同时承认社员有买卖或者租赁房屋的权利，任何单位、任何人不准强迫社员搬家，任何机关、团体和单位，不得占用社员的房屋；等等。在 Y 市人民法院民事案件的受理和审判中，表现为这一时期当事人要求人民法院依法保障自己合法权益的民事案件呈上升趋势，个人与个人、个人与集体、集体与集体之间的房屋、宅基地纠纷，债务、财产纠纷和继承等财产性案件逐渐多起来。如 1963 年全年共审结民事案件 824 件，其中婚姻纠纷 666 件，房屋纠纷 55 件，抚养纠纷 27 件，债务纠纷 20 件，赔偿纠纷 14 件，继承纠纷 7 件，家务纠纷 4 件，树木纠纷 1 件，买卖纠纷 3 件，其他纠纷 27 件。

从 1950 年到 1965 年，Y 市法院共审结各类民事案件 5242 件，其中，离婚案件 4081 件，抚养纠纷 138 件，赡养纠纷 29 件，家务纠纷 9 件，房屋纠纷 419 件，地基纠纷 105 件，债务纠纷 92 件，分家继承纠纷 45 件，赔偿纠纷 44 件，建筑纠纷 11 件，加工纠纷 11 件，合同纠纷 25 件，补助纠纷 18 件，其他纠纷 215 件。在对各类民事案件的审理中，Y 市人民法院注意案卷材料的归档、整理和保存，形成了较为完整的民事诉讼档案，为我们研究财产纠纷与诉讼实践，进而探究中国法治历程和基层社会经济的变迁和发展，提供了珍贵的第一手资料和素材。本书的作者经过长期的调研，查阅、梳理了 Y 市法院 1950 年到 1965 年的 4900 多份民事诉讼档案，从而形成了本书的资料基础。

第二章　离婚诉讼中的财产纷争与处理

离婚诉讼中的财产纷争是依附于离婚诉讼的关于离婚时财产分割的争执。离婚诉讼一般解决几个方面的问题：一是是否离婚；二是离婚后子女的抚养问题；三是离婚时夫妻财产的分割问题；四是困难一方的生活费问题。离婚时夫妻财产的分割，既是已经同意或准许离婚情形下离婚诉讼中的重要内容，也是夫妻财产制的重要内容。

夫妻财产制，也称婚姻财产制，是规范夫妻财产关系的法律制度。男女结婚不仅创设夫妻身份关系，在经济生活中也要发生财产关系，财产关系成为婚姻效力的重要组成部分。为保障婚姻关系的经济基础和实现婚姻家庭的社会经济功能，有必要对夫妻财产关系加以制度化，这就形成了夫妻财产制。一般地讲，夫妻财产制主要包括以下内容：（1）夫妻财产关系的设立、变更与终止；（2）夫妻婚前财产及婚后所得财产的所有权归属；（3）夫妻财产的管理、使用、收益及处分；（3）家庭生活费用的负担；（5）夫妻的债务及日常家事代理权所产生的债务的清偿责任；（6）婚姻关系终止或夫妻财产制终止时夫妻财产的清算及分配。

夫妻财产制不是孤立地存在着的，它根植于社会经济结构之中，又受到各国的政治与法律制度环境、风俗习惯、历史传统和立法理念的影响；夫妻财产制又是一个历史和发展的范畴，它直接反映或者间接折射出经济、政治、历史、文化和社会的变迁。

在中国，夫妻财产制是“西法东渐”的产物。漫长的中国古代社会是没有所谓的夫妻财产制的。在宗法家族制度之下，中国古代社会实行家庭范围内的家族共财制，称为“同居共财”。礼法和法律禁止子妇私有财产，家庭财产权集中在家长手中。如《礼记》中说“子妇无私货，无私蓄，无私器，不敢私假，不敢私与”，子妇对于家庭财产没有所有权和处分权；唐律以及后世法律都明确规定“祖父母、父母在，子孙不得别籍异财”。基于封建礼制的“夫为妻纲”的夫妻一体主义，妻子的人格被丈夫吸收，既无行为能力，又无财产能力，不能享有财产权。只有当她成为寡妇时，才会暂时取代丈夫的位置，对家产拥有极其有限的权利。如果寡妇改嫁，她将丧失所有的财产权，甚至不能带走嫁奁。如《大明律》和《大清律例》均有“其改嫁者，夫家财产及原有嫁奁，并听前夫之家为主”之规定。

近代以来，建立自由、平等的婚姻制度是社会制度变革的重要内容。夫妻财产制也随着婚姻制度的日益进步而得以确立，妇女财产权有了法律上的保障。新中国成立后，1950 年颁行的《中华人民共和国婚姻法》明确规定了夫妻财产制，在诉讼实践中成为各级法院处理离婚诉讼中财产纷争的法律依据。

1950 年至 1965 年 Y 市人民法院审理了大量的离婚案件，其中绝大多数都涉及离婚时夫妻财产的争执与处理问题。

第一节 离婚诉讼中财产纷争的概况

一、离婚诉讼的基本情况

抗日战争时期和解放战争时期，Y 地区民主政府曾分别隶属于晋冀鲁豫边区和晋察冀边区，各民主政府按照《晋冀鲁豫边区婚姻暂行条例施行细则》《晋察冀边区婚姻条例》等，处理本区域的婚姻纠纷案件，逐步在本区域内建立起以男女平等、婚姻自由为特征的新婚姻制度，解放了大批富家所纳妾、婢和所养童养媳，动摇了旧婚姻制度的基础。1947 年 5 月 2 日，Y 市解放。5 月 4 日，成立 Y 市人民政府。Y 市政府为华北人民政府直辖市，设司法处对刑事案件和民事案件进行审理。1948 年 10 月 23 日，Y 市司法处更名为 Y 市人民法院，其辖区主要为 Y 工矿区。Y 市解放初期，人民群众的民主、自由意识随着社会地位的提高明显增强，因此，他们中的一些人便要求废除包办、买卖婚姻等封建婚姻制度，人民政府积极支持了这部分群众的正义要求。Y市人民法院审理了一批婚姻纠纷案件，解除了一些资本家、煤窑主、地主、国民党逃亡军官、旧政府官僚、反动会道门道首等和他们的妾、婢的婚姻关系，解放了一批童养媳，解除了大量的封建买卖婚姻关系。

1950年新中国第一部婚姻法颁布实施。从1950年到1965年Y市人民法院审理4081件离婚案件，现在我们根据现存档案记载的案件以及其他资料对此情况略加阐述。[①] 1950年5月1日《中华人民共和国婚姻法》[②]（以下简称《婚姻法》）颁布后，人民法院运用审判职能，依法保护人民群众的民主权利和人身权利。1954年以前，人民法院受理的离婚案件，大都是由于包办强迫、买卖婚姻而提起的离婚诉讼，具有鲜明的反封建婚姻制度的特点。据1953年Y市人民法院调查，某村包办婚姻占到80%以上。1954年以后，基于反封建包办买卖婚姻而引起的离婚诉讼相对减少，而由于草率结婚、喜新厌旧引起的离婚案件则逐渐增多。1959年至1961年三年困难时期，离婚案件分别占到一审民事案件的86.18%、94.18%和87.86%。其中1961年审结草率结婚引起的离婚案件106件，占离婚案件结案总数的13.95%。

1950年Y市人民法院按照《婚姻法》的精神和规定，受理了离婚案件114件，对具有封建残余色彩的婚姻案件一律判决离婚。

1951年Y市人民法院以华北人民政府检查《婚姻法》执行情况为契机，结合土地改革、抗美援朝、镇压反革命、"三反"、"五反"运动，推进《婚姻法》的贯彻落实，学习寿阳经验，采取"巡回公审""当众审讯""集体调解"等方法，处理离婚案件173件，有力地推动了婚姻制度改革。

1952年全年受理婚姻案件349件，占民事案件总数418件的83.49%，离婚案件数量比1951年上升一倍还多，这反映出广大妇女对封建婚姻制度的反抗和对婚姻自由的迫切要求。

---

① 本书所使用案例均来源于Y市法院民事诉讼档案，相关统计数字来源于《Y市中级人民法院志》（内部稿，2010年）。

② 《中华人民共和国婚姻法教学参考资料》（第一辑），西南政法学院民法教研室1984年10月编印，第51—56页。

1952年11月，为保证我国即将开始的大规模经济建设顺利进行，中共中央决定1953年3月为宣传贯彻新《婚姻法》运动月。1953年2月中央人民政府政务院在《关于贯彻婚姻法的指示》中进一步明确宣布，在全国范围内，“开展一个大规模的宣传婚姻法和检查婚姻法执行情况的群众运动，根本摧毁包办强迫、男尊女卑的封建主义婚姻制度；树立男女权利平等、婚姻自由的新民主主义婚姻制度，从而建立民主和睦、团结生产的新式家庭，以增强国家经济建设与文化建设的力量”。进而指出，婚姻制度的改革，虽是一种反封建的民主改革，但它不同于农村中的土地改革和其他社会改革，婚姻制度的改革是人民内部的思想斗争，需要长期的、细致的、耐心的工作，而不能采取粗暴急躁的态度与阶级斗争的方法。因此，一方面需要一个大张旗鼓地群众性地宣传《婚姻法》及检查《婚姻法》执行情况的运动，另一方面在运动中又必须坚持教育的方针。由于封建社会遗留下来的封建思想给予人们的影响，并不能随着封建的政治制度和封建的经济基础的消灭而同时消灭，所以在群众和干部中，现时都还存在着不同程度的重男轻女的封建残余思想，及由此而产生的对《婚姻法》的不同认识。有的错误地认为“婚姻法是妇女法，是女人压迫男人的”“婚姻法是离婚法”等，许多干部对于争取婚姻自由的妇女漠不关心，甚至支持一些落后思想。因此，有必要首先在干部中深入广泛地宣传《婚姻法》，进而推广到广大群众之中。[①] Y市人民法院积极参与Y市贯彻《婚姻法》运动的组织工作、思想教育和舆论宣传，并通过受理婚姻纠纷案件和依照《婚姻法》正确处理婚姻诉讼来贯彻《婚姻法》。1953年全年共受理婚姻案件403件，比1952年上升15.47%。

1955年，受理婚姻纠纷案件759件，占全年民事案件总数的77%，案件数量比1954年上升31%。本年度婚姻案件上升主要有两个方面的原因：一是经过四年的《婚姻法》的宣传与贯彻，追求恋爱自主、婚姻自由成为新时尚，许多妇女冲破封建思想的束缚为追求幸福而提出离婚；二是由于当时Y市的煤矿、钢铁厂、硫铁矿、硫黄厂、黏土矿和车马运输等主导工业有了恢复和快速发展，许多男青

① 中央人民政府政务院：《关于贯彻婚姻法的指示》，参见《中华人民共和国婚姻法教学参考资料》（第一辑），西南政法学院民法教研室1984年10月编印，第294—298页。

年从事采掘业、冶炼业和骡马车运输，经济情况较为富裕，出现一些草率结婚又草率离婚的现象。此外，还有一些女青年贪图男方钱财，缺少深思熟虑而进行闪电式结婚、离婚。离婚案件的大幅度增长，影响到部分工人的生产情绪，甚至影响到国家下达的生产任务的完成，引起Y市人民法院的重视，为此，Y市人民法院及时同妇联、民政等部门取得联系，严格贯彻《婚姻法》，严格婚姻登记制度，谨慎审判离婚案件。

1959年，受理婚姻案件620件，占本年度民事案件总数717件的86.47%。Y市人民法院按照“深入实际、调查研究、依靠群众、调解为主、就地解决”原则，全年共下乡就地审判和调解民事案件499件，占调解和审判总数587件的85%，绝大多数为婚姻案件。1959年审理的婚姻案件中有一个特殊情况，根据党中央部署，从这一年开始，国家对城市人口进行压缩，主要是对城市人口中没有正式工作的职工家属及其子女（市民户口）进行疏散，劝导他们回乡参加农业生产，并把子女的户口迁到农村。某些职工配偶因不愿回乡参加劳动而提出离婚申请。

1960年，Y市城乡已普遍建立起人民公社。从1958年推进公社化建设以来，基于生产资料私有制而发生的民事纠纷大为减少。1960年Y市人民法院受理民事案件559件，比1959年下降28.6%。其中，离婚案件530件，占民事案件总数的94.81%。

1962年，Y市人民法院通过对216件婚姻案件的复查、座谈，对三年困难时期的结婚基础和离婚原因，以及人民法院对不同情况婚姻家庭案件的处理方法进行了深入的调查研究和认真的总结分析，总结概括出困难时期的8种结婚基础、13种离婚原因以及一些处理方法。①

三年困难时期的8种结婚基础是：（1）封建包办婚姻4件，占216件调研个案的1.85%；（2）买卖婚姻7件，占3.2%；（3）半自主婚姻20件，占9.26%；（4）完全自愿结婚103件，占47.7%；（5）草率结婚55件，占25.46%；（6）三年自然灾害和国家偿还外债等因素，人民群众生活遇到很多困难，不少女青年结婚，即把经济状况，主要是粮食状况放在第一位，甚至寡妇改嫁、离婚再嫁、出走粮食区非法同居等，均以改善生存状况为直接目的，因而导致纯粹为了“度荒”

① 《Y市人民法院1962年上半年处理婚姻案件专题总结》，参见《Y市中级人民法院志》（内部稿，2010年）。

而结婚 12 件，占 5.6%；（7）为了迁居城市或担心被压缩回农村（当时煤矿工人的配偶不在压缩城市人口之列）而结婚 8 件，占 3.7%；（8）离了婚复婚后再离婚 7 件，占 3.3%。

三年困难时期 13 种离婚原因部分统计：（1）为生活问题（通常是感情一般，后因经济管理不协调、粮食不周，或一方照顾自己家庭过多，发生纠纷，互不让步）引起离婚的 48 件；（2）婚前随口许愿有求必应，婚后力不应求闹离婚 22 件；（3）先进思想与落后思想闹矛盾（主要是男方夫权思想、不安心农业生产、一贯好逸恶劳等），引起离婚 24 件；（4）一方乱搞男女关系，影响了夫妻感情闹离婚 29 件；（5）一方外出无信，下落不明，对方要求离婚 8 件；（6）一方不管家庭生活，引起离婚的 1 件；（7）因婆媳不和闹离婚 7 件；（8）一方有生理缺陷，对方提出离婚的 4 件；（9）一方犯罪或者有政治历史问题，对方提出离婚的 8 件；（10）为前方子女发生纠纷，引起离婚的 7 件；（11）一方不劳动，对方要求离婚的 4 件；（12）夫妇双方家籍两县，距离较远，为精减、退职、压缩等问题引起离婚的 4 件；（13）双方一贯感情不好闹离婚的 32 件。

结合有关材料以及民事诉讼档案记载，我们对 1950—1965 年 Y 市人民法院审理的婚姻纠纷案件简要分析如下：

从提出离婚的主体来看，90% 以上都是女方首先提出，仅有不到 10% 的案件是由男方提出的。

从离婚原因上来看，大量的离婚案件都是有综合的原因，我们以主要原因来加以区分，关于离婚原因的归纳主要来源于案卷中所记载的当事人的陈述以及调解书、判决书认定的理由。常见的表述有：（1）“感情不好”；（2）“性格不合、经常吵架”，“别别扭扭”；（3）“婆媳不和”；（4）“女方常住娘家”；（5）男方对女方“经济上不照顾”，“不给吃，不给穿”，“有病不给看”；（6）男方怀疑“女方作风问题”；（7）一方“有疾病”；（8）男方“犯反革命罪”或“犯偷盗罪”，“服刑长，女方生活困难，不愿等待”；（9）男方“下落不明”；（10）“父母包办”“草率结婚”“婚前了解不够”；（11）“感情破裂”“不堪同居”；（12）男方嫌女方“不劳动”“不给做饭”“东游西逛”；（13）一方“喜新厌旧”等。

从审理方式上看，调解结案的约占 70%，判决结案的约占 30%，经上诉结案的占不到 1%。

从审理结果上看，调解离婚的占全部婚姻诉讼调解案件的 95% 以上，调解和好的不到 5%；在判决结案的案件中，判决离婚的约占 99%，判决不准离婚的占不到 1%。

二、离婚诉讼中财产纷争与处理的基本情况

从 1950 至 1965 年 Y 市人民法院审理的离婚案件来看，完全不涉及财产的约占 5%，“双方个人财产各归各有”的概括性调解或判决约占 30%，对于财产或者债务以及生活补助费进行了比较详细的判决或调解的案件约占 65%。

从 1950 年《婚姻法》颁布施行到 1953 年，Y 市人民法院共审理离婚案件 1039 件，几乎所有的案件均是由女方提出的，其中以“父母包办”“没有感情”为由的约占 60%，男方因参加部队离家无音信的约占 10%，其他离婚案件占 30%。这一阶段审理离婚案件的明显特点是判决离婚为离婚案件结案方式的主体，约 80% 的案件均以判决离婚结案；经调解离婚的约占 19%，经调解和好的案件甚少。由于当时经济生活水平较低，夫妻财产数量、种类较少，主要是衣物、被褥等日用品，极个别案件涉及手镯等饰品。因此关于财产方面的纷争较少，法院在处理案件时，一般遵循“女方婚前财产归女方带走”“双方各自衣物归各自所有”的原则处理，属于土改时期分给女方的土地，也归女方。由于房屋一般都是夫妻双方以及家庭其他人员共同使用，因此在离婚诉讼中财产纷争极少有涉及房屋的。此外，大多数妇女生活均比较困难，因而不少案件都按照《婚姻法》关于“离婚后，一方如未再行结婚而生活困难，他方应帮助维持其生活”的规定，判决男方支付女方一定生活费用。总体上来看，这一段时期的离婚诉讼实践的主要效果是贯彻《婚姻法》的婚姻自由、男女平等、保护妇女利益等原则，破除旧婚姻形态，解除了不少带有封建色彩的包办婚姻和部分的买卖婚姻。

随着国民经济的恢复和发展以及社会经济生活内容的扩展，1953 年之后的离婚诉讼中，当事人的财产状况也发生了很大的变化，如日用品数量和种类增多了，手表、缝纫机等较为贵重的财产更加常见，也往往涉及现金、债务等问题。农业

合作化以来，也要对口粮、工分、股份等财产性利益作出分配。在离婚诉讼中，除了离与不离的基础性问题争执之外，围绕财产分割而发生的争执也较为常见。法院除了解决离还是不离的问题外，也需要对判决或调解离婚的案件中的财产问题作出更为细致而妥当的处理，特别是对婚前赠与、财礼与借婚姻索取财物之界限等较为复杂的问题作出处理。

第二节　离婚诉讼中财产纷争处理的基本依据

1950 年 4 月 30 日，中央人民政府委员会第七次会议通过了《中华人民共和国婚姻法》，并于 1950 年 5 月 1 日公布施行。该法是新中国成立后制定和公布的国家大法之一，具有划时代的和深远的历史意义。这部婚姻法是中国人民长期革命斗争的成果结晶，是对已经取得的婚姻法律理论和实践的以更加完备的法律形式加以固定和表达，是中国共产党领导人民进行的历史性的创造，是进一步肃清封建残余和建立新的社会生活的重大社会改革。

革命根据地时期的婚姻法所规定的夫妻财产制就已经鲜明地体现了中国共产党领导人民革命对男女平等理想的追求。在 1931 年的《中华苏维埃共和国婚姻条例》[①] 中规定：夫妻双方在土地革命中的田地和财产，以及各自的债务，由本人处理；结婚满一年，夫妻共同经营所增加的财产，离婚时由双方平分，如有子女则按人口平分；婚后所负的共同债务，由男方清偿。这种财产制度兼容了夫妻特有财产制和家庭财产制的特点，同时体现了对子女利益和女方利益的照顾。抗日战争时期，边区的婚姻法规对夫妻财产制作了进一步的完善。如 1941 年 7 月 7 日公布的《晋察冀边区婚姻条例（草案）》[②] 规定：（1）结婚前夫妻双方之各自财产，及结婚后夫妻一方以各自劳动力所获得之报酬，均为各自特有财产；（2）特有财产在离婚

① 中国社会科学院法学研究所民法研究室民诉组、北京政法学院诉讼法教研室民诉组合编：《民事诉讼法参考资料》（第一辑），法律出版社 1981 年版，第 449—451 页。

② 中国社会科学院法学研究所民法研究室民诉组、北京政法学院诉讼法教研室民诉组合编：《民事诉讼法参考资料》（第一辑），法律出版社 1981 年版，第 467—470 页。

后，得各自取回。但以某种契约或双方自愿变为共同财产或变更其财产所有权者，不在此例；（3）结婚后，夫妻双方须共同管所获得之财产，为共同财产。处理共同财产时，须互相同意；（4）结婚后，夫妻一方既无职业又无土地财产，其同居生活及子女所需之费用，应由他方负担。但其财产所有权及管理权，得由所有者自行决定；（5）结婚前双方所有债务，应各自负责。但经双方同意转化为共同债务者，不在此例。结婚后为经营共同生活所负债务，为共同债务。共同债务由双方共同负责。但离婚后女方无劳动能力及特有财产者，则由男方单独负担。此阶段的夫妻财产制包括了约定财产制和法定财产制，丰富了夫妻财产制的内容和形式；在立法精神上体现了尊重双方意愿和选择，以及尊重私权、男女平等、照顾女方的特点。解放战争时期的婚姻法规在夫妻财产制上沿用抗日战争时期的规定并有所补充和发展。如1949年的《旅大市处理婚姻案件办法（草案）》[①]明确宣布“夫妻间的财产关系应该完全平等”，并具体规定，结婚前个人原有之财产及债务，得各自处理之；结婚后共同经营的家庭财产为夫妻共有，须共同享用。

革命根据地时期的婚姻立法及其中包括的夫妻财产制表现出强烈的反对封建婚姻制度的态度，表现出强烈的革命精神，并具有一定的理想主义色彩。尽管这些法规都属于地方性和区域性的法规，但为新中国第一部《婚姻法》的颁布提供了宝贵的思想素材和实践经验。

1950年《婚姻法》继承了革命根据地时期的婚姻规范的基本精神，旨在彻底废除旧式婚姻制度，建立全新的婚姻制度。“作为半封建半殖民地的旧中国社会组成部分的旧婚姻制度，不但成了家庭痛苦的一种根源，而且成了社会生活的一条锁链；它不但把占人口半数的绝大多数的妇女投入奴隶生活的深渊，而且也使大多数男子遭受无穷的痛苦。它真正成了新生的社会肌体上已经衰败的细胞，障碍着新社会健全有力的发展。为着新社会在政治上、经济上和文化上建设力量的增长，特别是为着解放一切束缚生产力发展的枷锁，随着全部社会制度的根本改革，必须把男男女女尤其是妇女从旧婚姻制度这条锁链下也解放出来，并建立一个崭

① 中国社会科学院法学研究所民法研究室民诉组、北京政法学院诉讼法教研室民诉组合编：《民事诉讼法参考资料》（第一辑），法律出版社1981年版，第509页。

新的合乎新社会发展的婚姻制度。”[①]

1950年《婚姻法》将男女平等原则作为夫妻财产关系的基本准则。夫妻财产关系是夫妻间的权利和义务的重要内容，《婚姻法》第10条规定：夫妻双方对于家庭财产有平等的所有权与处理权。1950年6月26日《中央人民政府法制委员会有关婚姻法施行的若干问题与解答》[②]指出，家庭财产主要不外下列三种：一是男女婚前财产。二是夫妻共同生活时所得的财产，其中大体上可分三类：（1）夫妻共同劳动所得的财产——妻照料家务抚育子女的劳动应与夫获取生活资料的劳动，看作有同等价值的劳动——因此，男女劳动所得财产，亦应认为夫妻共同劳动所得的财产；（2）夫妻双方或一方在此时期内所得的遗产；（3）双方或一方在此时期内所得的赠与的财产。三是未成年子女的财产（如土地改革中子女所得的土地及其他财产等）。夫妻双方对于家庭财产有平等的所有权与处理权，有两方面的意思：一方面的意思是，中国大多数人的家庭财产，形式上是混合财产制，即夫妻不分彼此地共同所有共同处理，但实际上所有权与处理权，往往均只操于男方之手，女方无权过问或很少权利过问，根据男女平等和夫妻在家庭中地位平等的原则，夫妻双方对于上述第一种和第二种家庭财产有平等的管理权；另一方面的意思是，根据男女权利平等和夫妻在家庭中地位平等的原则，夫妻对于任何种类家庭财产的所有权、处理权与管理权，均得由双方自愿约定。关于离婚后的财产和生活，《婚姻法》第23条规定：离婚时，除女方婚前财产归女方所有外，其他家庭财产如何处理，由双方协议；协议不成时，由人民法院根据家庭财产具体情况、照顾女方及子女利益和有利发展生产的原则判决。如女方及子女分得的财产足以维持子女的生活费和教育费时，则男方可不再负担子女的生活费和教育费。关于夫妻关系存续期间的债务问题，《婚姻法》第24条规定：离婚时，原为夫妻共同生活所负担的债务，以共同生活时所得财产偿还；如无共同生活时所得财产或共同生活时所得财产不足清偿时，由男方清偿。男女一方单独所负的债务，由

---

① 《关于中华人民共和国婚姻法起草经过和起草理由的报告》（1950年4月14日），参见《中华人民共和国婚姻法教学参考资料》（第一辑），西南政法学院民法教研室1984年10月编印，第235页。

② 《中华人民共和国婚姻法教学参考资料》（第一辑），西南政法学院民法教研室1984年10月编印，第281—282页。

本人偿还。《婚姻法》第25条还规定了离婚后对困难一方的帮助，即离婚后，一方如未再行结婚而生活困难，他方应帮助维持其生活；帮助的办法及期限，由双方协议；协议不成时，由人民法院判决。

对于离婚案件中的财产和生活费问题，1963年8月28日《最高人民法院关于贯彻执行民事政策几个问题的意见》（修正稿）[①] 指出：离婚案件的财产纠纷，当前存在的主要问题是各种财产应如何处理的问题。有的法院对妇女应得的财产保护不够，有的由于让妇女退出大量财物，影响到妇女的婚姻自由。有的法院对妇女借离婚索要大量的生活费或男方为了达到离婚目的假许给付大量生活费，没有认真负责对待，造成判决后执行的困难。处理离婚后的财产和生活费纠纷，必须根据《婚姻法》的规定，本着有利生产和切实保护妇女子女的合法权益的原则处理。妇女的婚前财产应归妇女所有。对其他财产，如房屋、家具、生产工具等，最好由双方协商合理解决，如协商不成，应根据双方结婚时间的长短，家庭财产的变化情况和双方的实际需要等，予以合情合理地解决。男女双方本人生活必需的衣物用品，应归本人所有。口粮、工分和根据按劳分配的其他物款以及自留地收益等，除共同生活已用的外，应按家庭人口共同分配。女方离婚后未再婚，如果在一定时期内不能独立维持生活的，应由男方根据实际情况负担适当的生活费。对一方年老、残废或有病等实际上无劳动能力，而又无依无靠的人，必须更好地予以照顾，必要时则判给较长的或者长期的生活费。

第三节　离婚诉讼中财产纷争与处理的事例

一、20世纪50年代初期解除封建旧式婚姻中的财产纷争与处理

20世纪50年代初期，由于经济状况较差，在离婚诉讼中，一般地讲，财产

---

① 中国社会科学院法学研究所民法研究室民诉组、北京政法学院诉讼法教研室民诉组合编：《民事诉讼法参考资料》（第二辑第一分册），法律出版社1981年版，第343页。

纷争并不常见。

在1950年的一件离婚案件中，原告女方王某称“父母包办、无感情”“见面如仇人一般”，法院判决准予离婚，但未涉及财产问题。[①]在同年的另外一件案件中，原告女方张某因“包办婚姻”、男方“打她”，诉至法院，后判决离婚。[②]还有一件案件男方以小米给女方父亲，女方后来以“买卖婚姻”为由提出离婚，法院判决准予离婚，没收小米。[③]

本年有一起男方以包办婚姻为由提出离婚的案件。[④]男方仇某称：“是在十三岁时，由父母包办经人介绍与马某结婚，婚前既不相识，婚时非自主自愿，且女方大我五岁，十余年来，感情极为恶劣，经常不断生气争吵，精神非常痛苦，无法再延续下去。坚决提出离婚。”妻子马某不同意丈夫这样的说法，反驳道：“结婚17年，经过许多艰难困苦，现竟将当年糟糠之妻，企图忘情。”法官调解无效，作出判决：“婚姻建立在自主自愿的基础上，如双方非出自愿，虽同居一室，彼此视若路人，那就莫若及早离开，免得彼此痛苦。”因此，判决准予离婚，考虑到马某离婚后生活可能困难，“情殊可悯”，因此判决要求男方分三期付给马某生活费小米若干斤。本年男方作为原告提出的离婚案件还有数件。如其中一件是男方因女方有“羊角风”病提出，一件是男方因女方有“精神病”提出，法院均判决准予离婚，对于财产问题则未涉及。[⑤]

一些离婚案件反映出妇女在家庭生活中的困境。如1950年10月受理的妇女荆某要求与丈夫赵某离婚，其中一段调解笔录如下：

审判员调解时与女方的对话：

审判员：婚后感情怎样？

---

① Y市法院档案：34（全宗号）—3（目录号）—4865（档案号）；遵从学术惯例，本书所涉及的案件当事人均为化名；对所及地域亦视具体情形做技术性处理。由于每案独立成册，本书在运用案件时，均查阅每个案件的全部案卷材料，故未标明页码。

② Y市法院档案：34—3—4882。

③ Y市法院档案：34—3—4876。

④ Y市法院档案：34—3—4874。

⑤ Y市法院档案：34—3—4867。

女方：先好后不好。

审判员：为什么提出离婚？

女方：男人不给吃穿，打骂，不合适。

审判员：你男人今后改正，还是回去。

女方：不回去。

审判员：男人不离怎么办？

女方：我不和他过了，不管他。

审判员调解时与男方的对话：

审判员：女人提出离婚，你的意见？

男方：我坚决不离。

审判员：女方坚决不和你过，你能把她团结回去？

男方：我和她熬到底。

审判员：你能熬过政策吗？

男方：我不是熬政策。

审判员：你了解婚姻法吗？

男方：了解。

审判员：你既知道，今天的离婚是合乎政策吗？

男方：适应。

此案法院判决离婚，双方财产各自带走。[①]

同年，妇女张某诉史某离婚，称："结婚六年，丈夫三年前出去，无音信，婆婆走了，地不让种了，房子也坏了，住在老君庙里，家里只有三个碗。"法院判决离婚，准许张某种归自己的地。[②]

① Y市法院档案：34—3—4881。

② Y市法院档案：34—3—4840。

在1952年的一些案件中，法官在判决中，依据《婚姻法》的有关规定，除判决准予离婚外，对财产等问题也作了比较明确的处理。如妇女赵某与丈夫潘某离婚一案[①]，判决书指出，女方的婚前财产应归女方带走，男方给女方生活补助费20万元（第一套人民币），一个月之内付清；妇女谷某诉张某一案中，法官判决，女方带走地二亩一分，小米260市斤，小麦260市斤，西房2间归女方所有，女方之衣物（娘家陪嫁之衣物在内）归女方所有。[②]

二、离婚诉讼中财产的争执与平衡

在由于性格不合、草率婚姻、婆媳矛盾等原因造成感情不和的离婚案件中，实际上经济因素的影响很大。不少婚姻并非建立在真挚深厚的爱情上，婚姻关系的持续，也往往是"凑合"着共同生活。而离婚的真正原因则往往是女方因为男方经济照顾不周而引起的。在这些案件中财产问题上，女方由于需要及早摆脱这种既不能给自己带来经济生活利益也谈不上精神生活愉悦的婚姻关系，往往只是提出自己的财产权利要求，如果不能满足，则宁愿牺牲财产利益而摆脱。男方则由于考虑到继续婚姻关系的不可能，为了不至于人财两空，影响自己的未来生活，则表现出对财产的强烈关注。法官则尽量寻求在《婚姻法》原则之下的各方利益的平衡。

如Y市人民法院1959年受理的妇女鲍某起诉与丈夫李某离婚案。[③]鲍某时年19岁，在矿粉厂当工人；她的丈夫李某时年25岁，是个大学生。案子诉至法院后，法官对双方进行调解。但是双方仍未能和好，法官就据两人达成的协议，制作了《民事调解书》。在《民事调解书》中，法官认为：双方于1958年1月30日领了结婚证，没同居被告即去外地上学，至1958年12月份才完婚。婚后五天被告即返校，因相处时间短，再加上领结婚证时原告是在被迫的情况下，对自己的婚姻处理得很草率。在来往信件上又不是互相尊重、互相帮助，而是因生活琐碎

---

① Y市法院档案：34—3—4776。
② Y市法院档案：34—3—4774。
③ Y市法院档案：34—3—2976。

事闹意见，直到今年暑假期被告回家，因住房问题发生口角；同时被告提出原告作风不好，致使夫妇感情破裂，经过调查，原告作风正派，被告说的不是事实。经调原被告感到无法再巩固下去。但因被告李某在学习中，却封建思想相当严重，在讯问中一再坚持其女方不退回结婚时赠送的东西就不能离婚的错误思想。这种妄想仍依经济手段限制婚姻自由，破坏国家法令的行为，应予批评教育。而原告要求法院给予解决。调解的结果是，双方同意离婚；婚前被告赠送原告的物品现在原告愿给被告与否，由自己决定。

而案卷材料所记载在正式的调解书形成之前，法官曾拟定了一份调解书草稿，其关于案件处理结果的内容是：准予双方离婚；婚前被告赠送给原告的物品，毛衣一身、被套一个、被褥各一个、炕单一个等，原告愿意退还被告。

本案的调解笔录中则是这样记载的：

审判员：你们商量好了吧？

双方：商量好了。

女方：男方说离是离要东西。

审判员：对吗？

男方：我说你要离的话把东西给我，东西给我我就离。

审判员：你有什么东西？

男方：一身毛衣，一个棉被，裤子，床单，洗脸盆，一对镜子，一对肥皂盒。

审判员：这些东西计划咋处理？

女方：他要就给他。

男方：东西给我离就离吧。

审判员：还有什么意见？

女方：没有。

男方：没有。

我们可以看到，离婚诉讼中的男女双方对于财产是有态度上的差异的。男方往往将退还婚前赠与的财物作为离婚的一个条件。一方面希望借此或许能够动摇女方离婚的决心，向女方作出最后的挽留的意思表示。另一方面，即使努力不成功，也还有减少经济利益损失的机会。而女方虽然在离与不离的问题上掌握主动的权利，但也考虑到如何避免因与男方在财产问题上的激烈冲突而给离婚造成障碍。因此，她选择在财产问题上让步和妥协。从法官的调解书原稿和最后生效的调解书之间的细微差异来看，法官试图在保障离婚自由和妇女财产权利之间寻求平衡，并使得调解书不能够明显地违背法律和民事政策。在调解书原稿中，关于男方婚前赠与女方毛衣一身、被套一个、被褥各一个、炕单一个等，记述为“原告愿意退还被告”。这和赠与的法律性质是明显矛盾的，也不符合党的关于聘礼处理的有关政策。因此，在调解书中，法官一方面指出男方行为的性质是“封建思想相当严重，在讯问中一再坚持其女方不退回结婚时赠送的东西就不能离婚的错误思想。这种妄想仍依经济手段限制婚姻自由，破坏国家法令的行为”应予批评教育。另一方面，他在已经知道男方的财产要求和女方态度的情况下，将调解书原稿中的“原告愿意退还被告”修改为“婚前被告赠送原告的物品现在原告愿给被告与否，由自己决定”。这样做的目的在于，既能及早解决离还是不离的问题，又能避免因妇女离婚时财产权益保障不足而可能遭致的批评。因为，在本案中，男方并不会因为索要不回婚前赠与女方的财产而陷入经济困难，是不符合退还财物的条件的，男方要求退还物品是于法无据的，不应该得到支持。法官将是否退还财物的权利委之于女方，这就意味着，首先承认女方婚前接受赠与的物品，其所有权归女方；其次，这还意味着女方对物品有处分的权利，包括将财物退给男方，而这正是男女双方已经达成的协议的一部分。类似的案例中，男方实际上是以退还财物为离婚条件的，女方则出于为争取婚姻自由而在财产要求方面有所妥协，而法官则通过以女方的自愿退还财物，实际上表现出执行《婚姻法》中的一定的灵活性。

在 1961 年的妇女赵某起诉与丈夫郑某离婚[①]，郑某以退还给女方的衣服和钱作为离婚的条件，未能得到法院认可。法官在讲明政策的基础上，促使双方调解

① Y 市法院档案：34—3—2283。

离婚，被告的财产主张得到部分实现。原被告于1958年经人介绍认识后，又在双方大人的多次劝告之下，终于1960年勉强结了婚；由于恋爱草率，因此，婚后不久，女方就提出离婚。男方也感到不能继续巩固，但因财产问题双方争执不息，互不让步，故申请法院要求依法处理。调解笔录记述如下：

男方：我跟她说，我们尽量巩固，她是不与我巩固了，不巩固就离婚，如果是离婚叫女方把东西给我退还，就一块小毛巾也不能办。

审判员：有些什么财产呢？

男方：给过女方一身毛衣、二条被子、一对皮鞋、一个大炕单、大小毛巾七八块，卡机布衣服二身、三四双袜子、一个洗脸盆，60年农历六月她借我50元，供给她念书花100元，在结婚时给她100元，给她父母被褥钱50元，一对棉鞋、一条灯芯绒裤。

审判员：以上东西都对否？

女方：钱也是一个也没有给过，其他东西都对。

审判员：根据政策规定是女方的给女方，是男方的给男方，是共同财产再根据具体情况来解决。

男方：不行，她得给我东西。

审判员：还有什么问题？

男方：退出东西就解决问题，不退东西不能解决。

审判员：你要求哪些东西给你？

男方：毛衣一身，一对皮鞋，被褥，炕单，洗脸盆，二身衣服，一条灯芯绒。一对棉鞋，四五袜，大小毛巾七八块。

审判员：还有什么东西？

男方：没有了，再一个是钱的问题。

双方在法官的调解下最终达成了离婚协议，对于财产问题作出了处理，即离婚后一件毛衣、一对皮鞋归男方外，尤其是女方的被和一切新旧衣服布证均归女方所有。

本年妇女薛某起诉与丈夫郑某离婚[1]，其夫要求追索财物，并追究薛某的诬告责任。

薛某与郑某于1960年11月18日结婚，1961年5月以丈夫对她不说实话，双方没有建立感情为由提出离婚，她说："婚后我发现他对我十分不老实，年龄、历史都有隐瞒，婚前他花言巧语说什么他是转业军人，在部队上当过干部，受过奖励与表扬，在农产品采购站评为先进工作者，领导赞扬，同志们夸奖。但是他35岁欺骗我是30岁，住过国民党反动军官学校，别人反映他参加过'三青团'，结婚时并未讲过。另外他的思想意识不好，好逸恶劳，下放劳动锻炼一年，至今游荡未走，工作不安心，一心想返原籍，我们在政治上十分不融洽思想上根本没有建立感情，故提出坚决要求离婚，红缎被子一条、尼裤一条、平绒外套、古铜色外套各一件、红色铁皮暖壶一个归我。"

郑某则辩解说："我们婚后感情很好，没有吵过架，我节约粮票体贴她，每月给她零花钱。我的思想落后是我说的，'三青团'我没有参加过，历史我没有欺骗她。夫妻不能强迫，强迫不是夫妻，我同意离婚。但是她必须给退出结婚时的东西：缎被3条、被单一个、枕头一双、枕巾2条、红箱子一个、红毛裤一条、蓝毛衣一件、平绒9尺、灰色花缎一块、男袜子5双、旧衣2件、笔记本一个、纪念章3个、公债票60余元、洗脸盆一个。她诬告我是'三青团'，欺骗我财物应追查责任受到法律处分。"

法院认为，薛某与郑某在结婚前不慎重考虑相互未作彻底了解，就草率结婚，婚后又没有真正从思想上、政治上建立起感情来。加之被告思想落后，双方在政治上不融洽，形成夫妇不堪同居，失去爱情基础。女方提出坚决要求离婚，男方认为夫妻不能强迫，强迫不是夫妻，表示同意离婚是对的。但要求女方退还全部赠与之衣物，及追查女方之欺骗财物行为，诬告其为'三青团'的责任是不妥当的，为此根据《中华人民共和国婚姻法》第17条、23条规定，特判决如下：（1）准予离婚；（2）缎被子2条、床单一块、枕头枕巾各一对、红箱子一个、灰花缎一块、红色毛裤一条、蓝毛衣一件、旧衣2件、公债60余元、洗脸盆一个、纪念

① Y市法院档案：34—3—2029。

章、照片、笔记本均归男方所有；（3）尼裤一条、红缎被子一个、平绒一块、古铜色外套一件、暖壶一个归女方所有。

在1959年的伍某诉妻子王某离婚案[1]中，一审Y市人民法院法官判决原被告双方在共同生活中的债务由男方承担。一审判决生效后，未能执行，原告一直申诉至某地区人民法院，1961年某地区人民法院改判原告承担其中的一部分。

一审法院判决要旨如下：

> 双方自1956年以后经常吵闹，男方曾打女方数次，因经济上对女方照顾差加之女方不太节约，因而夫妇感情逐渐走向疏远。1958年以后女方先后提出四次离婚，经调解说服为子女利益出发，促使双方关系和好，至今不仅没有改善反而更加恶化。夫妻另宿，男方在经济上照顾女方及孩子更差，甚至任意辱骂女方，实已感情破裂，不堪同居。若再继续勉强维持下去，双方在精神上都会受到苦恼，不如离开为宜。关于子女抚养一节，根据孩子年龄及外祖母一贯照养，女方提出孩子归自己抚养至7周岁后由男方抚养，男方补助孩子抚养费20元。外借生活费85元，由男方负责偿还，女方每月工资21元，男方付给女方毯子被子各一条，照顾孩子是合理的，男方对孩子不尽抚养义务之理由亦就不能成立。综上所述：根据中华人民共和国婚姻法第17条、20条、21条、23条规定的精神，判决如下：（1）准予离婚；（2）双方子女3个由女方抚养，大孩子至7周岁由男方抚养，每月由男方支付给女方3个孩子抚养费20元，至女方结婚后另行协议。（3）男方付给女方被子一条，所欠外债85元及托儿费由男方负责偿还。

伍某不服该一审判决，申诉至某地区中级人民法院。某地区中级人民法院调卷审理了该案，作出如下判决：

> 1955年双方自愿结婚，婚后感情尚好，伍某供给王某上学。后来因王

---

① Y市法院档案：34—3—2716。

某在生活上检点不够，经常向伍某要钱，引起伍某不满，再加上王的父母亲来了以后，王及其父母对伍某的态度逐渐冷淡，而伍某对家庭的照顾上也不如以前。为此，双方不断吵闹，夫妇感情逐渐破裂。1959 年 10 月王某提出离婚，经 Y 市法院调解无效，即组织群众大会对王某进行大会辩论，王在此情况下接受了自己有资产阶级思想和经济观点，表示改正，继续巩固夫妇关系。此后伍某又向法院提出离婚，并提出王某有外遇要求处理，经 Y 市法院审理，判处双方离婚，三个小孩由女方抚养，男方每月补助三个小孩抚养费 20 元，至女方再婚后另行协议，大孩子至 7 周岁后由男方抚养，男方给女方被子一条，所欠外债 85 元及托儿费由男方负责归还。判后伍某不服一直申诉。

经本院审理认为，双方感情已破裂，实难继续巩固，原判离婚正确。伍某申诉，要求将大小孩接回原籍安徽让其母亲抚养，伍某自己抚养又有一定困难的具体情况，我们认为王某提出大孩子暂由其抚养至 7 周岁后随男方的要求是比较合理的。至于伍某提出第三个小孩是王某与某工人通奸所生一节，经查无充分事实证明：不能认定。所欠外债 85 元原判伍某完全负责欠妥，应改判伍某负责 45 元，王某负责 40 元，三个小孩的抚养费应根据原审合议庭决议，每月由伍某补助给人民币 15 元（一个孩子 5 元），期限暂定三年，三年以后另行协议。其余部分均照原判执行。

我们可以看到，在本案的处理上，两级法院的认识和处理是不一致的。一审法院在事实认定部分，强调了男方对女方“经济照顾不周”“打女方数次”“任意辱骂”等错误行为，而女方则仅仅是“不太节约”，对于男方称女方与人通奸，更未提及。因此，在法律适用上，侧重于维护女方权益，判决全部债务由男方承担。上级法院则认为“女方生活上不够检点”“存在资产阶级思想和经济观点”是导致夫妻感情破裂的主要因素，男方只是“在经济上照顾不如从前”，因此，改判男方仅承担全部外债 85 元中的 45 元，其余 40 元由女方承担。这种处理，更加注意到了男女双方各自的实际经济情况和导致婚姻关系不能维持的原因，而并非片面地强调保护妇女的利益，应该说是更为妥当的。

在1962年的妇女王某诉丈夫王某某离婚一案[①]中，男方要求女方“将婚前婚后的财产全部返回”，否则不离婚，女方不同意返还财产。法院判决准予双方离婚，并对财产争执作了处理：婚前婚后男方赠给女方的物品除银镯一对归男方外，其余给女方的一切棉袄、单各色衣服衣料和绒裤一条、铺盖一床以及其必备日用品等归女方带走。因双方共同做衣服，男方给女方之哥哥60元钱，因女方之兄病重死亡，已用于女方娘家使用，此款在原则上女方应返还男方一部分，但因女方家中均系孤寡老幼，现生活尚无能力维持，故不予返还男方。

可见，本案判决部分地满足了男方要求返还财物的要求；也照顾到了女方的实际困难。

1964年的妇女靳某诉丈夫祁某离婚案[②]，男方不愿意给女方任何财产。靳某与祁某于1962年3月自愿结婚，当时靳某有工作，双方感情尚好。1963年1月女方生了小孩，因孩子身体不好，不断害病，需要大人在家照管，靳某于1963年7月退职回家。当时丈夫祁某虽口头上勉强同意，但内心是不同意退职的。为此双方不断生气，互相不能谅解与体贴，以致感情日益恶化，靳某不得不提出离婚。经过法院多次调解和好无效。靳某坚决要求离婚。祁某的意见是：（1）女方一定要离就离吧，但不能带走小孩，如果女方带走孩子，他不负担孩子的抚养费。（2）不准女方带铺盖及其他财产。（3）要算结婚后与女方父母亲在一块生活期间的经济账。如不答应上述要求他就不离婚。

法院认为，原被告感情已经彻底破裂，不能继续巩固，离婚为宜。至于男方提出的三点要求，均是不能成立的。（1）双方所生男孩祁某某，现尚年幼随母抚养有利于子女，被告应负担孩子抚养费。这是应尽之义务，被告不负担孩子抚养费，是违背《婚姻法》规定的；（2）不准女方带走铺盖及其他财产，也是不合法的，《婚姻法》第23条规定：“离婚时除女方婚前财产归女方所有外，其他家庭财产如何处理，由双方协议，协议不成时由人民法院根据家庭财产具体情况，照顾女方及子女利益和有利于发展生产的原则判决。”根据《婚姻法》

---

① Y市法院档案：34—3—1639。

② Y市法院档案：34—3—293。

规定及原被告家庭财产的情况，女方应带走一部分家产；（3）女方父母亲曾与原被告在一起生活一段时间，当时原被告均上班，由女方母亲做饭、料理家务，使原被告减轻家务负担，安心上班，被告甘心情愿。现在离婚时要算共同生活中的经济账是没有理由的。

基于上述理由，法院依据《婚姻法》第17条、第20条、第21条、第23条、第24条及第25条规定精神判决：（1）原被告离婚；（2）女方的衣服、铺盖归女方所有，共同财产中床单一块、丝绸被面一块，塑料油布一块、棉花绒毯一块归女方及小孩带去；手表一块、旧被一床以及家中箱、柜等用具归男方所有；（3）男方给女方人民币20元，以作再婚前生活补助及归还看病所借的5元外债。分别在1964年12月、1965年1月份各付10元；（4）小孩祁某某随女方抚养，男方从1964年12月起每月负担小孩抚养费10元，将款交给女方（逐月交清）待其长大能自作主张时，跟父跟母由其自愿；（5）三口人的粮食、副食及所有证号供应各归各有。

在法院受理的部分离婚案件，女方提出了财产要求，男方对财产的要求也更坚决、更强烈，法院则根据法律和政策，考虑双方的实际经济状况以及便利生产等因素作出判决。如1963年妇女王某诉丈夫郭某离婚一案[①]，原告王某称："在财产问题上，我有好劣被了二块、破毛衣一件、破小布衫一件、半旧回绒衣服一身、旧绒裤一条我带上。我娘家拿来的一切东西也归我所有，口粮可以按每人多少就留多少。"被告郭某说："必须把她娘家每月花我的钱三百余元和我给她所买的东西全部退回来，否则我不同意离婚。"法院判决准予离婚，并在判决中对财产问题作如下处理：（1）婚后男方给女方所置的一切衣物东西计：半旧回绒衣服一身、破毛衣一件、旧单衣各一件、旧绒裤一条和半新旧棉被、破被各一块，对女方婚前带来的大小三个，均归原告所有；（2）1963年口粮供应，可按留粮标准给女方全部带走；（3）在离婚期间，原告自己所花人民币7.8元，吃粮8斤全由原告自己负责归还。本案中，未支持被告要求原告退回她娘家所花被告的300元钱。又

① Y市法院档案：34—3—1388。

如，同年，在卢某与丈夫吴某离婚一案[①]中，原告卢某要求小孩由她抚养，吴某出抚养费，现怀孕7个月胎儿吴某不出抚养费，她自己想办法。关于财产个人衣服、被褥归个人所有，吴某提出1957年结婚时她花过他250元不是事实。1959年给她的手表现不能给他。被告吴某称："不同意由她抚养小孩，离婚她得将我给她的东西给我拿回来。"法院判决如下：（1）准予离婚；（2）男孩由男方抚养，出生后的婴儿由女方抚养；（3）男方给了女方的手表、一切衣物不予追要；（4）个人衣物各归各有。

部分较为复杂的案件，所涉及的财产类型、数量等更多一些，法院在双方诉求的基础上，作出了更为细致的处理。如1963年的黄某诉丈夫史某离婚一案[②]：

黄某于1948年与史某结婚。婚后俩人感情尚好，但因史某犯反革命罪，于1951年7月份被政府判处有期徒刑10年，剥夺政治权利3年。在史某服刑期间，家中所留妻女，主要依靠所养马车一辆为生，1958年合作化运动中，将马车（车与牲口）作价为1855元入了社。黄某也参加在社内工作。除入社定股资为1500元外，其余355元，作为生活费用，已由黄某向社内支取度用（史某在荫营建房也花过少数）。史某于1961年刑满释放回村后，黄某以史某历史不清，双方岁数不合，向法院提出离婚。当时因史某不愿离婚，并主动邀请了亲戚朋友劝说妻子黄某撤回离婚诉状后，双方却不在一处居住，互不理睬。现在黄某仍以和反革命分子划清界限，向法院又提出坚决离婚，并要求所生两个女孩随自己生活，让被告负担抚养费。现欠外债200余元，可从股金内偿还，其余所剩股金按股分开，她与小孩分两股，给男方一股；其余财产，她在Y市有新旧被子4块、褥子3个，"三五"地毯2块，上海造黄毛毯一块，她带的三度士手表一只及她的海罩呢衣服一套，归她所有；荫营现有铺盖两床，归男方所有。她存放男方的单衣两身、秋衣一件、皮袄一件、破棉裤一条给男方。金戒指除丢掉一个外，还有一个，银洋二元、蓝花道布一丈二尺、黑平绒6尺、兰花白洋布6尺、白羊皮袄一件这些东西可以分开。

---

① Y市法院档案：34—3—1406。

② Y市法院档案：34—3—1285。

史某则辩解说："她十余年不提离婚，现在提出离婚，主要是和二矿工资科干部张某通奸。在张的挑动下与我闹离婚，我不同意。就是把问题搞清楚，也得把一切东西给我拿出来，否则我不离婚。另外她提的财产不符，1948 年我们结婚时，我在 Y 开设店房，店内有木箱 4 个，面柜一支和床板等家具，加上我在被捕时，交过她的人民币 386 元，她手中还有 600 元。1961 年 10 月份，她与我闹离婚时，她说款已花光了，我认为这款是不会花完的，这次离婚必须全部拿出来。另外有金戒指 4 个，公债券 500 余元，银洋 2 元，呢、绒、花达呢、毛哔叽等衣料多块，黄毛毯一块，皮袄一件，被单、褥单好几块，和她带我的三度士手表一只也全部拿出来。"

法院认定的事实是：原告在 1961 年曾提出与被告离婚，后经亲朋劝说未离，但双方感情并未好转，现原告又提出离婚，经调解和好无效，双方实无继续巩固的可能。被告所提原告离婚时张某又从中挑拨。黄某与张某于 1962 年曾发生过不正当的两性关系，但在同年 12 月 2 日，被史某捉奸后，张某已作了检讨保证，从此再未发生过通奸行为。同时原告在 1961 年曾提过离婚，由此看来，原告提出离婚，不完全是由于张某从中挑拨所致。此外，被告让原告退出所提出的全部财物，才能离婚的意见也是错误的。被告服刑 10 年，家中所留其妻和女，在生活中必然要消费一部分财物，现在原告究竟尚存财物多少，没有可靠证明，即使被告所提财物尚存在，有的也应认为共同财产，不应全部要回。

法院因此判决如下：（1）准予原被告离婚；（2）双方所生其女仍归原告负责抚养；（3）双方共同债务 200 余元，可从马车入社股资内支付。所剩股资，除给被告史某分得 450 元外，其余股资，归原告黄某所有；（4）现在双方各自所存财物，除原告存放被告的单衣二身、秋衣一件、破棉裤一条、皮袄一件及公债券 100 余元、木箱一个，归给被告所有外，其余财物，原属谁保存使用，归谁所有。（包括手表，现在谁戴着什么表，就以什么表归谁），其中有"三五"地毯两块、上海造黄毛毯一块，仍归原告带走，作为抚养子女之费用。

本案中法院并未认定被告所称的"金戒指 4 个，公债券 500 余元，银洋 2 元，呢、绒、花达呢、毛哔叽等衣料多块"仍然存在，而是根据常情认为，原告在被告服刑期间抚养子女等必然要消耗一部分财物，因此未支持被告的请求。

在1964年的妇女荆某与丈夫张某离婚[1]一案中，涉及自行车、缝纫机、鞋号、工分卡、布票以及债务的分配问题。荆某与张某于1961年2月1日自由结婚。婚后感情较好，后因经济与小孩等问题，生气吵嘴，致感情逐渐破裂。为此，荆某坚决要求离婚。经法院调解和好无效，张某亦表示同意离婚，但因小孩的抚养费与财产问题发生争执。原告荆某的意见是双方所生两岁多的女孩张某某离婚后由她抚养，每月由男方负担抚养费10元。被告张某同意小孩由女方抚养，但对小孩抚养费只同意每月负担5元，最多6元。在财产方面，原告荆某说："缝纫机一架，是我娘家的钱买的，自行车一辆是婚后我买的。要求将缝纫机与自行车均归她所有。"被告张某则称，缝纫机与自行车均是婚后共同所置，故不同意女方的处理意见，要求将自行车给他，缝纫机给女方。经调解未达成协议。法院认为，原被告双方感情已经破裂，不能继续巩固，离婚为宜。关于子女抚养费问题，根据双方的经济收入与《婚姻法》第20条规定"离婚后父母对所生子女，仍由抚养和教育的责任"，应由双方负担。女方所说缝纫机系其娘家的钱所购但没有证据，不能认定。对缝纫机与自行车问题，应根据双方的需要等情况，确定归谁所有。为此，特依据《婚姻法》之规定判决：（1）准予双方离婚；（2）离婚后双方所生2岁多的女孩张某某，暂由女方抚养，每月由男方交付女方对小孩的抚养费7元，从1964年7月开始执行；（3）原被告各人的衣服归女方，褥单2条，原被告各分1条。鞋号15个，男方已分8个，女方分7个。分卡23.3分，男方已分12分，女方分11分3厘。布票9寸，已分给女方。自行车与其余家产均归男方所有；（4）婚前男方借女方母亲的钱30元，由男方负责偿还。婚后双方共同生活期间借女方母亲130元钱，男方偿还80元，女方偿还50元。

也有一些案件，男女双方虽然都就财产问题提出了一些个人的意见，但争执并不大。如1963年妇女任某诉丈夫王某离婚一案[2]，原告任某称是包办婚姻，要求离婚。对于子女和财产问题，她说："对于子女三个暂由我来抚养，王每月出抚养费15元，儿子年满10岁可由王领去抚养。关于财产，王原来的房、柜等东西

---

① Y市法院档案：34—3—648。
② Y市法院档案：34—3—1405。

我不要，我自己的衣物、被、褥和缝纫机一架我带上，小孩衣物随小孩。现欠外债60元我没能力偿还给人家，应让王还清。”王某说：“离了吧。关于子女财产处理，同意她的意见。至于外债我只知道有30元，这我负责偿还，其余她未向我说过，我不负责还债。”法院判决如下：（1）准予离婚。（2）三个孩子由女方抚养。男方每月交女方抚养费15元。（3）窑4间、屏柜、顶柜各一对、立柜一个、桌子两个、木箱一个、木板一块归男方所有。缝纫机一架和女方娘家的东西归女方所有。个人衣物各归各有。（4）外债60元由男方负责偿还。本案中虽然涉及房产（窑洞），但女方主动提出不要房产，法院也将财产判归男方。

有的案件，男方在离婚时提出要求女方赔偿共同生活中女方损坏的财物，法院认为不合情理，未予支持。如1964年的一份民事判决书所载的原告李某（女）诉被告刘某案[1]：

Y市人民法院　民事判决书　（64）法民字第229号

原告李某，女，22岁，职业：农业社员，贫农出身，初中文化。

被告刘某，男，29岁，职业：工人，贫农出身，高小文化。

案由——离婚

原告诉：“1962年9月20日我与被告结婚，由于恋爱时间不长，所以结婚后感情不好，男方在婚前隐瞒年龄，欺骗说，他未找过对象，是共青团员。实际上找过对象，在1958年以前就开除团籍了。婚后不是打就是骂，拿打骂当成家常便饭，并无故说我与他人有不正当的男女关系，辱骂我是什么熊，大混蛋等，迫我母改嫁，他还要当介绍人，并打我母亲两次。我在月经期间，他还要发生性交关系，我不同意，他即拿剪子要自杀，并说我死你也活不成。曾先后打过我9次，逼我离婚，当时我不同意离婚，在没有办法的情况下，要求调解委员会、公社干部解决，调解无效，一直生气吵闹，已一年余，婚姻关系已不能巩固，因此我坚决要求离婚。毛裤一条、铺盖一套，我的东西归我。”

被告说：“她一家人就是嘴硬，咱斗不了她，因她姐来住了四十天，口粮

---

① Y市法院档案：34—3—521。

是一个人一份，我是有些不高兴，我觉着她心里不是一点也没有我，总有一天回心转意，我们是能巩固。她的作风上肯定有问题，她母亲嫌贫爱富，她是出嫁人，上她姐家住不告我说，我就一点权利也没有，我的意见是，以往的错误要警惕，老人我负责养老送终，她姐可以来住几天，她的意见是离婚，一度时期她对我是好的。我的最大短处是打人骂人，今后保证改掉，政府也得考虑实际，我冤枉，她摔坏手表、洗脸盆得赔我，我是不同意离婚。"

查原被告在未结婚前谈恋爱时，被告隐瞒了年龄，并欺骗女方说自己是共青团员，未结过婚，在结婚后原告发现了被告欺骗的情况，即对被告不满，加之被告诬说女方作风不正派，不断生气吵架，并打骂女方，原告在月经期间被告还要性交，原告拒绝，被告即用剪子自杀进行威胁，更引起女方不满，因此双方感情破裂，女方提出坚决要求离婚，被告明知双方感情已破裂，但又表示不同意离婚。要求调解和好，经本院多次的进行耐心调解，女方坚持要求离婚，被告坚决不同意离婚。综上所述，本院认为，从双方结婚基础，婚后感情的发展等情况来看，现双方感情确已破裂，继续维持夫妻关系，对双方都没有好处，还是离婚为宜。关于双方在打架斗殴中，损坏了一个洗脸盆和男方的一块手表，男方要求女方赔偿，本院认为系夫妻在打架中损坏家庭财物，不应赔偿。现根据中华人民共和国婚姻法第17条、第23条规定精神判决如下：

1. 准予离婚。

2. 毛裤一条、铺打一套及女方家庭财物归女方所有。铁炉一个（借公家的）、烟筒、玻璃扁一块、暖壶一个、马蹄手表一双、洗脸盆两个、笸篮一对及男方衣物归男方所有。

3. 双方因打架斗殴损坏之手表、洗脸盆，男方要求赔偿，本院不准追要。

个别案件中，存在着被告男方不愿意给原告女方任何财物或者被告扣留法院判归原告的财物不还的情形。如1961年的一个离婚案例[①]，被告王某与原告史某

① Y市法院档案：34—3—2474。

于 1960 年元月离婚后，将婚前女方之母的木铺一支、面盆一个，扣留其家，女方和该母多次提出让其退出，但该王某坚不归主，并扣留离婚时女方和小孩带走的被褥各一条，引起争执。法院认为，被告王某扣留他人财产坚不还主，显然是侵犯他人财产的非法行为。至于对被褥的争执，应从原来是给谁做的，为谁所盖，实际需要出发。为保障人民财产不受侵犯，巩固人民内部团结，推动生产，判决如下：（1）被告扣留婚前女方之母的木铺一支、面盆一个，必须归原主。（2）被褥在结婚时夫妇各做一套，所争之被褥又是原来给女方做的，长时间为原告和小孩盖用，再从母子利益考虑，被褥各一条仍归女方带走。被告有自己的一套，不得争执。

1961 年的一个离婚案例，反映了法院在对待妇女为索要财物而结婚案件的处理态度。①法院认为原告女方马某结婚动机不纯，为了索要财物与被告勉强结婚，男方为达到结婚目的，无原则地允许女方的无理要求，双方盲目结婚。女方这种资产阶级婚姻观点应受到批评教育。马某提出离婚，被告张某要求给过女方的平绒等东西让女方全部退回。女方认为一切东西都是男方同意给的，不予退还了。法院判决，离婚后，女方将婚前男方给女方所置的平绒上衣一件、蓝色上衣一件与婚后置的毛巾两块全部给男方退回，其余裤子一条、衬衣一件归女方所有。在本案中，法院并未满足女方不予退还财物的要求，也没有支持男方要求全部退还财物的要求，而是折中地作了处理。

在有的案件中法院则表现出了对离婚妇女的财产权利的坚决保护态度。

如 1950 年有一件比较复杂的离婚案件②，在此案中，被告家庭较为富裕，离婚涉及财产分割问题，并经上诉，法院在审理此案中，体现了对女方合法权益予以坚决保护的态度。兹述如下：

1950 年 3 月 2 日王某起诉与妻子关某离婚，法院于 5 月 20 日判决双方离婚，并在判决书中对子女抚养、财产分割等做了处理。被告关某不服，上诉于 S 省高级人民法院，下面是本案的上诉审判决书要点：

① Y 市法院档案：34—3—2440。
② Y 市法院档案：34—3—4833。

S省高级人民法院民事判决书

法审民乙案第168号

主文：上诉驳回，维持原判。

理由：

本案上诉人王某与被上诉人关某于四五年结婚后，上诉人经常在外工作，被上诉人在家勤苦劳作，反受婆母及小叔等辱骂虐待以致引起四邻及群众之反感，虽经戚友劝告亦不改悔，此项事实，不惟有该管街政府报告为证，且有上诉人及其父之检讨书及悔过书附卷可查，上诉人回家以后，本应设法调处家庭间矛盾，联络夫妻间之感情，以达团结生产之目的，竟一味偏听父母之言，压迫弱妻，以致感情破裂，上诉人以知识分子，不自检讨处理家务之失当，而反以女方思想之落后，为理由声请离婚，显属错误，原审取得女方之同意，判决离异，并将四岁女孩判归女方抚养，依婚姻法第十七条第二十条规定，并无不合。惟父母与子女间的血亲关系，并不因父母离婚而消灭，此为当然之理，查上诉人家有房院三、四所，据各方反映其家庭经济尚称富裕，原判将同仁里四号院判归女方所有，虽今男方给付女方小米一千七百斤，作为其母女之生活费用，按照实际情况及婚姻法第二十三条及二十五条之规定，均无不当，上诉人状称我家现有人口十二人，他母女二人应得六分之一，为什么就分得四分之一等语，查上诉人之房院，绝非全部家产，被上诉人仅分得房院一所，不能即认为全部家产四分之一，且上诉人既有房院数所，并不过分，至男方于婚前送于女方金戒指三个及手表一只，原系赠与物品，已为女方个人所有，此项首饰与旧社会上女家向男家所索要之身价或其他财礼不同，自不能相提并论，男家现将女方首饰收回使用，原判令男方按牌价折合人民币归还女方，亦无不当，上诉理由，均不成立，故判决如主文。

当事人对本判决不服，应于接到判决后二十日内，向本院提出上诉状二份，上诉于中央最高人民法院。

又如1960年妇女穆某起诉与丈夫贾某离婚一案[①]，法院有力地维护了妇女的

---

① Y市法院档案：34—3—728。

财产权利。穆某说道："我于1958年9月与贾某结婚后，感情不好，经济受到欺辱，男方还辱骂我。1959年4月我申请到乡政府离婚，男方恣以虚情假意，在乡政府看我，给我倒茶喝水，以示对我关心。乡政府暂告继续巩固未离。同年我母亲病重在床，将古铜色花单衣、蓝花单衣、学生蓝制服、钢灰花衫、白粉府绸衫、红绒衣、白粉线衣、旧蓝制服、黑小布衫各一件，白粉衫、花衫各3件，鞋1双、毛衣1件、头巾4条、毛巾6条、洋袜子8双、麻绳2斤半、棉花1斤半、大花棉被、毛线毯子各一条等等，均放于大石门家里。1960年修水库时我又寄放下蓝裤一条、黑底鞋一双、灯芯绒7尺都锁于柜里。同年5月中旬我患精神病，男方叫我来Y市医治疗。就在西河推我打我。夜间以红砖打我，浑身致成伤痕，大小便在裤里。看我赤身下跪，骂我眉眼丑陋，唾我满脸。被告被拘役回家后，私将柜子扭开，又将我与他人衣服及我节约下口粮全部搞走。实已不能继续巩固，坚决要求离婚，并要求将我放在家里的一切衣服均归我所有，医药费、买粮买煤借款50余元都由男方偿还。"被告称，结婚后感情不好，主要因为女方居住娘家不参加劳动，找房居住，因为几件衣服双方发生矛盾。"我在给女方治病中多方照顾周到。打她是事实，政府已经教育、知错认错、女方提出要的衣服没有那样齐全，反正也不少，只要在家里放着，由她穿用，我始终不同意离婚。"法院认为，原被告于1958年结婚后，由于男方对女方不是真正出于爱情，所以感情不好，加之男方对女方辱骂，根本没有建立下爱情基础。1959年女方提出离婚确因被告为贪图原告衣服，伪装关心女方致婚姻纠纷未能得到解决。直到1960年5月中旬借口治病为名，竟以非法手段殴打女方，实已造成失掉夫妇情谊，不堪同居。女方要求离婚，带走自己衣物，并要求男方付还他人寄存之什物，偿还女方医药费50余元是合理的。被告偷偷将柜打开，盗走女方一切衣物被毯等，显系没有夫妇诚意，准备离婚。虽然口头表示不同意离婚，实则感情早已破裂。为保障妇女合法权益和个人财产不受侵犯，特依据《婚姻法》第17条、第23条、第24条规定之精神判决：（1）准予原被告离婚；（2）被告盗去女方之被毯衣物等及1960年布证属实，应全部退还给女方，并负责偿还女方外借之医药费生活费50余元；（3）被告撕毁窃取穆某之灯芯绒布1尺3寸及海蓝女裤一条偿还原主。

又如1961年的妇女赵某起诉与丈夫闫某一案[①]：原被告于1961年2月经张某介绍自愿结婚，婚后感情不好，双方个性不能融合，经常为私生活吵闹。1961年5月16日晚又因为吵架，被告把原告价值150余元的小英格手表拿去不给，逐渐形成感情破裂，不堪同居。原告于6月14日提起与被告坚决离婚，并要求追回手表和在结婚时被告给做的平绒上衣一件、铺盖一床。被告同意离婚，对手表问题，以80元出卖在七一市场，坚持不给。又提出在完婚时他拿去张某家中白面75斤，要原告拿出。原告辩称，确实拿去一部分米面，虽未过秤，并无被告所述之多，况在完婚时早已吃净。法院认为，双方感情已经破裂，经调解无效，不能再继续同居。原告手表系婚前财产，自应归本人所有，被告硬行拿去不给，反而起到了彻底破裂的作用，当原告提出离婚后，又经领导多次谈话，仍坚持不给，是犯了《婚姻法》第23条规定的不法行为。所谓75斤白面，系双方结婚后完婚时所食用，时达半年有余，而在离婚时又要追要，显系无理，不能成立。据此情况，判决原被告离婚，被告拿去原告小英格牌手表一只，以160元折价赔偿，从1961年9月份开始每月至少交付30元，至1962年1月份全部交清。被告给做的平绒上衣一件、铺盖一床，归原告所有，被告不得扣留。

此外，值得注意的是1952年司法改革后，“走访群众、就地办案”成为一种新型的司法模式，这种模式被认为是对坐堂问案的旧式司法的改造；1955年开始普遍实行人民陪审员制，90%以上的离婚案件均有人民陪审员的参加；1958年“大跃进”中，又创造了一种“群众辩论”的办案形式。可见，法院没有像今天一样是把离婚案件看作个人隐私、个人生活的问题，而是把离婚看作一个社会问题。Y市人民法院坚持“人民司法”的调查走访、就地解决、便利群众等从革命根据地时期就形成的新的司法传统，还特别注意对于一些特殊案件，征求群众的意见，民意通过影响性的案件介入司法，成为司法裁判的参考依据之一。如1960年刘某与妻子贾某离婚一案[②]就是一个典型的例子。

本案中，原告刘某诉称，女方在结婚后，办不来迁移手续，其原因是和他没

---

① Y市法院档案：34—3—2171。

② Y市法院档案：34—3—2525。

有长久打算，因此提出离婚。被告辩称："我俩于1960年1月23日结婚，婚后不久发现他和某妇女互通书信，商谈结婚事宜。由于他另有所爱，便歧视虐待我，口头上让我回去办来迁移，但不给我办任何迁移手续。我不走，他把我做饭锅的水泼到地下，把小孩拖到院内，又往出推我，锁在家外。我被迫回去，因手续不完备未迁移。他就提出离婚，我再三不从，他即威胁我说：他前方女人因为不离婚，饿了她7天……；我小孩病了不给看，几天来不给我吃饭，和邻居要了半碗饭给孩子吃，还骂我丢他的人。我本来不同意离婚，但无法过下去，离就离吧。但我前夫已死，娘家又无亲人，我和小孩的生活暂时无法维持，要求补助我生活费及路费70元，并给我带被褥等。"原告同意给女方生活费40元、旧褥单一个。

法院不仅通过组织群众调查辩论确认了女方所主张的事实，还组织群众对女方所提出的要求进行辩论。

审判员：（宣读原告的条件）这条件高不高？

群众言：不高，以我的意见，把房产给人家一半，给带200元钱，人家回去没家，回去结不了婚每月还得给生活费，生活费交政府转，人家是被迫的，不是不跟他，有两个被面缎子分给一个。最少也得100元安家费，每月15元生活费，找下对象就不用供给了。除给缎被以外，还得给旧的。让老刘考虑下，是否同意，可答复。路上还得吃东西，没粮票给带高级点心，你答复一下吧。

原告：我俩商量的都同意，大家提意见是对的，问女方看同意不同意商量。

被告：我在家劳动不够，依靠政府依靠群众，出门也是这样。

审判员：给女方生活补助一百元，旧被褥各一个，褥单一个，方格布18尺，结婚布证30尺，棉花证2斤，毛巾一块，女方带来的粗布20尺，及零星东西全部带走。再据群众要求，给女方带缎被面一个。

到会群众等40人签名。

法院认为，原告刘某由于存有资产阶级的婚姻观点，竟败坏工人阶级的道德品质，采取卑鄙手段玩弄妇女，因而激起民愤，影响极坏。女方提出的要求是合理的，群众认为要求不高，但经调解无效，特判决如下：（1）准予双方离婚；（2）被告要求原告补助生活费及路费 70 元，并带旧被、褥、褥单各一个，方格布 18 尺、棉花证 2 斤、毛巾一块及带来的东西，原告要如数给付；（3）原告败坏社会主义道德风尚，欺骗玩弄妇女，建议矿行政给予适当处分。

本案中，群众辩论对有关财产问题的最终处理结果产生了一定影响，就是要求原告给被告缎面被一个；但是，审判员并未完全采纳群众的意见，如对群众要求将“房产分给女方一半”“（原告给被告）100 元安家费，每月 15 元生活费”的意见，而是根据被告女方的要求判决原告补助被告生活费及路费 70 元，对于房产，按照当时的惯例，未分给女方一半。可见本案财产问题的处理，审判员是结合了法律、政策、习俗、原被告的诉求、男方过错、结婚时间长短等各种因素，进行平衡、协调加以解决的。

三、“借婚姻关系问题索取财物”与财礼问题

女方借婚姻收取或索取男方的一定财物，或称“财礼”“彩礼”“聘礼”“聘金”是一种根深蒂固的习惯。20 世纪 50 年代到 60 年代中期，这一现象并未随着旨在改造婚姻制度、建立新型婚姻关系的《婚姻法》的实施而发生根本性的变化。财礼在各地是普遍地存在着的。如 S 省高级人民法院、司法厅在 1958 年 6 月 2 日的《关于某县婚姻座谈会议纪要》[①] 中对此情况就有所反映：有的人看来，买卖包办自己儿女的婚姻似乎是合情合理的事，他们说：“把闺女养活了这样大，不能白白送给人。”还有的人借事生非，挑拨自己的女儿离婚，从中赚取财物。广大群众对这种人很不满意，并讽刺这种人说：“女是妈的摇钱树，你给妈嫁十八处。”还有买卖婚姻，特别是在整风中对婚姻问题没有认真进行大辩论的地方还较为严重。如某乡农业社的村主任在结婚时给女方的父亲花人民币达 150 元，连同买衣服等东西，共花人民币达 200 元。某乡孙某的父亲花人民币 100 元，又要 5 身衣服，

① S 省档案馆档案：C1—1—372，170—173。

强迫他的女儿结婚。

在S省高级人民法院、司法厅、省妇联联合对另外一个县某乡某村婚姻情况的调查中，也发现了这一问题。封建的残余、旧的恶习在该村还有深厚的影响，首先是变相的买卖婚姻还相当严重，据说每个女子结婚连衣物财礼都在300元左右。[①]

在Y市，20世纪50年代中期以后，随着社会经济的发展，财礼的数量也比五十年代初期增长了，从诉讼档案来看，财礼一般在150元到300元不等。

那么，财礼的性质如何？它与《婚姻法》所禁止的“借婚姻关系问题索取财物”的关系如何呢？由于借婚姻关系问题所索取得的财物一般依法要予以没收，而离婚时男方往往要求索回结婚时给女方或其父母的财物（财礼），在司法实践中，如何认定“借婚姻关系问题索取财物”或者如何处理男方结婚时给女方或其父母的财礼，是不同的法院在不同的时期都面临的问题。为使《婚姻法》的相关规定得到正确和统一实施，国家有关部门也在不同时期对这类问题作出了解释。

1950年6月26日《中央人民政府法制委员会有关婚姻法施行的若干问题与解答》[②]中指出：所谓借婚姻关系问题索取财物，系指：公开的买卖婚姻（嫁女或嫁寡妇要一定身价，以及贩卖妇女与人为妻等），或变相的买卖婚姻（以索取对方一定的财物为结婚条件者），至于父母或男女双方出于自愿的帮助或赠与，不在禁止之列。

1951年10月8日最高人民法院、司法部《关于婚姻案件中聘金或聘礼处理原则的指示》[③]指出：1．对于聘金或聘礼问题，应查明其性质是属于买卖婚姻性质的或赠与性质的，及买卖婚姻性质的聘金或聘礼是《婚姻法》施行前或施行后的，而分别作不同的处理。所谓买卖婚姻就是《婚姻法》第二条所禁止的“借婚姻关系问题索取财物”。法制委员会在“有关《婚姻法》施行的若干问题与解答”

---

① 《关于对某县某乡某村婚姻情况的调查汇报》（1958年7月4日），S省档案馆档案：C1—1—372，183—186。

② 《中华人民共和国婚姻法教学参考资料》（第一辑），西南政法学院民法教研室1984年10月编印，第281—282页。

③ 《婚姻法资料选编》（二），北京大学法律系民法教研室1981年5月编印，第10页。

之四，将此种婚姻分为：（1）公开的买卖婚姻（嫁女或嫁寡妇要一定身价，以及贩卖妇女与人为妻等）；（2）变相的买卖婚姻（以索取对方一定的财物为结婚条件者）。2. 变相的买卖婚姻性质的聘金或聘礼交付在《婚姻法》施行后者，得斟酌具体情况及情节轻重予以没收，并得予当事人以教育或必要的惩处，其交付在《婚姻法》施行前者，一般的不予没收，但有必要时亦得以没收。3. 公开的买卖婚姻则不发生聘金或聘礼问题，其买卖系在《婚姻法》施行以后者，原则上均应将其因此所得财物没收，并得酌情处罚；其买卖系在《婚姻法》施行以前者，一般的不予没收，但有必要时亦得以没收。4. 凡属赠与性质的聘金或聘礼，不问交付在《婚姻法》施行前或施行后，原则上均不允许请求返还。但如给付之一方在经济上特别困难而收受之一方又有返还能力者，则在确保婚姻自由的前提下，得对给付之一方酌予照顾，判令收受之一方返还全部或一部。5. 至于伪作结婚骗取聘金聘礼等财物，则可按诈欺取财论罪。

1953 年 3 月 19 日《中央人民政府法制委员会有关婚姻问题的解答》[①]中指出：所谓借婚姻关系问题索取财物，系指：对妇女要一定身价，或以索取对方财物为结婚条件的买卖婚姻，亦即是把财物当成婚姻关系成立的条件，因而妨碍了以爱情为基础的原则，违背了婚姻自由的精神，所以，婚姻法颁布后，要予以禁止。而拐骗、贩卖妇女与人为妻，则是严重的犯法行为，应受法律制裁。至于父母或男女双方完全是出于自愿赠与的礼物，不得视为买卖婚姻，不在禁止之列。

1963 年 8 月 28 日《最高人民法院关于贯彻执行民事政策几个问题的意见》（修正稿）[②]指出：买卖婚姻，是指第三者（包括父母）以索取大量财物为目的，强迫包办他人婚姻。买卖婚姻是法律所禁止的违法行为。对于以索取财物为目的，强迫包办他人婚姻的人，一般的应给予严肃的批评教育，情节恶劣，后果严重的，可酌情给予刑事处分。如果因买卖婚姻提出离婚，又确实未曾建立感情的，应当

---

① 《中华人民共和国婚姻法教学参考资料》（第一辑），西南政法学院民法教研室 1984 年 10 月编印，第 300—301 页。

② 中国社会科学院法学研究所民法研究室民诉组、北京政法学院诉讼法教研室民诉组合编：《民事诉讼法参考资料》（第二辑第一分册），法律出版社 1981 年版，第 341—342 页。

准予离婚，用于买卖婚姻的财物，应区别对待，是否没收，可根据当地情况提出具体的处理方案，报请省委决定。如果尚未结婚或结婚时间不长，因买卖婚姻造成男方生产生活上的严重困难，可酌情令收受财物的人返还一部或全部。但不能因返还财物妨碍婚姻自由或再次造成买卖婚姻。如果婚姻基本上系自主自愿，一方父母虽然索取了对方小量财物，对于这种问题主要是进行正面教育，提倡新风尚的问题，不应作为买卖婚姻处理。对于索取的财物，不予没收，一般的也不予追还，如发生争执时，可根据具体情况参照上述精神合理解决。对于以骗财为职业的媒婆和拐卖妇女的人贩子，必须根据情节，依法严加惩办，其所得财物一律没收。

一些地方法院也在总结着处理借婚姻关系问题索取财物与财礼问题的经验。如1958年S省民政厅、高级人民法院、妇联联合小组《关于对某县人民法院审判离婚案件经验的总结》（初稿）[①] 指出：（1）从买卖婚姻上看，情况是比较复杂的，不仅发生在父母主婚和半自愿的婚姻中，而且也发生在自主自愿的婚姻中，其形式有的要东西也要钱，有的是采取折价的包干制，有的就是要东西（要的花样多，如手表、毛衣、毛线、大衣、被褥、皮鞋以及化妆用品等）。原因主要是旧恶习残余的影响，父母认为不能白养活，男的认为不能白娶。其次，女方想借结婚抓一把，甚至当作孝敬父母的报答。（2）买卖与变相买卖婚姻和赠与的区分与处理办法：凡借婚姻向对方索取的财物，表现形式是讨价还价，把财物当作婚姻关系成立的条件，不论财物多少，一律以买卖婚姻论处；凡借婚姻索取大量物品而又实行折款包干制的，其实质与前相同，应视为变相的买卖婚姻；凡借婚姻要一部衣物而又要一部钱的，钱的部分是以买卖婚姻论处；与此相反，虽然在结婚时一方给了对方衣服日用品，甚至也有钱的，而是出于自愿互济困难或准备在结婚时所需和花费为出发点的，均以赠与关系论处，后者是当事人的权利，法律应予保障。前者系买卖性质必须依法处理。但在处理时，不应采取笼统的办法判决，应当除去女方出嫁时所需衣物用品与必要的花费，及归于女方所有的财物等，其余财物应依法判决没收，但在没收时还应当考虑到对方的经济负担能力确定，有的可全

① S省档案馆档案：C1—1—372，193—211。

部没收，有的就只能没收应没收中的部分，有的甚至根本无力交付没收之款，不必勉强没收，这样处理可以避免因没收而影响到家庭困难。但必须对后两种处理结果，在判决书中从政策上加以说明，以示严肃。

总体上来看，各种解释和实践中的做法，基本上明确了几个问题：（1）《婚姻法》上的“借婚姻关系问题索取财物”就是指的“买卖婚姻”，包括公开的和非公开的买卖婚姻，其实质是将向男方索取财物作为结婚的条件，将妇女作为商品，收取身价。（2）财礼或者聘礼、聘金，要根据具体情形来分析，如果女方将此作为结婚的条件，男方是不自愿给的，由于违背了婚姻自由的精神，因而是一种变相的买卖婚姻，属于《婚姻法》上的借婚姻关系问题索取财物，是违法的；如果婚姻是自主自愿的，男方交给女方的财礼也是出于自愿或者自愿给予女方以帮助的，则属于赠与性质，是合法的。（3）属于赠与性质的财礼，从原则上看，离婚时，男方无权请求女方返还，但如给付之一方在经济上特别困难而收受之一方又有返还能力者，则在确保婚姻自由的前提下，得对给付之一方酌予照顾，判令收受之一方返还全部或一部。（4）对于属于买卖婚姻的，财物也并非一律予以没收，而要区别对待。

就Y市人民法院所审理的离婚案件而言，也反映出类似的问题。

值得一提的是，尽管《婚姻法》坚决反对买卖婚姻，而对于属于买卖婚姻的财物，一般要予以没收，但是，我们通过档案材料发现，只有极其个别的离婚案件，法院认定为买卖婚姻，而予以没收财物，大多数案件，法官通过解释的技巧，不认定为买卖婚姻，而作为一般的离婚案件来处理，并依据法律和习惯对于其中涉及的财产问题包括财礼等进行更符合实际的分配，这种通过解释限制买卖婚姻条款的适用，体现了一种相对来说比较灵活的实用主义，以尽量缩小法律规范与民众意识的差异，从而解决纠纷，维护秩序。下面就是两个典型的案例，其中原告女方提出了买卖婚姻，但法院并未如此认定。

1962年妇女梁某起诉与丈夫王某离婚案[①]：

原告诉称：“1962年元月20日结婚，主要是母亲包办，本来我不同意，母亲一

① Y市法院档案：34—3—1861。

直骂我，结婚后我提出退婚，我母亲说要了人家的东西，今天闹死，明天闹活，不让退婚，我怕气坏母亲，于同年3月3日完婚后，没有感情，我不理他，我们是买卖婚姻，根本就不好，坚决要求离婚。结婚时男方给我家人民币160元，粮食50斤，一丈四尺红布，丈四卡，丈四蓝布，3双鞋面布，7块头巾，红包皮1个，白布5尺，7尺黑线，7尺灰华达呢，布证21尺，（结婚发的）3斤半棉花，袜子4双，毛衣1件，秋衣1件，高粱红单衣1件、平绒外套1件，布做成衣服已穿，棉衣1套，单衣2身，钱花了60元，粮食吃完，其余东西、钱给男方退出。”

被告辩称：“我俩是见面谈话后到我家订了婚的，完婚后双方两次同居过五天，人家不与我好，关系没有发生已巩固不下来，她给我退出全部东西，我就同意离婚，错误是有，如不退东西我不同意离婚。”

法院判决：（1）准予原被告离婚；（2）女方自愿退出小大衣1件，平绒外衣1件、毛衣1件、白包玻璃绸1块、袜子2双、头巾1个、高粱红单衣1件、秋衣1件、红衬衣1套、蓝布丈4尺、蓝布1件、红包皮1个、人民币100元，不予没收，当庭予以批评教育后退还给被告；（3）女方已花掉人民币60元、吃掉粮食50斤，已穿棉衣1套，单衣2套不予追还。

应当说，本案是一起比较典型的买卖婚姻案件，原告结婚是不自愿的，母亲拿了人家的东西，“今天闹死，明天闹活”，可以说，本案既是一起包办婚姻，又是一起买卖婚姻，都是《婚姻法》所禁止的。但是，法院并未明确认定买卖婚姻，也未将财产予以没收，而是同意（实际上判决要求）女方返还尚未消费的财物，对已消费的财物不再追究，同时对双方予以批评教育。这种处理方式，考虑到双方结婚时间短和如判令没收男方财产损失较大的实际情况，避免了被告人财两空的结局和当事人的不满。这是对相关法律、政策规定的一种创造性地变通执行，而最高人民法院直到1963年才作出相似的规定。

又如1962年妇女梁某起诉与丈夫杨某离婚案[①]：

原告梁某于1961年1月份经人介绍与被告杨某结婚。现三年未见面，同居很少。当时原告之母嫌男方家远不同意女儿的婚事，但女方认为男方在Y交通局当

① Y市法院档案：34—3—1891。

工人，双方结了婚能补助其母的生活，故于1961年农历4月份，双方约定结婚后女方的户口、粮食供应均不迁到男方原籍，结果婚后同年8月份女方从某矿厂下放回村后，一直住在娘家。今年5月份女方生育小孩时，才勉强返回婆家住两月之久。为了迁移女方户口，男方多次向女方及岳母协商，由于迁移户口未达目的，女方制造借口，男方家庭不和，双方感情不和，自己生活困难为理由提出与男方杨某脱离夫妇关系。

被告杨某辩称："她现在闹离婚，主要是不回我家中，同时她娘家也不同意她迁走户口。今年农历正月份，从我家过了春节回来时，因穿了一条旧棉裤，她母当面对我说：'你们像这样没新没旧不如早些分离开。我看这样下去将来也不会巩固好的。'她提出离婚好说，但必须把原来穿我的毛衣一身、缎被面一个，还有20余元买下黑绸布8尺、毛哔叽裤一条、海军呢女上衣一件都给我退回来，可以离婚。结婚时花了5丈布证，还得给我一半，另外还给过她娘被面、被里各一块，可由政府处理。"原告梁某当庭辩称："毛衣一身是男方允许的，现在一定他要，我给他退出来，但其他缎被面、海军呢上衣、毛哔叽裤是他给买的，不能给他。还有线毯一块我也带走。"

法院认为，女方结婚动机不是为了团结和睦、巩固夫妇感情，单以赡养其母盲目与男方结婚，结果婚后男方经济有限，不能按女方要求办事，因而双方互相摩擦，是非百出，致使感情疏远，女方借口男方家庭不睦，提出与男方脱离夫妇关系，男方当庭也表示同意，因对财产双方意见分歧，故依据《中华人民共和国婚姻法》第21条、第23条之规定判决如下：（1）原被告均感夫妇关系破裂，没有巩固可能，故准予离婚。（2）男方允许给女方买毛衣一身，虽系事实，但婚后并未买到，女方现穿毛衣一身，是婚前男方本人衣服，离婚后女方应给男方退回。黑绸布八尺、缎被面一块是男方婚前所买，同时也未加工做成衣服与被子，故应归男方所有，女方不应私自拿走。（3）女式单衣两身、海军呢上衣一件、毛哔叽裤一条是结婚时通过男方同意给女方所置，故应归女方本人所有，男方不应追要。至于结婚后被告给岳母所置被面、被里各一块，是出于男方自愿赠给的，不应再作追究。

本案其实是具有一定的借婚姻关系问题索取财物的性质的，但法院并未简单地这样认定，而是根据所涉及的财物的具体情况，区别对待。如对女方现在所穿的婚前男方本人的衣服，依法认定为婚前财产，归男方所有；对男方允诺给女方的黑绸衣和缎面被，由于是男方婚前所买，且未做成衣服与被子，认定为男方婚前财产，归男方所有；对于其他财物则认为是赠与关系，归女方及其母亲所有。

在 1962 年的妇女黄某与局某离婚一案[①]中，法院也将争执财物视为男方自愿送给女方的财礼，驳回男方要求返还财物的请求。原被告于 1959 年 1 月结婚，现在原告要求离婚，原告诉称："结婚时在叔父和母亲的劝导下双方只见了一面，没考虑好就结了婚。婚后意见不合，曾到公社离婚未成，三年来一直是谁也不照料谁，无法巩固，坚决要求与被告离婚。关于财产问题，现在男方家里放着自己的被枕一对、灯芯绒裤一条、头盒一个，情愿不要了，结婚时的衣服穿烂了。"被告辩称："婚前恋爱时间不长，婚后当年夏天以后夫妻关系就不好了。原告不给缝补，洗衣，睡觉也不脱衣服，互相不说话，她一定不干，要离就离了吧。但给过她毛衣一身，现款 100 元给我拿出。"法院认为，双方结婚草率，婚后确实感情不和，不断吵闹，夫妻既然没感情离开为好，至于婚前男方送给女方之衣服早已穿用，被告要求退还显然不当，100 元钱系男方为了帮助女方娘家生活托其姐夫送去，并非女方及其家属向男方索要，离婚时追要确属欠妥，不能成立。故准予双方离婚，男方给予女方之一切财物不再追要，双方衣物各归各有。

在 1964 年的女方张某诉男方吕某离婚一案[②]中，法院也注意区分自愿所赠财礼与借婚姻关系问题索取财物的界限。原告张某诉称："我们于 1963 年 2 月 27 日自由结婚，婚后感情平常，从 1963 年 10 月两人就不好了。主要是因为他不好好上班，经常旷工缺勤，家里的粮食、菜蔬也不给买。此外，我俩的脾气性格也不合，就不到一起，谁也不理谁，我的意见坚决与他离婚。"被告吕某辩称："刚结婚时两人感情还好，从 1963 年 10 月才不好的。主要是她嫌我不好好上班，她每天外出不在家，也不给做饭，衣服也不给多洗，高兴就理我，不高兴就不理我。我的意见还是继续巩固，不同意离婚。如她坚决要离，结婚时我给了她 140 元钱

---

① Y 市法院档案：34—3—1939。
② Y 市法院档案：34—3—688。

我要，被褥也不能给她，这样我就同意离，否则就不同意。”法院调解无效。法院认为，双方感情已经破裂，不能继续巩固，离婚为宜。至于被告所提结婚时赠给原告的140元钱，法院认定，原系被告自愿赠与原告，而且原告早已花用，不应再向原告追要。

在司法实践中，也有认定为借婚姻关系问题索取财物的典型案例。如1959年鄗某与妻子郭某离婚一案[①]。原被告于1958年订婚，通过女方伯父的介绍由男方父亲付给女方的父亲人民币100元、铺盖一床予以订婚。同年12月为了结婚，双方隐瞒了买卖婚姻的事实，进行了登记。婚后感情平常。后来，男方向法庭提出离婚称：“我们初结婚时好，后因她家庭闹不和，特别是与我祖母合不来，致使我祖母流落在外，不敢回家，同时我们的感情也因不断争执不能再巩固，曾因家庭嚷闹，我提出过离婚三次，现在要求政府给我们解决离婚。”女方辩称：“我们感情以前很好，就是最近才不好了，他说离婚我不同意，他一定离我也没办法。”法院认为，双方婚后夫妇感情初来很好，后因家庭不睦，造成破裂确系事实，同时在订婚时，女方父亲花过男方家里100元，后退回20元及铺盖等均系事实。基于上述情况，双方结婚确系买卖婚姻。婚后初期感情虽然尚好，但由于家庭的不团结，长期得不到适当的解决，目前双方感情已造成不可同居的可能。女方虽不同意离婚，也是犹豫不定，男方对离婚决心较大。因此依《婚姻法》第17条、第23条之规定，判决如下：（1）准予离婚。（2）离婚后，女方的大小衣一件、鞋两对、棉衣一身、绒衣一身、毛衣一件、海棠兰裤与学生兰裤各一条、雨鞋一对、被子一床归女方带走。（3）男女双方在社内的劳动工分，由本人与公社结算。（4）订婚时借婚姻关系索取的人民币80元全部没收外，对两人应给予批评教育处分。

又如1963年高某诉妻子杨某离婚一案[②]。被告杨某先后结婚三次，第三次婚姻原告高某给被告杨某棉衣、单衣各一身，绸裤一条，毛衣一件，绒裤一条，衬衣一件，此外，被告还借婚姻关系索要人民币160元。结婚后感情不和，原告向东村公社提出离婚，被告也同意。但因涉及索取财物问题，东村公社介绍来法院，

① Y市法院档案：34—3—3138。
② Y市法院档案：34—3—1397。

经法院审理查证，上述事实属实。法院判决准予原被告离婚，并将被告先后两次向武某（第二次婚姻）、高某借婚姻关系索取的人民币260元予以没收。本案中，被告以索取财物为目的，先后与数人结婚、离婚，无永久共同生活之结婚目的，其行为显系借婚姻索取财物，法院之判决合乎《婚姻法》及政策之规定。

四、对服刑人员离婚案件中财产的处理

在因一方（绝大多数是男方）被认为是反革命分子甚至被判反革命罪或其他刑事犯罪，女方为划清政治界限与子女利益考虑而提出离婚的大多数案件中，男方往往对此表示充分的理解，并在离婚上一般都表现得比较爽快，在财产处理上并不过多地争执，而是尽量满足女方的需要。法院在调解或判决时，一般都会倾向同意双方离婚，而在财产问题上，则一方面尊重当事人双方的意见，另一方面往往要考虑男方的改造问题与今后出路问题，对男方的个人财产还是比较注意予以保护的。

如1959年范某与丈夫靳某离婚一案[①]。原被告于1954年9月自愿结婚，当时被告在太铁公路局工作，原告对被告的历史问题不太了解，夫妇关系尚好。经过1955年的肃反运动，查清被告曾投敌叛变，系反革命分子后，被告仍不敢完全向原告暴露，直至1958年7月被开除回村监督生产时，才向原告说了实情。至此，夫妇关系趋于恶化，后因争吵，被告以自杀等手段威胁女方，致使夫妇关系更加恶化。自1959年4月至今，原告连住处都不敢让被告知道，现原告坚决要求断绝夫妇关系，被告承认自杀是不对的，愿今后在劳动中改造，争取早日摘掉反革命的帽子，不愿离婚。法院在调解和好无效后作出判决，称：本院查原被告婚后虽一度时期感情较好，但在原告发现被告系历史反革命分子后，双方感情趋于恶化。现原告提出离婚，经本院调解和好无效。因此本院根据《中华人民共和国婚姻法》第17条、21条、23条之规定判决准予双方离婚。判决如下：（1）准予离婚。（2）四岁孩子一个、一岁半女孩一个均由原告母亲暂时抚养，每月由被告出抚养费10

① Y市法院档案：34—3—3054。

元，三年以后另议。（3）飞鸽自行车一辆归原告所有，皮箱一个、怀表一块、水缸一个、火炉一个归被告所有。其他衣物被褥等各归各有。

又如蔡某与丈夫李某离婚一案[①]。原被告于1952年结婚，男方于1959年被判犯有反革命罪，在劳动改造期间，女方提出离婚，法院判决：（1）准予离婚。（2）双方私人财产各自取走，关于共同财产准予原告带走一辆自行车、手表一块，其余储蓄现金700元全归被告所有。（3）所生两个女孩由被告的父母负责抚养，女方供给抚养费用。

此外，在此类型的案件中，有的案例显示，法院并没有对离婚中的财产问题进行具体的分割，而是通过双方协商，将有关财产的处理权全部委之于女方。如：

妇女石某与王某1947年结婚，婚后感情平常，生育子女二人，1958年男方因反革命罪判刑13年。刑期长，家庭生活困难，女方于1960年提出离婚。经法院调解，双方离婚，女方婚前财产与家庭一切东西，可由女方酌情处理。[②]

妇女魏某与杨某于1945年由父母包办结婚，婚后感情平常，并生育子女三个。但被告杨某因历史反革命罪，于1960年5月，被政府判处有期徒刑10年。原告魏某认为被告刑期长，不愿等待，当年提出离婚。庭审中，被告也无异言，故双方协议如下：离婚后，所生育子女三个，暂归女方带走抚养，待男方刑满出狱后，双方再议；离婚后，家庭的衣物等东西，男方不再追究，由女方自便。[③]

又如1961年王某起诉与丈夫刘某离婚一案[④]。两人于1941年由父母包办结为夫妇，婚后生育男孩现已10岁。因男方于1960年5月犯有盗窃罪被判有期徒刑4年，女方提出生活困难，要求脱离夫妇关系，庭审中男方亦无异言，故达成如下协议：（1）原被告均同意离婚，故予以照准；（2）男孩暂随女方带去抚养，待男方出狱后再行协商；（3）家庭财产由女方酌情处理。

在因男方犯罪，女方提出离婚的案件中，有的案件女方表达了对于财产权利的比较强烈的诉求，法院并没有因此而完全忽视被告一方的利益。

---

① Y市法院档案：34—3—3050。
② Y市法院档案：34—3—2855。
③ Y市法院档案：34—3—2845。
④ Y市法院档案：34—3—2332。

如在1959年的一个案件中被告贾某于1958年因犯轮奸罪被判刑7年，原告只某称“我现在也因被告被判徒刑而没有了工作，生活无靠”，因此提出离婚。[①] 下面是调解笔录中的一段：

审判员：你还有要求？

女方：离了婚就算。

审判员：你有什么家庭财物？

女方：有个手表、自行车一辆、铺盖一人一套。东西我都带上。

审判员：人家不给你带怎办？

女方：不给带，给他一样，我带上一样，铺盖我带上。

审判员：还有什么？

女方：没有啦。他的东西衣服都给他。

本案的最后调解结果是：（1）准予离婚；（2）衣服各归各有；（3）共同财产除了给被告洋车一辆、大床单二个、马蹄表一个，其余全归原告所有。

第四节　小　结

在我们看来，20世纪50年代到60年代中期离婚诉讼中的财产纷争与处理，显示出以下特点：

1. 结婚和离婚现象中，经济因素和生存状况是一个基本的考虑因素。由于当时经济条件所限，大多数婚姻都存在着维持生活的目的。从Y市人民法院受理的离婚案件来看，尽管极少数案件法院认定为买卖婚姻，但多数案件离婚都存在经济因素的影响。在20世纪50年代初期，不少家庭生活较为贫困，女方在家庭中地位低下，经济生活更加困难，不少离婚案件女方均提出男方“经济上不给照

① Y市法院档案：34—3—2989。

顾”“不给吃”“不给穿”“有病不给看”，婚姻自由为这些妇女摆脱生存困境提供了正当依据。1959年Y市人民法院受理的离婚案件中，有21名妇女不愿返乡参加生产，或希望以结婚的方式迁入城市居住，因目的未达到，即向男方提出离婚；1960年，有31名根据国家政策须返乡参加农业生产的职工家属，因不愿回乡而提出离婚申请。在1961年审理的离婚案件中有超过100件是因为找粮食吃的草率结婚。可见，经济条件在很大程度上使得理想的婚姻自由并未真正实现，我们所实现的是受经济条件制约的有限的婚姻自由。一些女方或女方家庭经济困难，就选择和经济状况好一点的人结婚来改善生活条件，但在实际生活中又因性情各方面不合适，男方经济上照顾女方不周，而导致离婚，又涉及了离婚财产的分配。从判决和调解的精神来看，财产分配侧重于带走各自的财产（包括个人衣服、生活用品等），这部分财产有可能是婚前个人财产，也可能是婚后他人赠与的财产。在主要是因为经济困难而离婚的案件中，往往还涉及债务的负担问题。

2．离婚时所涉及的财物都是个人衣服、被褥、床单等生活用品。当然也存在个别富裕家庭财产类型和数量较多的情况。随着社会经济的发展，生活水平的提高，普通家庭的财产也在增长，离婚中的财产纷争也更加常见。而随着社会经济的变革，财产的表现形态也在发生着变化，如土地改革时期，有所分土地的问题，而农业合作化之后，则不存在此问题了，工分、口粮、困难时期的各种票证等也成了离婚诉讼中财产争执的对象。

3．包办婚姻，不少父母出于家庭状况考虑的原因，逼迫男方或女方结婚，根本不考虑其有无爱情，这样的婚姻往往导致不幸福的结局。离婚时财产分割也多遵循带走各自财产的方式来处理。

4．还有一种情况是男方犯罪，被劳动改造，那些无经济收入的女方生活无依无靠，导致产生离婚的念头，以寻求更好的再婚机会，改善生活状况。一般女方自己的财产自己拿走，孩子的抚养费等男方出狱再议。因男方被判反革命罪这样的政治因素对于婚姻家庭的影响是明显而深刻的。在一些夫妻因此而离婚的案件中，表面看起来，离婚是自由的，实际上并非是真正自由的。自由是表象，不自由是实质。因为，这些案件中夫妻感情并未破裂，从结婚时间、婚后感情而言，反而可以看出，夫妻感情的基础是好的，远远没有达到破裂的程度。如果没有政治因素的冲击，其婚姻关系一般会维持下去的。此时，女方提出离婚更多的不是考虑感情问题，而是社会舆论、子女和生存压力问题。

5．财礼是一个普遍的现象。无论是自主婚姻还是非自主婚姻，男方无论自愿还是非自愿的都要给女方或其父母一定数量的财礼。“借婚姻索取财物”与财礼的关系一直是法院审判案件所要面对的难题，法院很少将财礼认定为借婚姻索取财物，这反映了国家激进的婚姻改革制度面对民间长期形成的习惯的一种妥协。

6．调解离婚作为解决离婚问题的主要方式，是从 1953 年之后才开始的。多数当事人还是能以协商的方式解决财产纠纷，很多都涉及离婚后男方给女方生活费，但涉及被褥、家具等一般还是遵循各自归各自的财产方式。判决离婚也是解决离婚问题的重要方式，无论是在离与不离的问题上还是在财产分割的问题上，判决离婚的案件当事人之间的争执和态度的差异更加明显，法院裁判所要考虑的因素也更为复杂，社会影响也更为广泛。凡是判决离婚的一般是由于财产分配和子女归属问题及其抚养费问题达不成一致，但审判中体现的精神是照顾妇女儿童的原则，在财产上适当多分，抚养费的数额尽量支持。

第三章　分家、继承纠纷与诉讼实践

现代意义上的继承指的是将死者生前的财产和其他合法权益转移给其他人的民事法律行为，是关于财产的继承。中国古代的继承与此含义不尽相同。在中国古代继承制度中，继承既包括直系卑亲属从长辈获得家族内的或社会上的身份，即身份继承；也包括长辈的财产在卑亲属之间的分配，称为“分析”或“析产”，民间称之为“分家”或“分家析产”。“分家析产”不仅可以发生在长辈死后，也可以发生在长辈生前。只有发生在长辈死后的财产继承才与现代继承制度中继承的含义相似。

西周以来的继承制度主要是根据宗法制度的要求，实行宗祧继承，就是关于身份的继承。而财产的继承则附属于宗祧继承，实行嫡长子继承制，在家族共有的财产制度下，只要确定了家长的继承人，自然就由该继承人掌握共有财产的管理权和支配权。这样的继承制度，能够保证家族的政治地位、家长权势和财产管理权的有序延续。①从战国开始直至清末，有关继承的伦理观念和制度，虽经改朝换代，但仍然保持着与封建社会结构和制度一致的稳定性。历代继承制度陈陈相因，当然其中也略有变化。在财产继承方面，享有继承权的继承人的范围一般有诸子（包括嫡子、庶子、婢生子、别宅子或称奸生子）、诸孙、嗣子、女儿、寡妻、赘婿、近亲；在继承财产的份额上，则比较明显地体现了身份差异及性别不平等。在诸子之间，实行均分的原则。而对妇女来讲，是无法享有同男性亲属一样的继承权的。②清末改制时，清朝政府完成了《大清民律草案》，其中继承编也

---

① 参见张希坡：《中国婚姻立法史》，人民出版社 2004 年版，第 27 页。

② 参见郭建：《中国财产法史稿》，中国政法大学出版社 2005 年版，第 165—178 页。

吸收了别的国家的一些近代继承法的因素，但仍然保留了宗祧继承等封建因素，该草案尚未实施，清朝政府便于1911年被推翻了。后来，北洋政府在《大清民律草案》的基础上拟定了《民法》第二次草案，其中"继承编"也保留了宗祧继承。该草案未能正式通过，仅作为法例援用。

1930年12月26日南京国民政府颁布《民法继承编》，于1931年5月5日施行。《民法继承编》废止了封建继承制度的某些旧习，如宗祧继承、父债子还，确立了男女平等的继承原则，因而无论从立法思想还是具体制度而言，它都不失为一部具有进步意义的近代继承法。但是，这种立法上的规定并没有真正地得到贯彻实施。长期以来形成的男女在财产继承方面不平等的习惯在支配着实际生活，"特别是在广大农村，仍在沿袭重男轻女之旧制"[①]。

中国共产党早在革命根据地时期就开始了改造旧的具有浓厚封建色彩的继承制度、构建以男女平等为基础的新型继承制度。在新中国成立后较长一段时期内，未形成一部统一、完整的继承法，尽管如此，各级法院仍然在法律规范较为匮乏、过于原则的情形下，审理了不少继承纠纷案件。

第一节　分家、继承纠纷与诉讼的概况

Y市1949年以后，人民政府没收了铁厂、煤矿、铁路、商行等官僚资本，建立了社会主义性质的工矿业、铁路运输业和工商业。在农村，人民政府通过土地改革，将集中在地主、富家和其他工矿业业主手中的土地、耕畜、农具、房屋等财物分给广大贫农、雇农和下中农家庭，农民从共产党和人民政府手里接过了完全属于自己的可以继承的田产、房产和牲畜、家畜、农具、林木等，极大地调动了贫苦农民耕田种地的积极性。

1949年9月29日，中国人民政治协商会议第一届全体会议通过了《中国人民政治协商会议共同纲领》（以下简称《共同纲领》），明确了对私人合法财产所有权

① 张希坡：《中国婚姻立法史》，人民出版社2004年版，第100页。

的保护原则。《共同纲领》第3条规定:“中华人民共和国必须取消帝国主义国家在中国的一切特权,没收官僚资本归人民的国家所有,有步骤地将封建半封建的土地所有制改变为农民的土地所有制,保护国家的公共财产和合作社的财产,保护工人、农民、小资产阶级和民族资产阶级的经济利益及其私有财产,发展新民主主义的人民经济,稳步地变农业国为工业国。”《中国人民政治协商会议共同纲领》第27条规定:“土地改革为发展生产力和国家工业化的必要条件,凡已实行土地改革的地区,必须保护农民已得土地的所有权。凡尚未实行土地改革的地区,必须发动农民群众,建立农民团体,经过清除土匪恶霸、减租减息和分配土地等项步骤,实现耕者有其田。”第28条明确了:“国营经济为社会主义性质的经济。凡属有关国家经济命脉和足以操纵国民生计的事业,均应由国家统一经营。凡属国有的资源和企业,均为全体人民的公共财产,为人民共和国发展生产、繁荣经济的主要物质基础和整个社会经济的领导力量。”第29条对“合作经济”作了阐述:“合作社经济为半社会主义性质的经济,为整个人民经济的一个重要组成部分。人民政府应扶助其发展,并给以优待。”第30条表明新生的中华人民共和国对私营经济的政策:“凡有利于国计民生的私营经济事业,人民政府应鼓励其经营的积极性,并扶助其发展。”第31条也规定:“国家资本与私人资本合作的经济为国家资本主义性质的经济,在必要和可能的条件下,应鼓励私人资本向国家资本主义方向发展,例如为国家企业加工,或与国家全营,或用租借形式经营国家的企业,开发国家的富源等。”

根据这些规定,国家保护工人、农民、小资产阶级、民族资产阶级的经济利益和私有财产,因此,作为民族工商业者的生产资料,包括机械、设备、厂房、商品、原料、资金等均为私有财产。公民享有生活资料和生产资料所有权,个人财产所有权的范围、继承案件所确认的遗产范围比较广泛。如农民的祖传自有住房、土地改革时分至个人名下的土地、林木、家畜、耕作器具、生活用具,市民的自有房产、生活用品,小手工业者的作坊和生产工具,小商贩的商铺、商品和自有资金,等等。随着国民经济的逐步恢复和发展,这些完全属于公民个人的私有财产开始增加,加上当时一般家庭的子女较多,因此,围绕这些财产的继承案件也有所上升。

在1949年年初，Y市人民法院在受理、调解或审判裁定继承案件时，坚决废除封建社会以男性为中心的宗祧继承、立嗣继承等旧的继承制度，更多地根据1950年《婚姻法》有关继承方面的规定，参考老解放区解决继承纠纷方面的条款和判例，维护继承人的合法权益。客观地说，1949年初期继承案件起诉到人民法院的较少，家族式继承纠纷往往采取“民不告、官不管”的方式，一般听由其宗族自行解决，其中产生的较大的继承纠纷，则通过基层党组织或村（街道）人民调解组织的调解，即可顺利完成财产的合法继承。

1953年之前，Y市的农村地区既有党和政府倡导的一定规模的互助组模式，城市手工业者继承和发展了传统意义上的股份制管理，出现了合作程度较高的在党和政府指导下的“手工业联合社”。无论是农村的互助组，还是城市的手工业作坊联合社，其生产资料和生活资料仍归农民和手工业者个人所有。农村完成统购统销任务后，节余部分完全归农民个人所有，既可以拿到集贸市场销售，也可以进行以物易物交换，还可以卖给供销社，换取农资、农具和生活用品，一些股份制作坊则根据股东所占的股权进行红利分配。因此，这一时期Y市人民法院受理审结的继承案件，农村主要集中在房产、土地、耕具、林木、牲畜和存款方面，城市居民为私有住房、作坊股权股息和红利以及家庭存款等。

但是，从Y市解放到1953年，这期间无论在城市还是乡村，那些完全由个人资本经营的工厂、煤窑、马车运输行、商店、饭店等资本主义性质的工商企业和服务业，仍然属于私人财产，由其子或女指定遗嘱受益人继承。

1954年以后，Y市的农业合作化运动迅速发展，到1956年，80%左右的农户参加了初级合作社或高级合作社。

城市手工业者加入了由政府负责行政管理，并纳入政府生产计划的“手工业联合社”（简称“手联社”），20世纪60年代和70年代，一度称为“手管局”，正式名称为“Y市手工业管理局”。

1955年开始，党和政府通过“利用、限制、改造”，以和平赎买方式，对资本家拥有的生产资料进行估价，确定公有股份，在一定时期内从企业盈利中发给资本家固定股息，到1957年，Y市全面完成了对资本主义工商业的社会主义改造。可供资本家及其子弟继承的有股息、房产、存款和生活资料。

Y市属于革命老区，历史悠久，民风淳朴，城乡居民受党的教育时间较长，影响较大，加之新中国成立以来至1955年，Y市39个乡和街道办事处，普遍建立了人民调解委员会，设调解委员295人，遍布各个村落、街道、居民区和工矿企业，特别是当时党组织的工作、行政工作、工会工作、妇联工作和共青团工作，都以服务服从于国家建设大局为中心任务，许多因财产继承问题发生的纠纷，往往被化解在萌芽状态，或者在基层调解委员会即得到解决，因此，起诉至人民法院的继承案件相当少见，年收、结案量一般仅三五件。[①]

1958年，国家已经全面完成了资本主义工商业的社会主义改造，形成了以生产资料公有制为主体的经济制度。在此基础上，党和政府在农村推行人民公社化，至1959年，在短短的两年之内，Y市广大农村普遍建立起人民公社。农民在初级社或高级社所拥有的自留地、自留山、自留耕畜和大型农具（耧、犁、耙、盖、马车、风车）等生产资料，陆续转为人民公社或辖属的生产大队、生产小队集体所有，集体财产实行“一大二公”（曾一度推行“一平二调”）。1960年11月28日，毛主席亲自写信给中央局和各省、市委指示《永远不许一平二调》，此后即被禁止随意平调生产队的集体财产和社员的私有财产。农村人民公社分配形式实行社会主义按劳分配原则，农民拥有的可继承私有财产，一般是祖上传下的房屋（或土改时分得的房产）、房屋周遭的自种树木、自养家禽和铁锹、锄头等小家具，基于生产资料和私有制而发生的民事纠纷，基本消失或大为减少，继承案件更加少见，以1960年为例，当年Y市人民法院受理民事案件559件，比1959年的717件，下降28.62%。其中，继承案件仅1件，仅占民事案件的0.18%。

1961年，基于经济困难，1月，中共八届九中全会正式决定对国民经济实行“调整、巩固、充实、提高”八字方针，1961年3月15日至23日，中共中央在广州举行会议，讨论和制定《农村人民公社工作条例（草案）》，简称《农业六十条》。条例总结了农村人民公社三年以来的经验教训，针对社、队规模偏大，搞平均主义，公社对下级管得太多太死，民主制度和经营管理制度不健全等问题，作出比较系统的规定，5、6月间，中共中央又对草案作修订，制定了供讨论和试行

① 《Y市中级人民法院志》（内部稿，2010年）。

用的《农村人民公社工作条例修正草案》，进一步规定取消分配上的供给制部分，停办公共食堂。1962年9月27日，中共八届十中全会正式通过《农村人民公社工作条例修正草案》。

《农业六十条》之后，农民恢复了自留地、自留山、自留牲畜，集镇恢复了集贸市场，法律意义上的可继承财产逐渐增多，继承案件也相应地有所上升。1963年，Y市人民法院法官带卷下乡，调查研究，对6件封建宗族势力干涉寡妇再嫁，拒不承认妇女继承权的涉案人员，进行了严肃批评和严厉打击，有力地维护了妇女权益和她们的继承权。到1964年，继承案件即迅速增加至25件。至1965年市人民法院共审结继承案件45件。

第二节　分家、继承案件审理的基本依据

一、新中国继承制度形成的历史实践基础

在第二次国内革命战争时期，中国共产党领导的苏维埃政权确认农民的土地所有权之后，原则上确认个人财产的继承权。如1931年3月江西省、县、区苏维埃主席联席会议通过的《土地问题提纲》就规定：确定土地归农民私有；生的不补，死的不退；土地遗产，任土地所有者生前自由处理，或分给子女，或给继承亲属，或捐办公益，政府不加干涉。[①]1932年8月，湘赣省苏维埃代表大会通过的《土地法执行条例》规定：土地分配后，实行家人继承，生死娶嫁均不收回和补充。[②]但是这些规定过于原则，尚未形成完整的继承法律规范，在实践中也未得到很好的执行。

抗日战争时期，中国共产党领导的民主政权，根据抗日民族统一战线的方针，停止实行没收土地的政策，而将减租减息政策作为处理农村土地问题的基本政策。

---

① 参见张希坡：《中国婚姻立法史》，人民出版社2004年版，第489页。
② 参见张希坡：《中国婚姻立法史》，人民出版社2004年版，第489页。

由于保护土地财产私有权的范围得以扩大，在这一时期内，继承权的问题显得突出起来。各抗日根据地民主政权根据党的基本政策和各根据地的实际状况制定了一些继承规范。其内容涉及妇女的继承权问题、没收汉奸财产中的继承权问题以及有关绝户土地的处理问题。[①] 其中，有关妇女继承权的问题是最具有特色的规定。从 1942 年《晋察冀边区目前施政纲领》、1942 年《晋西北施政纲领》、1943 年晋察冀边区行政委员会《关于女子财产继承执行权问题的决定》、1945 年《冀鲁豫行署关于女子继承权等问题的决定》等规范性文件来看，边区政府不仅像第二次国内革命战争时期那样继续将承认和保障妇女的财产继承权作为继承问题的重要指导思想和基本原则，而且更加重视解决妇女财产权在执行中的问题。主要规定是，被继承人生前有女无子，他死后的全部遗产都归其女（不论一女多女、已嫁未嫁），任何人不得阻止，或强作嗣子分继其遗产；配偶双方之遗产有相互继承权，如男方死时，尚未析产继承者，寡妇与子女均有代位继承权。对于已嫁或未嫁女子应继承之财产，在相关法令公布前，已经由其他继承人实际继承的，各地做法不一。如冀鲁豫行署规定，法令公布前财产已分割或已开始继承，未逾三年者，女子得要求重新处理；晋察冀边区为减少纷争则规定，法令实行前已判决之继承案不予变更，法令实行前遗产已由其子占有，有继承权的已嫁女子未提出分割遗产要求的，其继承权视为抛弃，不得要求回复。关于寡妇带产改嫁，一般规定，有继承权的寡妇，得携带她应继承财产改嫁。未加公布而作为内部试行办法的《陕甘宁边区继承处理暂行办法》也有类似规定。

第三次国内革命战争前期，解放区的继承制度基本沿用抗战时期的继承规范。后期由于经过农村土地改革运动，农村的经济制度发生了根本变化，消灭了地主阶级的封建土地剥削制度，广大解放区的农民分得了土地财产，确立了农民的土地私有制，这时在农村，继承与分家析产这两种性质并不相同的问题，却是紧密地联系在一起进行处理的。[②] 如《华北人民政府司法部在关于继承问题的解答》中指出：在解放区里，特别是经过土地改革按人口平分土地之后，土地和财产是以

① 参见张希坡：《中国婚姻立法史》，人民出版社 2004 年版，第 490—491 页。
② 参见张希坡：《中国婚姻立法史》，人民出版社 2004 年版，第 495 页。

家庭为单位，组成家庭成员所有的共同生活资料。家庭成员不分男女老少，都有一份土地财产的所有权。因此，继承权应属于家庭共有经济中每个成员所共有。而家庭以外的亲属，均不应享有继承权；无论男女或已婚未婚，既然土地改革中按人口分得土地，在分家析产时，自应按人口分，不能按股分。妇女在土地改革中分得的土地财产，无论其出嫁或离婚，原则上都应允许带走，任何人不得干涉；土改中女儿在娘家计算人口，并分得土地财产，与母亲的财产共同经营，母亲死后，其女儿不仅有权处理自己分得的土地财产，并有权继承其母亲的遗产，本族近亲属皆无继承权。[①]1949年《哈尔滨市处理继承办法草案》比较详细地规定了继承人的范围、顺序、份额、遗赠、遗嘱、继承开始的时间等内容。其中规定同一顺序继承人有数人时，原则上按人数平均继承；女子与男子享有平等的继承权，不因出嫁或寡妇改嫁而受影响。[②]

革命根据地时期的继承法律制度变革与处理继承案件的诉讼实践为新中国的继承制度及实践提供了宝贵的历史经验。在法律规范缺失的情况下，革命根据地时期的做法，既可以成为作出一些相关指示的依据，也往往成为法官在新时期内办理继承案件的参考。

二、新中国成立后审理分家继承案件的基本依据

新中国成立后，百废待兴，面临着恢复国民经济，建设新国家的繁重任务，再加之一定时期内的法律虚无主义的影响，因此较长时间内并未形成系统的继承法律制度。1950年《婚姻法》第12条规定："夫妻有相互继承遗产的权利。"第14条规定："父母子女有互相继承遗产的权利。"1954年《中华人民共和国宪法》第11条规定："国家保护公民的合法收入、储蓄、房屋和各种生活资料的所有权。"第12条规定："国家依照法律保护公民的私有财产继承权。"这些规定成为处理继承问题的基本法律依据。由于相关法律的规定过于原则性，面对司法实践

① 参见张希坡：《中国婚姻立法史》，人民出版社2004年版，第496页。
② 参见张希坡：《中国婚姻立法史》，人民出版社2004年版，第496页。

中提出的关于继承的各种不同问题，最高人民法院、中央其他相关部门、地方政府等先后以批复、解答等方式来作出指导性的意见。

1. 关于继承权问题

1951 年 1 月 18 日最高人民法院华东分院《关于继承等问题的批复》[①]（答复苏南司法处）中关于 1949 年以前所立嗣子是否有继承权的问题，指出：在中央尚未颁布关于亲属、继承等法规以前，对于继承事件，可参考《婚姻法》的精神来处理。你们的意见说“解放前所立嗣子虽为封建制度之产物，惟在当时如已合法取得身份，且为利害关系人所不争，并已成为确定事实者，似不能一律否认其效力”，查反动法律早已经《共同纲领》第 17 条明文规定废除，我们既不承认伪法当然谈不到所谓“当时如已取得合法身份”，这一点应该划清界限。所谓立嗣者，既系封建宗法社会产物，在精神上我们应予否定，只能当作一种收养关系。收养关系以双方自愿为原则，他人不得干涉。

1951 年 4 月 14 日中央人民政府法制委员会办公厅《关于女子继承权问题的函复》[②]（函复中南军政委员会）指出：已嫁的女子对于父母遗产的继承，不论父母死亡是在《婚姻法》公布之前或后，均应依照《婚姻法》第 14 条规定的精神（即应有继承的权利）办理，如在父母死亡当时已嫁的女子并未要求继承而遗产已由其他继承人分配后，可否再请求分配，这问题应斟酌当时没有请求的原因究竟出于客观的障碍，还是出于主观的自愿放弃，和现在的分配有无事实上的重大困难，以及已嫁的女子与其继承人的生活状况等具体情形，予以公平合理的处理。

1951 年 4 月 17 日最高人民法院华东分院关于《有关亲属继承等问题的批复》[③]（复苏南人民法院）指出：养子女如已继承了养父母的遗产，不应再有主张继承生父母遗产的权利，因为家庭在今天还是一个社会生活单位和生产单位，养子女参加了另一个家庭，虽然在感情上不应当要求他（她）与亲生父母隔断，但

---

① 中国社会科学院法学研究所民法研究室民诉组、北京政法学院诉讼法教研室民诉组合编：《民事诉讼法参考资料》（第二辑第二分册），法律出版社 1981 年版，第 534 页。

② 中国社会科学院法学研究所民法研究室民诉组、北京政法学院诉讼法教研室民诉组合编：《民事诉讼法参考资料》（第二辑第二分册），法律出版社 1981 年版，第 537 页。

③ 中国社会科学院法学研究所民法研究室民诉组、北京政法学院诉讼法教研室民诉组合编：《民事诉讼法参考资料》（第二辑第二分册），法律出版社 1981 年版，第 535 页。

是在财产关系上则应清楚分开。如果养父母家没有财产，而被收养的子女生活又困难，本着兄弟姊妹互助的精神，可以要求酌量给予生父母的遗产。

1951年7月9日最高人民法院华东分院《关于“指示顾婉贞等与顾沈氏等分析遗产案件的处理办法”的通报》[①]中，对于杭州市人民法院办理顾婉贞等诉顾沈氏等分析遗产一案中提出的“被继承人能否无限制地以遗嘱自由支配遗产”的一个原则问题，通报了最高人民法院的意见：顾永兰将全部遗产分赠给他的三个儿子，而将他女儿的继承权完全剥夺，这是不合理的。在重新分配遗产时，仍要照顾实际情况，而不应采取机械的平均分配的办法，同时要防止因分配遗产而影响原有工商业的经营与发展。

1951年12月18日华东军政委员会司法部《关于已婚女子继承问题的批复》[②]（复福建省人民法院）指出：子女享有继承父母遗产的权利，《婚姻法》第14条已有明确规定，已婚的女子，当然也享有这种权利。如因而发生纠纷涉讼法院，法院应根据具体情况依法审判。长乐县人民法院虽在原则上肯定了女子婚后继承其父母的遗产是公平合理的，但又认为在某些情况下执行起来却有困难。这是不应有的顾虑。《婚姻法》关于女子尤其是已婚女子享有继承其父母遗产权利的规定，虽与农村习俗有出入，但我们必须研究这种习俗是否合理。对于不合理的习俗，我们应该坚决予以纠正。只有这样，才能逐渐建立新的合理的制度；怕因此引起很多麻烦是不对的。继承人继承了遗产之后，只要不违反现行政策法令，可以自行决定处理的办法。在执行时，应注意以不妨碍生产为原则。

1953年西北司法部《关于嫁出之女能否返回继承父母遗产问题的答复》[③]指出：《婚姻法》第12条规定夫妻互有继承遗产的权利。第14条规定父母子女有互相继承遗产的权利。第15条规定非婚生子女享受与婚生子女同等的权利，任何人不得加以危害或歧视。处理此类问题时，应该照顾到以下三个方面，并且结合起

---

① 《中华人民共和国婚姻法资料选编》（一），中国人民大学法律系民法教研室、资料室1982年1月编印，第381页。

② 《中华人民共和国婚姻法资料选编》（一），中国人民大学法律系民法教研室、资料室1982年1月编印，第385页。

③ 《中华人民共和国民法资料汇编》，西南政法学院民法教研室1980年6月编印，第332—333页。

来，才能决定由谁继承：（1）如某一继承人虽有继承权，但按照他各方面的情况，如果继承后对发展生产并无好处，那在决定他的继承数量、范围和财产种类等问题时，就应该加以考虑。但这并非不承认其继承权。（2）要照顾继承人与被继承人之间的权利义务关系，如为共同生活，或有教养或互相抚养的权利义务事实。（3）照顾到实际生活情况，如同时有两人有继承权，一为生活富裕，一为生活困难，或另一个年纪大，劳动力强，一个年纪小，甚或不能劳动，像这种情况，就应该对后面两种人多加照顾。又指出：嫁出之女家无人时，娘家父母可以继承女子生前分得的一份财产，至于该女子婆父母的财产，应酌情另行处理；从父母子女的关系来看，嫁出之女可以返回继承遗产。但如果女方出嫁时间已经很长，娘家财产已由别人继承，在继承开始时女方并未提出意见，继承后的财产情况也发生了变化，这样，女方就不能再行返回娘家要求继承。否则的话，一方面固然是承认了女子的继承权，但另方面却反而增加了社会上的纠纷。总之，每个问题都离不开实际，司法机关处理继承纠纷时，必须根据每个案件的具体实际情况，依照政府法令，照顾进步习惯，适当地加以研究处理。

1951 年 7 月 18 日最高人民法院西南分院《关于赘婿要求继承岳父母财产的问题的批复》[①] 指出：赘婿与岳父母是姻亲关系，与收养及血亲关系有所不同，因此原则上对岳父母的遗产没有继承权；离婚，对婚姻关系来讲，只能是分割家庭财产的问题，而不能是男女双方任何一方向对方提出继承对方直系血亲的财产问题；因入赘参加家庭的劳动生产，赘婿应享有家庭财产权；如当地有习惯，而不违反政策者，则可酌情处理。有无继承权，是决定能否继承的首要条件，但并不是所有有继承权的人，都可以不加区别地一律继承，也不是机械地按照继承人的人数平分。

1953 年 4 月 8 日最高人民法院《关于兄弟姊妹互相继承遗产问题的复函》[②]（函复华北分院）指出：关于兄弟姊妹间继承问题，除夫妻间及父母子女间有互相继承的权利，已在《婚姻法》上有明文规定外，其他亲属间的继承问题中央机关

① 《中华人民共和国婚姻法资料选编》（一），中国人民大学法律系民法教研室、资料室 1982 年 1 月编印，第 383 页。

② 《中华人民共和国民法资料汇编》，西南政法学院民法教研室 1980 年 6 月编印，第 335 页。

尚在研究中。本院认为，在被继承人无配偶又无直系血亲继承时，兄弟姊妹可以继承；但如兄弟姊妹与被继承人生前关系恶劣，已无兄弟姊妹之关系可言者，应不承认其有继承权，至于各继承人继承数额的多寡，不一定要平均，可按具体情况酌定。

2. 关于继承财产的范围问题

1953年2月21日中央人民政府政务院《对华东行政委员会关于土地改革后妇女继承权与托管土地及土地典当回赎问题的批复》[①]指出：对于现在有的妇女援引妇女继承权的法律规定，要求继承在土地改革中已被没收、征收分配的地主富农的土地者，或当时已被当作绝产地处理分配者，均应向申诉人说明理由，不再变动农民已分得土地的所有权。如有的申诉人确实缺乏土地，无以为生者，即应另行设法安置。反之，如该项土地在土地改革中并不在没收、征收之列，也未予分配处理，现在妇女觉悟提高要求继承者，则应视申诉人及原继承人双方的具体情况适当调处之。

1956年12月24日司法部《关于遗产继承问题的复函》[②]（函复天津市司法局）指出：根据《婚姻法》"夫妻双方对家庭财产有平等的所有权与处理权"的规定，对夫妻共同生活时所得的财产，配偶一方有二分之一的权利。因此，丈夫死后，妻及其子、女只能继承属于丈夫所有的部分财产，另部分财产本来就属于妻所有，在妻尚生存时，不能当作遗产，故不发生继承问题。

1958年最高人民法院《关于处理农村合作化后所发生的土地、继承问题的复函》[③]（函复甘肃省、江西省、S省、河南省、河北省、广西省、内蒙古自治区高级人民法院）指出：（1）个体农民在参加高级合作社后，原来属于个人所有的土地既已转为集体所有，则当土地被国家征购时，其价款即应归该合作社集体所有。关于有特殊情况需要对原来本主予以照顾的问题，可请示党委或人民委员会解决。

---

① 《中华人民共和国婚姻法资料选编》（一），中国人民大学法律系民法教研室、资料室1982年1月编印，第386页。

② 《中华人民共和国婚姻法资料选编》（一），中国人民大学法律系民法教研室、资料室1982年1月编印，第395页。

③ 《中华人民共和国婚姻法资料选编》（一），中国人民大学法律系民法教研室、资料室1982年1月编印，第396页。

（2）个体农民在参加高级合作社以前出租给国家机关或国营企业的土地，在本人参加高级合作社时，也应当和自耕地一样，交给农业合作社作为集体所有，由合作社收取租金。如果出租土地的社员历来依靠这些租金维持生活，在土地转为合作社集体所有后，生活还很困难，需要从租金内予以照顾的，可由合作社与本人协商解决。（3）享受“五保”待遇的社员死亡后，其已入社的生产资料不应列入继承遗产范围以内，可以继承的遗产，应仅限于房屋、家具等生活资料。有继承权的人，如果在合作社对被继承人实行“五保”以前，曾对被继承人尽过抚养义务，或者在合作社对被继承人实行“五保”以后，仍尽一部分抚养义务的，在被继承人死亡后，可以酌量分给该继承人一部分遗产，其余遗产归合作社所有。如果有的“五保户”生前完全依靠合作社来生活，死后由合作社予以埋葬的，其遗产应全部归社所有。（4）个体农民参加合作社以后，原来属于个人所有的土地和其他入社的生产资料，已转为合作社集体所有，不应列入继承遗产范围之内，任何人都不得要求继承。

1962年9月13日最高人民法院《关于几个继承问题的批复》[①]（复江西省高级人民法院），原则上同意江西省高级人民法院的一些意见，即：出嫁之女，愿意尽抚养生父母的义务，对生父母之遗产有继承权，如生父母过去为“五保户”，大队支付的一切生活费用，女儿应予偿还，并对其生父母事后的一切生活费用全部负责；出嫁之女，对生父母未尽抚养义务，其生父母为“五保户”的，死后遗产应按“五保户”之财产处理（见国务院1953年8月29日给司法部关于“五保户死后的遗产除用于敛葬费用外，其余部分如死者有遗嘱按遗嘱处理，如无遗嘱一律转合作社集体所有，作为公益基金”的意见）。

1964年9月18日最高人民法院《关于国家经租的房屋不允许继承问题的批复》[②]（复广东省高级人民法院）指出：根据1956年1月18日中共中央批转中央书记处第二办公室《关于目前城市私有房屋基本情况及进行社会主义改造的意见》

① 《中华人民共和国婚姻法资料选编》（一），中国人民大学法律系民法教研室、资料室1982年1月编印，第399页。

② 《中华人民共和国婚姻法资料选编》（一），中国人民大学法律系民法教研室、资料室1982年1月编印，第400页。

和1964年1月13日国务院批转国家房屋管理局《关于私有出租房屋社会主义改造问题的报告》的规定，国家经租房屋的性质是“对城市房屋占有者用类似赎买的办法，即在一定时期内给以固定的租金，来逐步地改变他们的所有制”。这就是说国家经租房屋的业主实际上已经丧失了所有权，因此业主死后，经租房屋不能允许他的家属继承，但可以继续领取国家给予的固定租金。

3. 关于继承时间、继承顺序、继承份额、遗嘱继承等也通过批复或答复，试图加以明确

> 如1954年12月21日《最高人民法院关于继承案件中几个问题的意见》中指出，继承从被继承人死亡开始，夫妻、子女、父母为第一顺序继承人，继承份额根据实际情况、需要和有利生产原则进行而非一律均分。遗嘱人在不违反国家政策、法律、法令与公共利益的情况下可以用遗嘱将他个人财产的一部或全部指定法定继承人中之一或数人继承，也可以遗赠给国家、合作社公共团体或其他的人。但依遗嘱处理财产时，必须对未成年的子女保留一定数量的遗产作为教养费用，对依靠遗嘱人生活并无劳动能力的人，亦应酌留一部分遗产加以照顾。①

总的看来，关于继承制度，中华人民共和国成立后较长时间内缺少体系性的规范，各种批复、答复都是作为一种针对某些区域某方面的问题而作出的，呈现出松散性的特点；尽管在不同阶段有关部门都对一些原则性问题或具体问题作出了带有一定指导性的意见，但是，不难看出其中存在着时间空隙，也就是说，很多做法都是在无明确的法律依据情况下从实践中而得来的，而有关部门的答复、批复等则是对实践经验的总结。因此，呈现出一种规范与实践互动的模式，在一定意义上讲，是实践创造了规范。

如1953年3月19日司法部《关于土改后所生子女在家庭内是否有土地权及

① 龙斯荣等编：《继承法手册》，吉林大学法律系1985年11月编印，第57—59页。

分家问题的批复》[①]（复山东省人民法院）答复了山东省人民法院提出的“土改后所生的子女在家庭内是否有土地权利”和“分家时是按支股分呢还是按人口分”两个问题。山东省人民法院关于这两个问题的请示意见是：关于前者，认为土改确权后“生不再分，死不抽回”是指国家对于一个家庭内土改后所生的子女，似应有其土地财产的权利，只有如此，才能使子女的合法利益得到物质上的保障；关于后者，认为如兄弟共同生产生活多年，甚至共同置有财产，则分家时可以人口多寡为基本标准，并参考个人情况及对家庭贡献的大小有无适当调剂。

司法部在批复中指出：（1）土改后所生的儿女，在家庭内应有土地继承权，同意你们处理这一问题的基本精神。（2）关于兄弟分家财产的处理问题，因目前中央尚无明文规定，究以支股或以人口为标准，这牵涉到立法问题，亦难作具体答复。个别问题请你们根据实际情况酌情个别解决。希望你们对现存的各种继承权问题及处理继承问题上的经验，多方搜集起来，以便积累材料，作为将来起草继承法之参考。

直到 1963 年最高人民法院在总结各地审理继承案件的实践经验的基础上，才形成了一些意见。[②]如处理继承纠纷，应根据《宪法》和《婚姻法》的规定，本着保护法定继承人的合法继承权，同时又要提倡互相扶助和抚养的共产主义道德风尚。被继承人的遗产，首先应由其配偶、子女和父母来继承。如果没有配偶、子女和父母的，同胞姊妹兄弟有继承其财产的权利。同一顺序的法定继承人中继承的财物和数额，应首先照顾未成年和无劳动能力的人，其次应考虑继承人对被继承人生前所尽扶养义务和生产、生活的实际需要情况。对那些有虐待遗弃被继承人行为的人，也可不准其继承。遗嘱人可以将其私有财产的一部或全部，给予法定继承人中的一人或数人，也可以给予国家或集体，或者任何个人。但遗嘱人不能剥夺未成年或其他无劳动能力的法定继承人的应继承份。遗嘱不能违背国家的法律规定。无法定继承人又无遗嘱的，其遗产应收归国有或集体所有。其生前的合法债务应由遗产中偿还。寡妇结婚时，可以把应该归她继承的遗产带走，任何人不能干涉。但如果

---

① 最高人民法院民事审判庭编辑组：《房地产审判手册》，法律出版社 1992 年版，第 820 页。

② 《最高人民法院关于贯彻执行民事政策几个问题的意见》（修正稿）（1963 年 8 月 28 日），载《中华人民共和国婚姻法教学参考资料》，西南政法学院民法教研室 1984 年 10 月编印，第 199 页。

她已生有子女，又不带走，应先保证留下子女足够的生活费用。

因而在这些带有指导意义的意见出台之前，法院审判继承案件是缺乏一个普遍有效的法律规范的，法律原则、党的政策、解放区的经验、当地的习惯、法官个人的理解等众多因素的相互作用，成为法院在审判继承案件时作出裁决的依据。其中，改造旧制度建立新制度的热情、避免造成更多纠纷的顾虑等都在不同程度上反映了转型社会时期的特征，也在不同程度上考验着法官的智慧。在具体审理继承案件时，审判人员一方面要依据这些指导性的意见，另一方面又需要结合具体案情和当地的实际情况来处理。怎样作出一个大致公平、合理、可接受的判决或调解，缩小理想与现实之间的差距，在党的政策或法令与民众的诉求及习惯中寻找一个恰当的平衡点，是法官在每一个具体案件中都要认真对待的问题。因此，虽然继承案件在所有民事案件中所占的比重并不大，但每一个案件几乎都是复杂案例。这也凸显了在规范匮乏、很难做到依法办案的情况下，诉讼实践在保护权利、维护秩序、促进生产、推动社会进步方面的价值。

第三节　分家、继承纠纷与诉讼的实践分析

分家是中国民间财产转移、分配的一个传统现象。费孝通先生指出："年轻一代经济独立的要求成为家这一群体瓦解的力量，并最终导致分家。分家的过程也就是父母将现有财产传递给下一代的最重要步骤之一。通过这一过程，年轻一代获得了对原属其父部分财产的法定权利。对这部分财产开始有了专有权。"[①] 可以说，分家是经济独立的要求，也使得财产权利更加清晰，它对于鼓励儿子们通过占有、支配、经营财产而创造财富和独立生活来说，是一种有效率的制度，因为它避免了有的儿子好吃懒做而享受大家庭其他成员的劳动成果。同时，诸子均分的古老传统也被保留下来，整体上来看，这是公正的。这也是因分家而诉诸法庭的案件少见的重要原因。Y 市民间也保留着分家的传统习惯，因此，分家与继承

① 费孝通：《江村经济 —— 中国农民的生活》，商务印书馆 2004 年版，第 71 页。

两种转移、分配家庭财产或长辈财产的方式均存在于民间。在民间，分家析产时，一般均要立分产字据，称为“分书”或“分单”，虽无定式，但一般都要详细载明备分财产之总额、种类、状态、分产方法、承受财产人之名单、参与分产会议各亲族之姓名或邻里见证人之姓名。此外，由于出嫁女一般不承担对父母的赡养义务，自动放弃继承权或分得到一些象征性的财产，成为一种习惯。大多数分家与继承都通过传统的方式进行，如立分单，由同族有威望之人主持，其他人见证而得以解决，很少诉诸法庭的。当然，也不排除因原来分配或继承财产不够适当或者有人希图过多地占有财产而造成纠纷，以至诉讼。尽管法律未对分家作出明确的规定，但因分家所引起的财产纠纷仍然属于法院受理的范围。民间的分家习惯通过诉讼而与由政策、法律等构成的产权制度联系了起来。此外，由于房屋作为重要的生活资料，往往构成了分家、继承争讼的主要财产。

一、关于夫妻之间、父母子女之间继承权的确认

在实践中，有的继承人试图以一些理由限制或剥夺其他继承人的继承权，以至于形成纠纷；有的死者的兄弟提出继承死者的部分财产，进而与死者的妻子及子女（包括亲生子女、养子女、形成事实上的抚养关系的继子女）为继承权发生争执。法院一般依照《婚姻法》的相关规定来处理。

如在1957年吕某（女，29岁）与侯某（男，15岁）、霍某（女，60岁）继承纠纷一案[①]中，法院确认了夫妻、父母子女之间的继承权。吕某是侯某的继母。她的丈夫于1957年3月去世之后，遗留财产共2750元，除去丧葬费外还剩余2150元及衣物。吕某以婆母霍某、小叔、丈夫前妻所生儿子侯某，扣留死者遗产，不给她及女儿，致使生活困难为由诉至法院。法院认为，死者的遗产，原告吕某同其女以及被告侯某、霍某均有继承权，而且均属于第一类的继承人，因而原告与被告对死者所遗一切钱财具有平等的处理权。但被告等对死者所留的遗产企图全部使用和控制是不对的。应对死者的遗产予以合理分配。故判决原告同其

① Y市法院档案：34—3—4135。

女应分得人民币 1000 元，被告所拿其父遗留的衣物，原告不应再作追要。

在 1965 年原告张汉（兄，32 岁）诉被告张举（弟，26 岁）继承纠纷一案[①]中，法院确认子女对父母遗产均享有继承权。原被告系胞兄弟，被告一岁上跟随其姑母长大，1957 年迁回 Y 市与其兄同居一院，后因双方意见不合，发生纠纷，原告让被告另找房子居住，并要求被告偿还借原告的 200 元钱。被告坚持“父母遗产各个有份，要我搬走必须把房产分清”，双方争执不下，诉讼至法院，经法院调解达成协议如下：（1）其父遗产石窑一眼由原被告共同继承由大队调委会召集有关人进行合理作价后房屋归张汉，由张汉付给张举石窑价款的二分之一；（2）张举欠张汉的借款应予偿还。本案中，法官并未认定被告随其姑母长大形成收养关系而丧失对其父母遗产的继承权，而是确认被告与原告同样享有对他们父母的遗产的继承权，并按照均分的原则来促使双方达成遗产分割协议，也区分了继承权与债权。这样处理是正确的。

又如 1962 年原告杨后林（男）诉被告李梅（女）、赵银锁（男）继承纠纷一案[②]中，法院判决原告败诉。

杨后林诉称：“我哥杨宏林早年就到某村当羊工。1948 年我从家乡到某村和我哥放羊至 1953 年才分离开的。我和我哥在共同放羊期间，所积余之钱买了几十只羊。1953 年我哥将这些羊卖了一部分，以 230 元在某村买下史福所破炉场一所，内有石窑两个，1955 年又出卖了一部分羊，以 300 多元将炉场窑洞修成石窑三个。在整修时，除木料是被告的以外，其余材料都是新买的。1953 年我哥和李梅结婚到 1958 年我哥病故。我哥死后李梅和其子赵银锁合不来就又找对象而走。我哥死后所遗留的石窑三眼，其中应有我的一份才为合适。我所说事实不仅有买纸上是我哥的名字，而且还有某村赵二详证明。”

李梅辩称：“杨后林谈的事实全部不对。他哥杨宏林于 1947 年就和我家合过在一起了，他到我家什么财物也没有，就有一根放羊鞭。杨宏林的羊起群并非原告杨后林说的那样事实。真实情况是：1949 年以后在土地改革当中，杨宏林和王

---

① Y 市法院档案：34—3—398。

② Y 市法院档案：34—3—947。

苟存算放羊工钱，算出 60 多个羊（折合小米三石），同时群众分下的零散羊也捎在他的羊群里，捎了一个时期，群众合计无利可得，就以三二升小米卖给宏林，同时我还买下 20 多个好母羊，羊的起群是胜利果实得来的，不是杨后林所说共同劳动买下的。1948 年杨后林怕当兵，来我家躲兵时，因无活可做，才帮助他哥放起羊来，大概放了有两三年，在这二三年里也没挨着放羊，经常是三天打鱼两天晒网，结果和他哥合不来这才走开的。杨后林放羊期间不用说积余钱，连他的生活也紧够维持，何况赚不赚是他兄弟们事情和我无关。1953 年杨宏林和我正式结婚后，买炉场院用的是 230 元胜利果实羊钱买的。买下这座破炉场后也不能住，要住还得用较多的钱整修。1955 年宏林提出要整修下面之炉窑，就提出买我儿赵银锁之父遗留的一所院才能整修得起，当时言明想修后炉窑仍归我儿所有。因急需整修才从信用社贷下 300 元款，大包干揽给辛庄村刘亥和，所用的木料全是我家的，并又使用了我前夫积存的 1000 多块砖。房子整修好，信用社的贷款无法交还，宏林作主以 520 元将我儿之父原有的老院出卖。出卖后我儿同族家长出面干涉打到乡人民政府，经乡长史海财解决时，宏林仍以和我商量的一样说，出卖了赵家一所旧的，又给赵家修起一所新的，一所顶一起修起的仍是赵家的。这样同族家长和乡干部才允许卖的。卖赵银锁之房所得的 520 元款，还了信用社 300 多（因有利息）其余 200 元由史文海暂借用。1956 年宏林得病后，不但不能劳动，而且看病用钱多，仅某村的药社里就打药费 300 来元，所花之钱，除史文海借的 200 多元花光不够，又把入高级社时 50 多个羊（内有我孩子 20 多只）作价 120 多元也拿出来给宏林看了病，他在病期的一切生活由我儿负担着。1958 年 9 月 13 日宏林病故后，我叫杨后林来商量埋葬，他提出什么也不管，无奈我花了 120 多元埋葬的。今天杨后林以为死口无对和我争财产是根本争不着的。现在我儿赵银锁所占之窑，早已各清各利。现有乡长史海财他们证明。”

法院认为，原告杨后林以与其哥杨宏林共同放羊积余之款，买到某村炉场院一所之事，经审理查明是：其哥杨宏林买炉场院时已和李梅结为夫妇，买房之款由赵二详、史海财等人证明，确系杨宏林算出胜利果实之羊出卖后而买的。其中，并无原告分文所在。1955 年整修房屋时所用之 300 多元，今查明其哥杨宏林出卖被告赵银锁之祖宅所得之款整修的。同时因出卖被告房屋引起争执，经乡人民政府乡长史海财进行调解，杨宏林生前当面承认是给赵家所买，并非是杨宏林单独所买，特别是其哥患病后，一切生活及治疗等费用，亦系被告母子全部负担。病故后又由被告母子葬埋，原告杨后林从中并未承担任何义务。为此，法院依据《婚姻法》第7条、第12条、第14条等规定驳回原诉。依法判处本市某村被告赵银锁现占居炉窑一所，仍属被告李梅、赵银锁母子所有。

本案中，法院首先明确了原告之兄杨宏林所留之房屋，并非全部是杨宏林个人之遗产，其中有其妻李梅之部分财产，然后认为，被告赵银锁（被告李梅与前夫所生之子）因与杨宏林共同生活，并在杨宏林患病后，与其母亲承担了一切生活费及治疗费用，在其死后，承担了丧葬费用等，因而，杨宏林与赵银锁成立了父母子女关系。故依据《婚姻法》第12条关于“夫妻之间有互相继承遗产的权利”及第14条“父母子女之间有互相继承遗产的权利”之规定，确认了二被告的继承权。本案维护了妇女及子女的继承权。

二、兄弟之间的分家、继承纠纷与诉讼

1959年法院审理了赵氏兄弟继承纠纷一案[①]。原告赵生万的母亲去世后，长兄赵生百早已分居另过，其姐已出嫁。1954年国营三矿修铁路占用了土地一块，付价款400元，除共同花用200元外，剩余的200元留作赵生万求学使用。后来原告的二哥赵生千结婚时从中用了120元至今未还，又没有经过商量就将户口拨开，对窑洞也未作出明确分配。原告诉至法院，要求解决。被告赵生千否认200元是留作赵生万求学使用。因此在结婚时用了120元并无不当。同时，也要求法院对其父母所遗房产合理解决。经过法院调解，双方及关系人长兄赵生百达成协议如下：（1）被告赵生千结婚时已花费的120元，原告不再追要。（2）对共有的窑洞三眼，双方同意将正窑归长兄赵生百所有，东窑归被告赵生千所有，西窑归原告赵生万所有。

本案中的窑洞分配是在被继承人死亡之后5年才发生的，这是因为在民间在父母死后，有的家庭兄弟姐妹还要共同生活一段时间；在窑洞的分配上，也反映

---

① Y市法院档案：34—3—3206。

了“长兄居中、哥东弟西”以及财产均分的习俗。“长兄居中、哥东弟西”，是长幼有序的伦理观念在房宅分配上的体现，具有一定的象征意义；财产均分，是一种朴素而又清晰的产权制度，它增加了财产分配制度的确定性，从而减少纷争，促进和睦。而对于本案中涉及的120元而言，一般地讲，从婚姻是人生之大事的观念来看，被告因结婚而用之，是可以理解的，而兄弟之间的互谅互让，也使得原告作为弟弟不再过度追求，以免伤和气。

1963年发生了一起既有分家又有继承因素的较为复杂的一个上诉案件[①]。下面是本案的二审判决书：

S省高级人民法院

民事判决书

(63) 民上字第11号

上诉人：李海忠，男，73岁，贫农，Y市某公社某村人。

代理人：李先贵，男，55岁，贫农，Y市某公社某村人。

被上诉人：李元贵，男，52岁，贫农，Y市某公社某村人。

李海孝，男，65岁，贫农，Y市某公社某村人。

关系人：李海杰，男，61岁，贫农，Y市某公社某村人。

上列当事人因房窑纠纷一案，经Y市人民法院1963年3月22日(63)法Z民判字第41号民事判决后，李海忠不服，向本院提出上诉，经过开庭审理和实地调查现查明：

当事人、关系人等弟兄四人，在其父亲李进富生前于1937年8月同家族李海贵、李海书（已死）等给予分家析产，并立写分书，各经各业，除弟兄四人各自分得一股财产外，留有街上院内窑洞一孔和室内家具等物作为其父养老财产。其父生活由二子海孝，四子元贵赡养，但分家的同年其父病故，共同埋葬后，李元贵即参加了我方工作，本人所分一股财产和养老财产均被李海忠全部经营。1962年李元贵退休带妻、子返家，由于住房问题发生争

① Y市法院档案：34—3—952。

执，形成诉讼，经Y市人民法院判决：(1) 李海忠占李元贵后沟窑二孔，仍归李元贵所有。(2) 其父生前由海孝、元贵赡养，街上院内养老产东正窑一孔，应归海孝、元贵继承。(3) 西正窑一孔和东房南一间归李海忠所有。西房三间，马棚一间，东房中一间归李海孝所有。南房三间和东房北一间归李海杰所有。院内道路大门出入通行。

李海忠不服向本院上诉，提出在二次分家时经村干部李建章将养老东正窑一孔分给他所有，并填入自己的土地证内。还给其父修了墓窑，要求将养老窑由自己独得。李元贵辩称，当日分家时，就商定养老财产将来父死有余，按四股均分，如有不足按四股均摊。现根据李海杰所持分书注明"又因父母下世以后所留养老之产按四股均分"。东房三间、粪厕按三股均分。李海忠所说二次分家，其他兄弟三人和原分家人李海贵一致否认，并无事实根据，不予采信，埋葬其父是共同尽了义务。根据现有分单说明李海忠将养老窑一孔填入自己土地证内，李海杰将三间东房填在自己土地证内，均有错误应予纠正。据此本院认为原判欠当，特作二审判决如下：

(1) 养老财产（东正窑一孔和家具）应依据原分书按四股均分；

(2) 其他部分维持原判。

本案中李海忠认为养老财产东正窑一孔应归自己所有的理由是：第一，"二次分家"时，经村干部将东正窑一孔填写在土地证内；第二，他为父亲修筑了墓窑。二审法院未支持其主张，理由是，所谓"二次分家"，其他兄弟均否认；而分书上早已写明"父母下世以后所留养老之产按四股均分"，至于为父亲修筑墓窑、埋葬其父，则是弟兄们共同所尽义务，不能将其作为独占父亲养老财产的理由。同时，二审法院，也否定了一审法院因"其父生前由海孝、元贵赡养"，所以"街上院内养老产东正窑一孔，应归海孝，元贵继承"的判决，而是根据分书确认"养老财产（东正窑一孔和家具）应依据原分书按四股均分"。在这里，二审法院像一审法院一样都没有根据土地证而判决。可见，由于缺少具体的分家与继承法律规范依据，法官在此类较为复杂的案件中，拥有较大的自由裁量的空间，也增加了形成不同的意见的几率。

同年原告裴辛恒诉被告王三妮（原告之嫂子）、裴占彪（原告之伯父）房产纠纷一案[①]中，经过法院调解，推翻了原有的分家约定。原告裴辛恒之父亲生有裴辛恒等兄弟五人，后长子、三子、五子先后因病死亡。现有二子裴计恒，共有人六口；四子裴辛恒，共有人七口。其伯父裴占彪与原告之父系同胞兄弟，在土改时，均生活在一起，未进行过分家。原告之父裴占华死后，1963年裴占彪提出分家，经过家族予以调解，裴占彪与其弟裴占华的全部宅院按二股均分，在裴占华名下所分得一份财产，折成五股，由原告裴辛恒与其二哥裴计恒二人分此财产。立分单如下：

立分据约人裴（贵、计、甲、辛、子）恒，因人口众，多生活困难，以维持不能继续团居，弟兄们共同协商，今情愿在分居时因兄弟和睦曾未立下证据，为了今后避免发生纠纷，同家族人等定立此分单。今将宅院地数按五股分割于下：

计开

裴计恒继承共三股：宅院半所。正窑一眼、东平房三间、南房地基一半、西毛厕半个，大门出路通街场道伙走门外地基半块。裴辛恒计二股，分到：宅院半所、东正窑一眼、南房地基半块、门外地基半块、大门出路通街场道伙走。

自分之后，各守本分，永无反悔，恐口无凭，立此存证。

同家族中人（签章）

公元一九六三年农历二月十二日

代笔人（签名、签章）

裴辛恒因宅院少，人口多，不同意家族处理结果向法院提起诉讼，要求解决。经过调解达成协议如下：（1）老院正窑、西正窑各一眼，小窑一眼，厕所一个，其产权归被告裴占彪所有。院内西面三间大地基一段、南面地基一段和大门外粪堆一个，东面地基一段其使用权也归被告裴占彪所有。（2）老院内东正窑一眼、东平房

① Y市法院档案：34—3—954。

三间，其产权归原告裴辛恒所有。大门外西面地基一段的使用权亦归原告裴辛恒所有。（3）羊圈院一所，内计：砖窑两眼、大门外厕所一个，其所有权归被告王三妮所有，院内东边地基一段、大门外粪堆一个，其使用权亦归被告王三妮。

本案中，原告通过诉讼，申明自己的权利主张。法院经调查，也认为“原解决不合理”，故而引导诉讼各方在“为照顾当前都有房可住”的原则下，达成一项协议，改变了原来分单中所确定的财产分配方案，特别是争得了原来分单中给裴计恒的东平房三间。这说明分单所确定的利益关系并非一定获得国家法律的认可。原告正是借助国家司法权力，为自己争得了权益。

1963年法院审理了原告王春娃（被告之二嫂）诉被告李存仁继承纠纷一案[①]，法院对原被告争执之家产作出了判决。

王春娃于1955年与李存仁之二兄李存义结婚后，和被告李存仁、关系人李存信同居一院，同锅生活。后因妯娌不和，王春娃与丈夫李存义即典了本村王玉林房子一处搬出另过。1962年6月王春娃的丈夫病故后，王春娃向李存仁提出分家。李存仁说：“我二哥参军走了十二年，在我母亲死后三年弟兄们就各自过活，只是窑洞和平房没有分过。在1955年我把原来的一眼小窑改建为大窑，又建了一个一小间厨房，这都是我个人出钱修的，应该归我所有。另有两间平房是我们兄弟三人伙修的，可由三家伙分。另外，我父亲跟我多年，三年卧床不起，就我来照管，他们原说每年补助我小米、玉茭各三斗，但迄今什么也没有给我。”上述问题，经大队和公社干部调解，提出给李存仁人民币260元，作为补助。关于房子问题的处理意见是，现在李存仁所住西正窑一眼、厨房一间、厕所一个仍归李存仁；正东窑一眼归李存信；平房二间、猪圈一个归王春娃。经再三说服调解，李存仁坚决不同意，达不成协议。于是，王春娃向法院提出告诉，要求处理。经法院调解无效，未达成协议，法院作出判决，要旨如下：

> 原、被告兄弟三人，从来未分过家，虽近几年来不在一起生活，但家中房产仍是兄弟三人共有的。现在原告向被告提出要分房屋是合法的。至于被

① Y市法院档案：34—3—950。

告说：小窑改大窑，修厨房是其出钱修的，应归其一人所有，不应由三家伙分的理由，是不能成立的。因为，弟兄们从未分过家，家中房产是共有的，不能由于被告进行了一些修建，就归被告所有。况且被告的二兄李存义前些年在部队时，也曾往家中捎过不少钱，共同花用了，李存义对家中也有贡献。依据各家人口多少等情况，为了照顾原、被告及关系人均有房住，特判决，院内西正窑一眼、厨房一间归被告李存仁所有；另正窑一眼归李存信所有；大门外厕所一个归李存信、李存仁伙用；西平房二间，大门外猪圈一个归原告王春娃所有。至于被告所提赡养与埋葬其父所花费用由原告王春娃和李存信各负责人民币二百六十元，将款交付被告。从接判之日起到今年年底交付一半，其余一半，到1964年年底全部交清。

本案中法院认为因为没有分过家，家中房产属于共有财产，不能因为分家之前谁占用谁建造就归谁使用，原告之夫生前也对家中作了贡献。因而根据实际情况，综合各方面因素，予以处理。应该说，法院认定原被告所争财产属于共有财产是正确的。

1964年法院审理了一件妯娌之间因房产发生的分家继承纠纷案件[①]。原告赵梅和被告鲁兰系妯娌关系，双方分家已有20余年，原告称，其祖母周郝氏在1958年3月病故后，原住用之窑一眼，被该村生产大队食堂所租用，还有房子两间，当今年7月份生产大队核算时，才发现那眼窑房租费让被告前后领用两次合计人民币88元（其中36元被告不认此事），当原告找被告追要房租费时，她借故此窑系周郝氏的养老财产，分家时未作处理，应从新处理。并且在分家后两家还是每家轮流养活老人，每替五天达一年之久。还说“在分家时，就是不清门外的空地均系她的都没有我一点”等，“院外的小房我已经使用多年，她说是她的”等。“你要房租咱们就得从新分家”，原告又称“那眼窑在分家时就是清楚的，我还有土地所有证。并且在土改时你男人和我翁父都在世，为什么未发生争执呢？”因此原告向法院起诉要求处理，经法院调查调解双方达成协议如下：（1）原告祖母

① Y市法院档案：34—3—806。

周郝氏原住的那眼窑的产权和用具应归原告所有，被告今后不得干涉。（2）被告已使用原告那眼窑的租费 88 元，其中 44 元可作为分家后被告养活老人的生活费。其余 44 元被告退给原告，是 1964 年底生产队结算时付 22 元，1965 年底结算时付 22 元。如到期不付可在被告劳动工资中扣除之。（3）原告院外的小房子自愿让给被告长期使用，今后再不追要。（4）原告大门外的空地使用问题，双方可要求大队协商解决使用范围。

本案中，原被告双方在法院主持下达成了比较公平和切合财产实际使用状况的财产分配协议。原告依据土地证，证明祖母养老房产归自己所有，被告以院外的小房由其长期使用为由，论证自己占有的合理性。在法院调解之下，双方均作了一定的让步，被告承认土地证的效力，放弃了重新分配的要求，同意养老遗产归原告所有，并退还所领取的部分租金；原告也考虑到被告与其轮替照顾老人的事实，同意将院外的小房子归被告使用，不再追要，实际上就是将其所有权转让给被告。

同年审理的陈爱祥与陈爱林、陈胖小房产纠纷一案①，法院经过法庭调解，促使双方认可、执行经家长及大队干部调解达成的协议。原被告系同胞兄弟，1963 年 10 月份因分家发生房屋纠纷，曾经家长及大队干部调解达成协议，但仍未能执行，因此诉至法院。经法院审查认为原协议是合理的，经调解达成协议如下：（1）东正石窑一眼，东南配窑一眼归陈爱林所有。中正石窑一眼、西马棚一处归陈爱祥所有。西正石窑一眼、东北配窑一眼归陈胖小所有；（2）陈爱祥自愿将其子继承陈兵太的东中配窑一眼，让给其兄陈爱林所有；（3）院内水窑伙用伙修，大门出路通行；（4）大门外厕所一个，归陈爱林所有。厕所以北地基归陈爱祥、陈胖小（各按二分之一）所有。

三、妇女继承权的维护

对妇女继承权的维护是中国共产党革命根据地时期逐渐形成的新传统，也是

① Y 市法院档案：34—3—262。

新中国继承法律实践的基本精神。由于社会经济、政治条件发生的变化以及妇女权利意识的增长，使这种传统和精神有机会得到更多的实践检验。以下几个案例即为适例。

1963年原告张秀（女，31岁，）诉被告王珍（女，51岁，）及被告张方（代理人张钢，32岁，系被告之子）继承纠纷一案中，法院维护了妇女的继承权。[①]

张秀诉称："我父张广大共兄弟三人，30多年来即自立门户，独立生活，因我母仅生我一女孩，因此，1939年我母亲去世时，即让我二叔张昭的大儿子张洪穿孝打幡，当时因我二婶怕传染上病不同意，后才将我三叔张俊的儿子张强（当时才6岁）抱回穿了孝打了幡，将我母亲埋葬。24年来，我父的生活除他自己劳动外，有时还由我补贴他一部分生活费与粮票等，二婶王珍全家见我父亲年迈体弱不能久留人世，为夺我父所置财产，使其次子逃避服兵役，便私下写下过约，将其长子张洪过继我父名下，后因家长等亲戚不同意未能形成事实。今年10月6日我父因病去世，二叔张昭向我要去父亲存款100元，现金6元，二婶又私自拿走我父黄毛毯一条，小麦120多斤，红薯二三担，扁担，圪斗床、玉茭等物，为争夺我父财产，又让其长子与长媳穿了孝。我和他们商量给我父叫几个鼓手，二婶不同意，并说叫上吹鼓手到你韩家（指女方婆家）门前吹去，你算张家的什么人……他长子张洪曾对着众人将唾液吐在我脸上。事情发生后，便叫来家长张方（原被告同族长辈），但张不是主持公道，反而偏袒二婶王珍，为此，特提出控诉，至于我父所遗留之房屋等财产，我的意见让三叔之子张强继承，二婶王珍拿走的东西应全部退回。"

王珍辩称："原告张秀七岁时，其母亲就去世，当时恐其父再婚，只让张秀穿了孝，我儿张洪与侄儿张强均未给穿，以后他与我男人张昭说想将我的长子张洪过继给他，但当时未写过约。1955年我儿良祥结婚时，她父给了30元缝铺盖，今年2月她父与我们商量写过约，当时由我二儿写了张草约，并在今年5月趁我孙子做满月时邀请了一些亲戚，想通过亲友们再换一张正式过约，因大家不同意未给盖章，后我男人与我长子将此过约烧毁，我也不是为我儿争继承权，她将财产

① Y市法院档案：34—3—902。

让给谁我也不能管。至于我男人拿她父存款100元、现金6元是事实，除均在埋葬她父使用外，我家还给垫了一部分款，小麦等也均大伙吃掉，我家现仅有他父扁担一副，其他东西我没有拿，我的意见是她应将我所垫出款退还给我。被告张方之代理人张钢表示：关于原告张秀的继承问题，政府怎办怎好，我父张方无任何意见。”

本案经法院调解，双方达成一致协议：（1）原告张秀父亲所遗留之全部财产应由原告继承，任何人不能阻拦；（2）被告王珍家垫支38.40元（包括被告亲戚的礼钱16.50元）原告同意于1964年2月8号全部退给被告王珍。

本案中，被告王珍试图通过其长子、长媳给原告之父“穿孝”、继而建立过继关系而继承原告之父母遗产，由于家长（同族长辈张方）等不同意而未实现成立过继关系，但被告亦占有原告之父母的部分遗产，并得到家长的袒护。原告认为，因其三叔之子曾在原告母亲去世时“打幡”，故可继承原告父母之部分财产；而她本人也有时还要补贴其父一部分生活费与粮票而享有继承权；并同意让其三叔之子继承所有财产。可见，双方的主张都是依民间的继承习惯而来的，如因过继（立嗣）可以建立继承关系，而过继立嗣的标志主要有为死者“打幡”“穿孝”立“过继”之约等行为与事实；出嫁女一般只有对父母尽了赡养义务才可能分得遗产；同族过继子的继承权甚至要优先于出嫁女的继承权等，都没有提到《婚姻法》关于子女继承权的规定以及妇女继承权的有关政策。法院在调解过程中，引导当事人了解相关法律、政策的精神，从而达成完全合乎法律、政策精神规定的“调解协议”。从本案处理结果来看，法官一方面完全否定了带有浓厚封建色彩的打幡、过继而产生继承权的习惯做法，使得原告能够完全继承其父母之遗产，坚决贯彻了国家关于保障妇女继承权的法律、政策的精神；另一方面区别了继承关系与债权债务两种不同性质的法律关系，要求原告偿还被告王珍为原告之父丧葬事宜所支出的费用。这种处理结果合理、合法，同时，通过调解既向原被告双方宣讲了政策，又以“调解书”的形式实现了原本可以判决所确定的内容。不难看出，本案法官在原被告双方达成调解协议中的主导作用，这样的调解强烈地渗透了法官的意志，是一种柔和的结案方式，表达了国家的立场，可谓“外柔内刚”，是说服教育与强制力量结合的产物。此外，本案还呈现了民间继承习惯对民众的根深蒂固的持久的影响，以及国家法与习惯法在社会中的博弈形态。本案表现出国家法通过审理案件否定传统习惯中的一些不合理、不民主因素而建立新的更加公平、平等、民主的民事秩序的立场和力量。

又如，1965年原告高玉兰与被告杨智宪、杨荣宪继承纠纷一案中，原告提出自己的财产权利主张，法院通过调解，妥当地解决了财产争执问题，维护了寡妇的继承权。①

原告的丈夫杨仁宪（已死）与被告系胞兄弟，其父杨乃文生前将全部家庭财产协同家族按五股立写分拨字据，各执各业分居另过。1964年原告男人死后，因抚养子女四个，生活困难难，要求被告帮助解决孩子生活费一部或出卖自己应得之一份财产，被告不同意，经我院调解，原告提出厨房三间，养老遗产正窑一眼及用具，由于均尽赡养和埋葬老人义务，自己也应分得一份，经调解后双方达成协议如下：（1）原告男人杨仁宪分得西窑一眼，红漆铺柜一支（方桌一张已被出卖），穿衣镜一面，帽盒一个，小炕桌一张均归高玉兰及其子女所有；（2）兄弟四人伙用之厨房三间作价80元，按四分之一，由被告兄弟共同负责付给原告价值款额20元；（3）杨乃文养老遗产：正窑一眼，作价500元，除去安葬费200元，被告负责付给原告四分之一即75元，并付给原告抽屉桌一张。

本案反映了民间对寡妇继承和处理财产的一种抵制态度，原告试图通过处理自己应有的财产来解决生活困难问题，却遭到被告的反对；原告诉诸法律解决，也表现出了妇女比较明显的权利意识；法院则遵循男女平等、保护寡妇的财产权利的精神，支持了原告的主张，并依据本案实际情况，引导原被告双方作出合理的选择，达成协议，有效地维护了生活和生产秩序。

寡妇改嫁带产也经常性地受到阻挠。1965年原告张莲花（女）诉被告钱崇继承纠纷一案就是因此而起的。②

原告之夫钱联，原在化工公司硫铁矿任汽车司机。1965年8月亡故后，单位按照劳保条例规定发给埋葬费146元，发给直系亲属（母、妻、女）三人救济费

① Y市法院档案：34—3—379。
② Y市法院档案：34—3—412。

600 元，除死者花费开支外，净余 501.50 元，此款项已由其兄钱崇修建房屋所用，现原告已改嫁，要求带一部分救济费及财产，作为抚养孩子费用，但被告不同意。原告起诉至法院，经调解双方达成协议如下：（1）501.5 元救济费，原告为照顾老人晚年愿给死者母亲留下 301.50 元，她和小孩带 200 元，被告对此表示同意。限期在 6 个月内逐月全部交付给女方；（2）女方带被褥一床、被面一个、箱子一个。

本案中，原告并未以自己和儿子享有继承权作为向被告索回原告之夫的救济款以及带走家庭财产的根据，而是以孩子抚养费为名义向被告主张。可见，其虽有维护权利的意识，但并非很清楚其权利的来源。被告阻挠原告带产是基于旧习惯的做法，但未考虑到原告之子对其父财产的继承权则显属无理。原被告双方在法院主持下达成的调解协议，显然是确认了原告及其儿子的继承权以及原告本人的财产权。法官通过讲解法律和政策，对被告进行教育，促使双方达成协议，否认了在死者尚有妻子、儿子情形下作为兄弟关系的被告享有的继承权，有效地维护了妻子、儿子作为第一顺序继承人的地位，维护了妇女、寡妇的财产权利。

四、过继引起的继承纠纷与诉讼

过继是中国古代法律传统中“立嗣”的俗称。它指的是没有亲生子的人从同宗之内选择他人的儿子作为继承人，以继承其身份和财产。被拟制为儿子的人称为“嗣子”“继子”“过继子”“过房子”，被拟制为父母的人称为“嗣父母”“继父母”（不同于现代亲属法中的“继父母”），设立两者关系的行为称作“立嗣”“立继”。立嗣是中国古代宗法家族制度的组成部分，也是中国古代继承制度的重要特色之一。其根本宗旨是传宗接代，保证宗祀、家统不绝。它是以男性为中心的宗祧继承。只有男子无后才能立嗣，女子无后不能立嗣。所立者也仅限于男子，女子是不能充当嗣子的。立嗣对象为同宗近支卑亲属，由近而远，辈分相当，异姓不得立嗣。如唐代的《户令》规定：“无子者，听养同宗于昭穆相当者。”明清时代规定：“无子者，许令同宗昭穆相当之侄承继，先尽同父周亲，次及大功小功缌麻，如俱无，方许择立远房及同姓为嗣。”不过在民间立嗣的范围不限于同宗或远房之侄，有以外甥为嗣的做法。立嗣也不限于生者，死者无子亦可立嗣。为保证立嗣的庄重性，民间习惯上要遵循一定的仪式或形式，如通常在族长的主持下，在同族人的见证下“立约”，或者为死者“穿孝”“搭（打）幡”“顶盆”（摔盆）等。

“立嗣”或曰“过继”随着旧法时代的过去，已不再是一个法律承认的概念，但在民间依然存在立嗣之习惯。1951年最高人民法院指出：“所谓立嗣者，既系封建宗法社会产物，在精神上我们应予否定，只能当作一种收养关系。收养关系以双方自愿为原则（被收养人如未成年须得生父母或其有监护权人之同意），他人不得干涉，这种收养关系成立与否，须看历史事实，事实上已存在收养关系，虽未立嗣书，应亦承认其有继承权，他人不得干涉。”此答复虽针对1949年之前已存在的“立嗣”关系，但对其后的案件，仍具有指导意义和参考价值。这一原则性的指示，至少在立场上表明了对立嗣的否定，在思想观念上澄清了尚存在的一些模糊认识，也在一定程度上指出了由“立嗣”向“收养”转化的条件和途径。在诉讼实践中，法官又是如何对待因过继引起的继承纠纷案件呢？我们择要叙之。

在1965年原告李福（男，26岁）诉被告李玉（男，25岁）继承一案[①]中，法官确认了“过继子”的继承权。

原被告系亲叔伯兄弟，双方伯父李梦1960年12月病故，由其伯母刘香妮提出将被告李玉为他过继子，原告李福为他爱子，（在民间“立继”遵守比较严格的规则，选择继子需要得到宗族的同意，爱有喜爱之意，爱子的选择则尊重当事人的意愿，继子和爱子均享有继承权，但继承的份额可能有所差别）当时都表示同意，原被告共同将死者李梦书埋葬，1964年3月其伯母刘香妮病故后，仍由原被告共同埋葬，但当时对死者遗产未做处理，1964年5月被告李玉夫妇居住在刘香妮遗产正石窑内，李福哥哥李根福不服，就用石头往窗子上砸，因而发生纠纷，经本家长辈、大队干部、公社干部等共同处理，将死者生前所祧爱子废除（原告李福不在场），处理后原告不服，起诉至法院。

李福在申诉书中提出如下理由来证明自已对伯父母的遗产有继承权：（1）伯父母终身无儿，只生一女李小梅，早已出嫁，对其父母之财产概不理睬，也不负其赡养责任。伯父去世后，伯母言明家产由近侄李福、李玉二人继承，同时二人

---

① Y市法院档案：34—3—420。

都已同意，愿共同赡养伯母，共同继承其产业，当初三方面都同意，未曾写文字证明；（2）李福、李玉同时披麻戴孝将伯父埋葬，所花之丧葬费二人均摊；（3）在伯父去世后，对伯母刘香妮的生活费用，除她自己劳动所得之钱外，尚缺零用费由李福、李玉二人负担，其他生活费用也由二人均摊；（4）在伯母刘香妮去世后，依然由李福、李玉二人披麻戴孝、共同埋葬、共同负担丧葬费用；（5）在李福不在场的情况下，众人未征求其意见而单方面废除过继关系，决定由李玉独占遗产是不对的。"如此看来，一则违死者刘香妮之嘱，再则不符赡养者享有继承权之理由。"对其所说事实，李福均提出了证明人。

在法院就本案事实向死者之女李小梅进行调查时，李小梅在出具的证明材料中说："关于我娘家由于继承房产互相争执之纠纷问题：以我们旧的风俗习惯考虑，财产应归于李玉继承，不该归于我三叔之子李福承担。其理由是：（1）我父母亲病期的一切扶养费是由我四叔之子李玉支付的；（2）我父母亲的埋葬费是由我四叔之子李玉支付的；（3）按旧家庭之习惯，因我三叔之子李福另继承了一门，不应该一家顶两家的门子，继承两份财产。根据以上理由，以我个人的意见结论，家产应该归于我四叔之子李玉继承，坚决不能断给我三叔之子李福承担。如果以我这样意见处理于政策不符（的话），对财产的分配，我坚决不同意按三股平均分摊的办法。必要的时候按两股平摊（我和李玉），也不能分给李福。"

此案最后经法院协同大队各级干部及贫农协会给予调解，双方达成协议如下：（1）原被告均为死者李梦、刘香妮之过继子；（2）对死者遗产：正石窑一眼、房子三间归被告李玉继承，东正窑一眼及死者浮产归原告李福继承；（3）厕所一个为原被告共同使用；（4）对死者所花埋葬费用由被告李玉负担60%，原告李福负担40%。

1963年的一个案子法院否认了过继子的继承权，同时确认了养子女的继承权。原告余保（男，25岁）诉被告余茂（男，33岁）继承纠纷一案，法院承认了事实上的收养关系而形成的继承权。[①]

原告之父余三与伯父余进系胞兄弟，土改前其父余三、叔父余信已病故，所

---

① Y市法院档案：34—3—904。

留原告余保随伯父余进生活在一起。土改运动中分得窑洞三眼，并颁发了房产所有证，忽于1962年2月伯父余进因病死亡。当时原告不在家中，未知其情，但其家族等人未将此情通知原告，而是将两眼窑洞给了家族兄弟余茂所有，并把被告余茂之子余新给死者戴帽、继承，并写了继承约具，1963年8月份，原告余保得知后，不同意家族的原来处理，向法院提出要求重新分配。

法院经查对了解，并协同大队干部予以调解，双方达成协议如下：（1）原告余保和伯父余进，土改时所确定的窑洞三眼，虽余进病故，其产权应归原告余保所有。至于死者所留铺柜2支，大小瓮6个，瓦瓮2个，帽盒2个，木箱1个，高桌、炕桌各1张，“三五”毛毯1块，线毯1块，被子1块，及锅、碗、瓢、盆、勺、沙盖等炊事用具亦归原告余保所有；（2）余进死后，由被告余茂共花埋葬费人民币200元，由原告余保从1963年10月份起，到1963年12月底止，分三期交清被告余茂。

本案中，法院并未承认被告余茂在原告缺席之下，与同族人共同达成的继承协议，以及被告之子为死者即原告伯父“戴帽”、继承，财产由余茂占有的所谓继承“约具”（协议），而是区分了物权与债权两种不同性质的法律关系。原告与其伯父所分三眼窑洞本身就有原告的份额，而原告与伯父共同生活，已经形成事实上的收养关系，因此对其伯父的遗产享有继承权。被告之子，不能因为“戴帽”（依习俗，为死者丧葬时戴孝帽，被认为是过继给死者）就产生继承权。而被告余茂为死者花费人民币200元，是一种债权债务关系，亦不可因此而产生继承权。因此，本案在法院主持下之调解结果是合乎当时的法律、政策精神的，也是合乎情理的，有效地保障了合法继承人的权益。

在1965年的另外一起案件中，法院也否认了过继关系及过继子的继承权。[①]原告刘巧云之夫赵有福，留有两个女孩儿，由原告抚养，后原告与他人结婚，赵曹所（家长）等本家又以给赵有福过继子为名，将本家远房的赵吉寿作为过继子，并写了过继契，让刘巧云盖印，刘拒绝了，又再三说服让刘的女儿盖了印，事后原告诉至法院。经法院查证属实，赵曹所也承认以上事实，经调解达成协议如下：

---

① Y市法院档案：34—3—221。

（1）赵有福所留全部财产归刘巧云及其闺女继承，外债也由刘巧云负担；（2）过继子无效，并将所办理一切手续撤回作废。

从上述不同案例来看，尽管过继关系或者过继子被视为一种具有浓厚封建色彩的概念，在法律上已被舍弃，但在民间甚至诉讼实践中仍被运用，这是因为这种约定俗称成的概念，恰恰反映了民间这种行为的性质（顶门户并继承财产），不是其他法律概念所能替代的。但从两个案例的不同结果来看，生前过继之所以被法院认可在于它包含着过继子对继父母的赡养义务，形成了一种收养关系（不同于现代法律对未成年人的收养），因此尽管民间很少承认"兼祧"（一人顶两户），法院依然对此加以认可。而死后过继，则不合乎权利与义务一致的观点，因而是不承认的。

第四节　小　结

分家、继承纠纷少见的原因在于大多数情形之下，人们已经根据民间的分家习俗，对死者生前的财产进行了分配、占有和使用，同时，也预先按照均分或权利义务相一致的原则对死者身后遗产之事进行了安排。此外，民众宁愿在家族、干部等的调解下解决此问题，也不愿诉诸法庭"伤和气""失面子"，只有那些通过和解、调解尚不能平息当事人不满的案件，才不得已诉诸法庭，这也减少了诉讼的数量。不过，正因为如此，诉诸法庭的案件往往是一些麻烦案例。在法律人类学家看来，"麻烦案例"也就是疑惑案例，即不满、纠纷和冒犯行为等。正是"麻烦案例"创立、破坏、曲解或直截了当地建立一个规则、一个制度、一个权威。"麻烦案例"的意义，并不是所有案件都具备的。如果社会生活中的一部分表现出文化上的紧张关系，已感受到不同的迫切要求，各种应急措施如宗教、政治、人格、目的相反的正义论、榜样、古老的安全防卫装置公开地发生争执，那么，社会生活的这一部分就将集中体现在"麻烦案例"中。在冲突中，不仅制造新的法律，维持原有的法律效果，而且支持和攻击文化的所有其他极其重要的方面。[①]

① 石泰峰：《跨越文明的误区 —— 现代西方法律人类学》，山西高校联合出版社 1995 年版，第 54 页。

分家、继承中这些“麻烦案例”的发生及诉讼过程，集中地反映了新的但是尚不完善的继承制度与旧习俗之间的冲突与妥协、改造与吸纳的复杂关系。在对妇女的财产权问题上，法官显示出毫不妥协的立场，把保护妇女的财产继承权作为平等、民主的新制度的基本要求和改造社会的重要途径。对待过继问题，则比较谨慎一些。从原本意义上讲，过继是封建宗法伦理社会的产物，一方面它可以维护宗族的延续性，继子之设，在于绍先世续后嗣。另一方面也不可忽视过继在经济上的意义。过继“设立了可以阻止财产由于个人的一时高兴传承给同族之外的人的机制”①，可以维护家族财产的完整性，保持宗族的经济实力；此外，生前过继在一定程度上，可能改善嗣子的经济生活，也使“继父母”老有所养。但是，既然有过继子，那么在死者尚有女儿的情况之下，势必对女儿的遗产继承权产生影响。而出嫁女，尽管在法律上还承认其有一定的继承权，但在习惯上，出嫁女往往放弃继承权，从而造成事实上由过继子继承死者全部财产的局面。尤其是死后过继的，其中的对妇女继承权的剥夺和明显的权利义务不对等性，为追求民主、平等的现代法制所不容。生前过继由于可能形成事实上的收养关系，这对于赡养老人来说，未尝不是一种有效的措施，因而，在一定条件下，可以承认过继子的继承权。在如何达成各方面都容易接受的“保护权益”“促进团结”“有利生产”的方案方面，类似分家、继承纠纷这样的“麻烦案例”的诉讼解决考验着法官“具体问题具体分析”的实践理性能力，也提供着创造新规则的契机。

不少分家、继承纠纷案件中，我们还可以看到“家长”（民间对族长的称呼）的影响，特别是过继关系，一般均应有家长的主持，有的甚至是由家长做主的。这是传统宗法制度在新社会的残余。在自给自足的自然经济的农业文明的基础上，传统中国形成以宗法血缘关系为根基的宗法社会。西周的分封制是典型的宗法等级结构，出于加强王权的需要，封建的郡县制替代了分封制，原来的宗法等级结构受到了冲击，对于皇权而言，皇室宗亲身份主要体现在对社会财富的分配和占有以及在法律上享有减免等特权，而非治权。然而他们的社会地位依然是尊贵的。出于维护三纲五常和治理社会的需要，一般的，国家政权对于地方宗族采

---

① 〔日〕滋贺秀三：《中国家族法原理》，张建国、李力译，法律出版社2003年版，第255页。

用的是允许和限制的两手策略，这也就是宗法社会并没有随着分封制的消失而解体的缘故。中国早期社会学家孙本书概括出宗法社会的六大特点：父系承袭，男女不平等；嫡长继承，兄弟不平等；父权统制，家长总握治家之权；外婚制，同姓不婚；重视宗族关系，五世之内，无异一家；尊重孝悌，崇拜祖先。[①] 其中家长或族长的权力在社会秩序中的地位显而易见。瞿同祖先生指出："除祭祀而外，族长最重要的任务是处断族内纠纷。家内纠纷，自可由家长处断，族内家际间的纠纷则非家长所能解决。族长等于族的执法者及仲裁者，族长在这方面的权威实是至高的，族内的纠纷往往经他一言而决，其效力绝不下于法官。有的权力甚至为法律所承认。"[②] 族长的权力在立嗣问题上表现得极为明显，如清代的《清律例》"立嫡子违法条"就明确规定："妇人夫亡，无子守志者合承夫分，须凭族长昭穆相当之人继嗣。"

新中国成立后，国家通过政治、经济、法律、社会的改革渗透至农村基层社会，摧毁了封建宗族制度赖以存在的社会基础。但是，由于传统的巨大惯性以及在国家权力所无暇顾及的地带难免会形成权力真空。因此家长或族长在一定事务上，仍然以不同的方式发挥着作用。然而，在涉及法律事务方面，如果家长的做法在法律和当事人看来，较为公允合理，则为国家和法律所默许，如果明显违背法律的精神，则不仅会有来自具有新的权利观念的当事人方面的反抗，也会招致国家和法律的否定评价。家长或族长的权威已绝非像旧时那样的至高无上了。

---

① 转引自公丕祥主编：《法律文化的冲突与融合》，中国广播电视出版社 1998 年版，第 26 页。

② 瞿同祖：《中国法律与中国社会》，中华书局 1981 年版，第 23 页。

第四章　房屋、宅基地纠纷与诉讼实践

民以食为天，粮食及其他农作物产自土地，要吃饭穿衣必须种地，土地是中国传统农业社会最重要的自然资源和生产资料，是广大农民赖以生存的根本，是地主、商人赖以致富的重要途径，更是国家财政收入的首要来源。房屋是人们的栖息场所，是维持家庭伦理生活的基本生活资料。土地和房屋构成了人们生产生活中最重要的财产。“人生不可无田”“有田方为福”，拥有田亩的多寡，是衡量财富的重要标志，也是政治、经济地位的决定因素之一；“安得广厦千万间，大庇天下寒士俱欢颜”，万众安居乐业，是士人的治国理想；“三亩地、两头牛、老婆孩子热炕头”，是小民的愿望；“耕者有其田”“居者有其屋”构成了革命的动力。

中国古人虽未提炼出类似于古罗马法和现代民法的“不动产”概念，但也充分注意到了土地、房屋与其他财物的不同特征。如《唐律疏议·户婚律》中指出：“田地不可移徙。”《名例律》指出“地既不离常处，理与财物有殊”，即说明田产不是一般的财物。土地房宅作为最重要的财产，以其所共同具有的不可移动迁徙的性质，使得古代法律经常将这两者相提并论，合称“田宅”，一起加以规范。唐朝的《户令》规定“应分田宅及财物者，兄弟均分”。由于田宅在人民财产中的重要地位，历代法律对于田宅的取得、占有的规模以及田宅的转移，都设定有专门的限制和特定的程序。田宅的转移、买卖以及因此引起的纠纷与诉讼，是历代均有的现象。宋代以降，商品经济日益发展，财产流转和商品交换进一步扩大，民间的经济交往范围不局限于家族和村落内部，田宅所有权的出让与转移更为经常化，围绕田宅的界至、亲邻的优先权、典卖契约、租佃、租赁而产生的纠纷与诉讼也络绎不绝。

中国近代以来所经历的社会变迁和动荡使得人们对赖以生存和生活的土地与

房屋倍觉珍贵，围绕土地制度的变革和房产权利的规制成为法律制度进化的重要内容，因土地、房屋引起的纠纷与诉讼亦属常见。

新中国成立后，进行了土地改革、农业合作化以及在城市中私有房屋社会主义改造等重大经济与社会变革，围绕土地、房屋的纠纷与诉讼实践，既不可避免地受到政治条件、经济状况、文化观念、法律政策等变动的深刻影响，同时，它也直接记载着和反映着巨大的社会变迁，并通过民众权利诉求的表达和法官的裁决积极有效地参与社会经济秩序的构建。

当时作为一个基层法院的Y市人民法院，从1950年至1965年，在这种波澜壮阔而又起伏跌宕的宏观社会背景之下，在政策和法律原则比较明确而具体法律制度极不完善的条件下，通过审理包括房产、土地纠纷案件在内的大量民事案件，尽可能地发挥着保障权益、维护秩序、实现正义的司法功能。

第一节　房屋纠纷与诉讼实践

、房屋纠纷与诉讼的概况

在农村实行土地改革后，广大贫下中农分到了没收的地主土地和房屋，分享着胜利果实。法律确认了农民的土地所有权，土地法中的土地不仅包括耕地，而且包括房屋基地（宅基地），房屋产权作为农民的私有财产权利一并受到《土地改革法》和《共同纲领》以及1954年《宪法》的确认和保护，房屋允许自由出租、典当和买卖。土地改革过程中，对历史上遗留的一些产权不明的房屋也进行了鉴别与处理，对分给农民的房屋的数量、四至等进行了比较详细的登记，因此，在新中国成立初期，Y市的农村房产纠纷数量并不是很多。从20世纪50年代中期以后，因为人口的增长、死亡等引起的房屋纷争逐渐多了起来，部分房产纠纷是因为房屋买卖、典当而引起的，还有一些是由土地改革时遗留的一些问题引起的。在困难时期，吃饭问题是首要的问题，围绕房产的纠纷与诉讼则较为少见。1962年之后，随着国民经济的恢复和好转，农村经济生活水平的提高和经济关系的活跃，部分房屋典当回赎到期但未能履约而造成纠纷，房产纠纷的数量也在增长。农村的房产纠纷具有地缘关系和亲缘关系的特征，一般发生在同一村落的内部或者家庭、家族内部成员之间。房屋往往是分家、继承的主要财产，也是分家、继承纠纷的主要诉讼标的，如果是因为分家继承而引起的房屋纠纷，根据案由，一般归属于分家、继承纠纷。

1949 年中华人民共和国成立前，中国是一个半殖民地半封建的国家，城市土地和房屋所有权呈现出多种多样的形态。其主要形态有：以蒋、宋、孔、陈四大家族为首的官僚资本所有的土地和房屋；外国资本家和大地主所有的土地和房屋；中国民族资本的城市房地产业主所有的土地和房屋；民族资本主义工商业占用的土地和房屋；城市个体劳动者所占用的土地和房屋以及城市居民所占用的土地；等等。旧中国城市土地和房屋所有制具体形式尽管复杂多样，但就其经济性质来说，都属于土地和房屋的私人所有权形态。在新中国成立初期，国家依照法律、法令和党的政策，对帝国主义、官僚资本以及战犯、汉奸、反革命分子的房地产按法定程序进行剥夺，无偿地收归公有，即没收。[①] 同时，对于部分土地和房屋进行了有偿的征收。对于那些不属于没收和征收范围内的城市房屋则根据党在新民主主义时期的政策，承认其房屋私有权。

由于连年的战乱和经济凋敝等因素的影响，新中国成立初期，我国面临着严重的城市住宅问题。其主要表现为：（1）房屋损毁严重、房荒普遍；（2）居住环境恶劣，影响健康和人身安全；（3）房屋纠纷案件激增，房屋租赁关系混乱。Y 市人民法院审理的房屋纠纷案件中也反映出此类问题。

在经过了新中国成立初期的“没收”“征收”后，城市中私人拥有的房地产在整个城市房地产中仍然占有很大的比重，据对北京等 10 个城市的统计，私人拥有的房地产平均达到整个城市房地产总量的 60% 以上。（据对北京、天津、上海、济南、青岛、沈阳、哈尔滨、南京、无锡、苏州 10 个城市的统计，私人房地产分别占这些城市全部房地产的 53.85%、53.99%、66%、78%、37%、36%、31.4%、

① 李国华：《论建国后我国城市私有出租房屋的社会主义改造》，《党史文苑》2004 年第 12 期。

61.3%、80.25%、86%）[①]，这些私人房地产，私人房屋用做住宅的，一般占私房的一半以上。少数大房主占有大量房产，除少数自己居住外，主要用于出租来获取经济收益。由城市房屋出租而引起的纠纷，在Y市人民法院审理的房产纠纷案件中占有一定的比例。

从1956年开始的城市私人出租房屋的社会主义改造一直持续至20世纪60年代中期。城市私人出租房屋的社会主义改造，使国家拥有了一批经租房。经租房（又称“私改遗留产”是“国家经租房”的简称）是指中国城市中的一些私有房产，这些房产在1958年前后由政府统一经营出租，于是就称这类房产为经租房。按当时的做法，把城市里的私有房产分为自住房和出租房，出租房在15间以上的，即由政府经租。政府房管部门负责经租房的经营，如管理、收租、修缮等，并把租金的20%到40%发给经租房的业主。[②]这种做法延续到1966年。“文化大革命”开始后，就不再发钱给经租房主。经租房的政策一方面部分地缓解了由于城市人口增长而带来的城市住房压力，另一方面，由于在这种政策之下的产权是不清晰的，也引起了一些问题，如房屋修缮的问题、房租的问题、占房腾房的问题等等。因而不免发生纠纷。部分纠纷通过当事人和解、单位协调、人民调解等方式解决了，有的则诉诸法院。

就Y市而言，从新中国成立初期一直到20世纪60年代中期，城市住宅的紧张状况一直未得到妥善的解决。Y市是新中国成立前夕的新设城市，1949年市区仅有建筑面积7.80万平方米，住宅面积5.49万平方米，人均居住面积仅1.09平方米。20世纪50年代，人民政府和各企事业单位重视住房建设，公有房产有了很大发展。这一时期，由于城市人口骤增，虽然建筑面积增加幅度亦很大，人均居住面积却一直在2平方米左右徘徊。至1959年年底，建筑面积达到47.60万平方米，其中住宅面积35.46万平方米，人均居住面积增加到2.38平方米。1961年到1966年，压缩基建投资，城市住宅投资跌至新中国成立初期的水平，6年间建设投资仅915万元，占同期投资的7.5%，新建住宅面积9.45万平方米，人均居住

① 中央书记处第二办公室《关于目前城市私有房产基本情况及进行社会主义改造的意见》（1955年12月26日），载最高人民法院民事审判庭：《房地产审判手册》（上册），法律出版社1992年版，第951—952页。

② 国家房产管理局《对国务院批转的关于私有出租房屋社会主义改造问题的报告的说明》（1964年7月15日），载最高人民法院民事审判庭：《房地产审判手册》（上册），法律出版社1992年版，第1000页。

面积 2.91 平方米。[1] 总体上看维持在一个较低的水平。住房紧张无疑成为房产纠纷发生的重要原因。

总的来看，Y 市人民法院审理的房屋纠纷几乎没有间断过。1949 年至 1956 年市人民法院审结 118 件。1957 年至 1965 年审结 301 件。房屋纠纷的主要类型有：（1）房屋产权问题纠纷约占 45%；（2）房屋典权纠纷约占 40%；（3）房屋买卖纠纷约占 14%；房屋租赁等其他房屋纠纷约占不到 1%。需要指出的是，部分案件法律关系比较复杂，结合了典当、租赁等各种法律关系，因而，只能以其主要法律关系大致地予以归类。

由于涉及财产权利的重要性、法律规范的不完整性以及政治的、经济的、生产秩序的等各种因素的影响，房屋纠纷往往成为一种复杂案件。与离婚案件比较而言，房屋纠纷涉及的当事人关系更为广泛一些；法院需要进行调查取证的工作量也在成倍地增长，审理案件时所要考虑的因素也更为复杂；因而房屋纠纷案件审理的期限往往较长，据不完全统计，审理意见房屋纠纷平均需要两个月的时间，有的案件甚至超出了半年时间。此外，由于不少当事人对待房产权利的强烈争执态度，大大降低了通过调解达成协议就可以解决纠纷的几率。整体看来，50% 以上的案件都是通过判决结案的，上诉案件也时有发生。而法律制度的匮乏，一方面增加了法官依法审理的难度，另一方面使法官拥有更大的自由裁量的空间，也使得法官在审理房屋纠纷案件时，更多地依靠经验，更多地参照习惯。法院对房屋纠纷的审理与离婚案件审理相比显示出一定的模式差异。如果说，离婚案件的审理主要体现了一种“依法审判，调解为主，快速结案”的模式，那么，房屋纠纷审理主要体现了一种“政策主导，参照习惯，慎重审理”的模式。

二、房屋纠纷审理的基本依据

1. 农村房屋纠纷审理的基本依据

1950 年中央人民政府委员会通过和颁布施行的《中华人民共和国土地改革

---

① 《Y 市志》（上册），当代中国出版社 1998 年版，第 285 页。

法》[①]既是新中国成立初期实行彻底的土地改革的基本法律，也是新中国成立初期至20世纪60年代初期法院审理农村房屋纠纷的基本依据。《土地改革法》明确规定，废除封建剥削的土地所有制，实行农民的土地所有制，没收地主的土地、耕畜、农具、多余的粮食及其在农村中多余的房屋，统一公平合理地分配给无地少地及缺乏其他生产资料的贫苦农民，借以解放农村生产力，发展农业生产，为新中国的工业化开辟道路。为确保农民对地权的信心，切实保障土地改革后各阶层人民的土地房产所有权，巩固与提高农民生产情绪，中央人民政府内务部于1950年11月25日发布《关于填发土地房产所有证的指示》指出，凡土地改革已经完成的地区，不论农民新分的土地及原有土地，均应一律颁发土地房产所有证，同样，对土地改革后分给地主的土地房屋，也发给所有证，发新证时，应根据《土地改革法》第30条之规定，土地制度改革以前的土地契约，一律作废，并予缴销。同时，还指出："填发土地证应与清理土地的工作密切结合起来，以求得土地亩数的大致准确，但一般的可不实行普遍丈量，而采取自报公议，重点抽丈的方法进行，以免拖延发证时间，使群众感到地权不稳，影响生产情绪。"[②]土地所有权证是农民拥有土地房屋产权的凭证，也是法院审理房屋纠纷时的重要凭据。为加快土地改革进程，防止拖延时间，不进行普遍丈量，采取"自报公议"的方法。应该说，在当时的情形下为消除农民存在的不稳情绪，坚定农民的信心，迅速投入农业生产，起到了积极的作用；但也不可否认，这种过于粗糙的办法，正是造成后来房屋纠纷的诱因之一。可以看出，在新中国成立初期农村房屋所有权与土地所有权是紧密地结合在一起的。直到1962年，宅基地所有权归生产队集体所有以后，房屋产权与土地（宅基地）所有权发生了分离。

2. 城市房屋纠纷审理的基本依据

对于城市房屋产权而言，其所有制形式存在不同阶段的变化，而且这种变化主要是以党的政策的形式表现出来的。法院审理城市房屋纠纷案件的基本依据，就是不同阶段的政策。

① 最高人民法院民事审判庭：《房地产审判手册》（中册），法律出版社1992年版，第1312—1318页。
② 最高人民法院民事审判庭：《房地产审判手册》（中册），法律出版社1992年版，第1343—1345页。

从1949年至1956年，关于城市房产的基本政策是1949年8月11日《人民日报》发表的《关于城市房产、房租的性质和政策》，其主要内容是：（1）承认一般私人所有的房产的所有权，并保护这种产权所有人的正当合法经营；禁止任何机关、团体或个人任意占用私人房屋。对于官僚资本的房产，在调查确实后必须加以接收；战争罪犯和罪大恶极的反革命分子的房产，经政府依法判决，则加以没收，归于人民民主国家所有。（2）允许私人房屋出租，租约由主客双方自由协议来订立。租额不得过高，但是也不宜太低，原则上应当是除掉房屋折旧赔偿金和必需的修理费用部分后，房租中的利息部分大体上相当于社会上正当的平均利润。地产的投机，应当禁止。（3）关于公有房产的社会主义性质。由于接管国民党反动政府的房产和由于没收官僚资本家及罪大恶极的反革命分子私人所有的房产而来的人民民主国家的国有房产，它的所有权属于人民政府，也即属于全体人民，更明确地说：它是工人阶级领导的以工农联盟为主体的人民大众的公有财产，是带有社会主义性质的财产；由人民政府出租这些公共房屋所收得的低额房租，主要是用来作公有房屋整理、修补的基金，如有多余时，并用于扩展城市的建设。

关于城市私人房屋所有权，该文还指出，人民政府的这种关于城市房屋的政策，不是暂时的，而是要长期实行的。因为只有这样，才能使城市居民有足够的房屋可住。如果不采取这样的方针，而采取相反的方针，如像土地改革运动中某些个别城市曾错误地实行的没收房屋，或不确定、不保护房屋所有权，不问具体情况无条件、无限制地强制压低房屋租额等办法，结果就会造成城市房屋的破坏。此外还应当把所有城市房屋看作社会的财产，加以适当的监护。这样才能使城市房屋日渐增多，人民的居住不发生困难，给将来社会主义的房屋公共所有权制度，造下有利的条件。

《关于城市房产、房租的性质和政策》基本明确了城市房屋私人所有权的性质，对维护城市居民的房产权利起到了积极的作用。不过，该文一方面指出这种关于城市房屋的政策“不是暂时的，而是要长期实行的”，另一方面又指出“还应当把所有城市房屋看作社会的财产，加以适当的监护”，这种矛盾的存在，模糊了城市房屋私人财产权的边界。而进一步指出“给将来社会主义的房屋公共所有权制度，造下有利的条件”，又更加明白地指出了城市私人房屋所有权的未来走向。

不能不说，这种政策仍然具有它本身所要反对的“不确定性”。正是这种模糊性和不确定性，使得城市私人房屋所有者经营、建造、修缮房屋缺乏持久的动力和热情，呈现一种短期的投机心态。因此造成的纠纷也在所难免。

1956年工商业社会主义改造基本完成后，中央开始采用工商业社会主义改造的基本经验，着手对城市私人房屋的社会主义改造，这种改造一直持续至20世纪60年代中期。1956年1月18日，中共中央批转中央书记处第二办公室《关于目前城市私有房产基本情况及进行社会主义改造的意见》[①]，明确了城市私有房产社会主义改造的性质、目标和措施。第一，对城市房屋私人占有制的社会主义改造，必须同国家的社会主义建设和国家对资本主义工商业的社会主义改造相适应。这是完成城市全面的社会主义改造的一个组成部分。第二，对城市房屋私人占有制的社会主义改造，基本上应当按照党对资本主义工商业的社会主义改造的政策的原则进行。对城市私人房屋通过采用国家经租、公私合营等方式，对城市房屋占有者用类似赎买的办法，即在一定时期内给以固定的租金，来逐步地改变它们的所有制。第三，对城市房屋私人占有制的社会主义改造的具体措施：（1）由国家经租。即由国家进行统一租赁、统一分配使用和修缮、维护，并根据不同对象，给房主以合理利润。在此基础上合理地调整租金，取消一切中间剥削和变相增租的不合理现象。（2）公私合营。根据各个城市的实际情况，对原有的私营房产公司和某些大的房屋占有者，可以组织统一的公私合营房产公司，进行公私合营。（3）工商业者占有的房屋，可以随本行业的公私合营进行社会主义改造。他们出租的与企业无关的房屋，可由国家经租。（4）对于除了自住外尚有小量房屋出租的小房主及暂时还不能纳入国家经租的其他房主，亦须加强管理，使私人房屋出租必须服从国家政策，服从政府关于租金、房屋修缮等方面的规定。（5）一切私人占有的城市空地、街基等地产，经过适当的办法一律收归国有。这个时期的政策已经改变了新中国成立初期的保护城市私人房屋所有权的政策。

3. 房屋案件审理的综合政策

直到1963年，最高人民法院才在总结各地民事案件审判经验的基础上，形成

---

① 最高人民法院民事审判庭：《房地产审判手册》（上册），法律出版社1992年版，第950—953页。

了《最高人民法院关于贯彻执行民事政策几个问题的意见》（修正稿），其中，对房屋纠纷提出了一些指导性意见。①

该意见明确了关于处理房屋纠纷的基本原则：（1）应当根据《农村人民公社工作条例修正草案》和党的有关政策与国家法律的规定，首先注意保护国家、集体所有的房屋不受侵犯；保护依法属于公民个人所有的房屋，不受侵犯。（2）目前在城市要打击不法资产阶级分子反改造的活动；在农村要打击地主、富农分子反攻倒算的破坏。（3）处理具体案件时，要注意房屋维修，鼓励房屋建筑，合理使用房屋和稳定住房秩序，既要照顾住户的经济情况和需要，又要保护房主的合法收益和正当的合法买卖。

该意见也提出了一些具体情形的处理办法：（1）对土改遗留问题的处理，一般的应该以土改时决定的产权为准，当时决定归谁所有，即应归谁所有，不再变动。地主、富农在土改时应没收而被遗漏的房屋，应当按照土地改革法予以没收，收归国家或集体所有。（2）关于退赔遗留问题，应当根据党的退赔政策处理，凡是从人民公社成立以来，向公社、生产队、社员个人平调的房屋，坚决退赔。（3）凡是依法准许买卖的房屋，经过正当合法手续确定了房屋买卖关系的，应保护双方的权利，一方不能反悔废除买卖契约。（4）劳动人民之间的房屋典当权，除土改中已经解决的不再变动外，应当予以承认，在典期届满时准予回赎。如典当契约已载明过期不赎作为绝卖的，按契约规定处理。如因典当契约未载明回赎期限或过期作为绝卖的，可根据当地规定或参照当地劳动人民的历史习惯，予以合理解决。（5）对于房屋租赁纠纷，应本着既保证房主所有权，又保障房客有房可住的原则处理。公民个人依法有权出租属于个人所有的房屋，并收取公平合理的租金。房主不能任意增租、强行收房，房客也不能拖欠房租或转租。租期届满，房主确因住房困难要求收回自住的，应当允许，但必须给承租人找房搬家的时间。（6）对转手倒卖房屋或房屋材料，从中牟取暴利，进行投机活动的，应严肃处理，除倒回物款外，情节严重的，还应酌情依法处理。（7）对有关城镇社会主义改造

① 中国社会科学院法学研究所民法研究室民诉组、北京政法学院诉讼法教研室民诉组合编：《民事诉讼法参考资料》（第二辑第一分册），法律出版社 1981 年版，第 337—339 页。

的房屋纠纷，应按照党对资本主义工商业进行社会主义改造的政策精神处理，坚决制止不法资产阶级分子非法倒回房产的行为。（8）对属于地、富分子反攻倒算的破坏行为，应予以坚决打击，不应作一般房屋案件处理。

三、房屋纠纷与诉讼的实践分析

1. *房屋产权纠纷与诉讼*

产权是一个经济学的概念，又是一个法学概念。在经济学上关于产权有诸多定义，其中有代表性的有以下几种。德姆塞茨说："产权是一种社会工具，其重要性就在于事实上他们能帮助一个形成与其他人进行交易时的合理预期。"① 阿尔钦认为："产权是一个社会所强制实施的一种经济品的使用权利。"② 菲吕博腾和配杰威齐给产权下了一个较为全面的定义："产权不是关于人与物之间的关系，而是指由于物的存在和使用而引起的人们之间一些被认可的行为关系。产权安排确定了每个人相应于物时的规范，每个人都必须遵守他与其他人之间的相互关系，或承担不遵守这种关系的成本。因此，对共同体中通行的产权制度是可以描述的，它是一系列用来确定每个人相对于稀缺资源使用时的地位的经济和社会关系。"③ 这一定义概括了从不同角度给产权下的定义，并与罗马法及现代民法关于产权的定义基本上是一致的。在民法中主要是用所有权这一概念来表达产权的。所有权就是所有人对所有物的占有、使用、收益和处分的权利，是在法律许可的范围内对所有物进行全面支配的权利。英国伟大的法学家布莱克斯通说："没有任何事物像所有权一样，如此普遍地激发想象力而又触动人的情怀；也没有任何事物像所有权一样，让一个人对世界外在之物得为主张与行使独自且专断的支配，并完全排除他人的权利。"④ 所有权制度的存在有其特殊的功能和作用，它是调整人类社会

---

① 洪远朋主编：《经济理论比较研究》，复旦大学出版社 2002 年版，第 92 页。

② 〔美〕A. 阿尔钦：《产权：一个经典注释》，载〔美〕R. 科斯等：《财产权利与制度变迁》，上海三联书店、上海人民出版社 1994 年版，第 166 页。

③ 〔美〕E. G. 菲吕博腾、S. 配杰威齐：《产权与经济理论：近期文献的一个综述》，载〔美〕R. 科斯等：《财产权利与制度变迁》，上海三联书店、上海人民出版社 1994 年版，第 204 页。

④ 王泽鉴：《民法物权》（第一册），中国政法大学出版社 2001 年版，第 151—152 页。

关系中物的归属关系的重要法律制度。所有权制度与经济、社会、伦理有着密切的关系，它在不同领域内发挥着重要作用。所有权制度是一个国家的基本经济制度和政治制度的基础，是现代私法秩序的核心，是促进经济增长、社会进步、人的全面发展的保障。

房屋在人们生活中的重要性与产权在经济制度和法律制度中的重要性结合在一起，使得房屋产权在个人、家庭、社会经济生活中的价值凸显出来。围绕房屋产权的纠纷与诉讼，在产权界定、维护经济交易安全和社会秩序方面具有重要的意义。房屋产权纠纷发生的原因主要在于产权关系变动而导致产权不明；法律规范缺失而引起产权争执；有的人意图侵占他人财产而致讼，等等。

新中国成立初期，当时为了迅速推动土改，采用了群众自报和评议的方法确定房屋产权归属，在填发土地证时，有些村干部工作不够细致，因而产生一些历史遗留问题，形成纠纷。这些纠纷有的经过村上调解得以解决，有的因为土改时填发不当，有的则因为经济状况或家庭人口等发生了变化，对原来所填发之土地所有权证提出异议，村上调解不成而诉诸法院。因而，断断续续有此类案件见诸诉讼档案。在审理时，法院根据实际情况，在有的案件中否定了土地证的效力，有的案件则维持了土地证对房屋产权的确认。

1955年原告王巨某诉被告王增甲、王生某一案就是因为当事人对填发的土地证有争议而引起的房屋产权纠纷。[①] 日伪时期，王增甲与其弟王增乙（原告王巨某之父）分居另过。后来，王增乙病故，遗有子女各一个，由王增甲抚养。王巨某随伯父王增甲一起生活，长大后，外出谋生。其父所留房院由王增甲经管。王增甲遂占有房院两处，一处自己居住，另一处（即分家时给王增乙的）典与本族王生某居住，土改之前已赎回。土改时王巨某不在村中，在土改结束填写土地证时，有关代表在填到该院的时候，曾问过王增甲："这院是谁的？填谁土地证呢？"王增甲说："填在王生某土地证上吧。"因此，就填在了王生某的土地证上。1955年王巨某回村后，得知此事便向其伯父及王生某提出要回房院，经村上调解无效，诉诸法院。法院认为，土改时被告王增甲未经原告同意擅自将该房院填入

① Y市法院档案：34—3—697。

王生某的土地证的行为是不合法的，且未经过贫农团的批准，因而无效。在法院主持下达成调解协议，所争房院归原告所有，王生某限期腾房。本案法院通过否认填写不当的土地证的效力，维护了原告的产权。

1955年原告杨爱某诉被告张同某房屋纠纷一案，法院否定了当事人之间的典权关系，确认了土地证所登记的房屋产权。[①]

杨爱某诉称："在1939年典到张同某土窑一眼、伙房一处、房子六间，典价120元（敌伪纸币），在敌人在时，张同某说过回赎此家，但未作了。一直到去年（1954年）因下雨太多，家很危险，干部们让我移至外面住。这时候张同某给我60元钱回赎他的房子，我思想不同意。在土改时，有干部说过，典家连续住过三年就得填房产所有证。有关干部们就给我填写了。他的房产所有证并未填写此家，那时也是干部们做的，有土地证为凭。"

张同某辩称："在那时填写土地房产所有证时，有干部下去问过我，我对他说过家是杨爱某典着我的家，那个干部走了，后来就把土地房产证给我送到家中给了我母亲放起来。到今年才发现我的房产所有证上未填写此家。现在我计划回赎此家，给他120元，我是不同意。我估计给他五袋玉茭，就能赎回来。"

法院判决原告土改前典入被告张同某正东窑一眼、东火窑一处，东房三处共计六间，土改后已填有房产所有证，应维护其产权，对原来典契宣布无效。其理由是：

> 原被告双方土改前的典当关系确系事实，但在解放后已经过了伟大的土地改革运动，在分配土地时，已将此家给原告确定房产权并颁发了房产所有证。同时，在填写房产所有证时，双方均明白此事，未提出任何意见。为保障所有之产权，故依据中央人民政府对处理土地改革中遗留的土地典当问题的指示精神，判决如主文。

1950年9月29日中央人民政府内务部《关于处理土地改革中遗留的土地典

① Y市法院档案：34—3—4554。

当问题的指示》中指出："在实行彻底平分土地的地方，平分前的一切土地典当关系自应一律无效。该项土地在分配时计入谁应分土地数内者即应归谁所有。除因当时计算不清（例如把一块土地同时计在典出者与典入者双方的名下等等）或涉及坟地等特殊问题因而发生纠纷者，应由双方协商解决外，其余一律不再变动。""房屋典当问题，亦按以上原则解决。"[①] 本案即以此作出判决。判决是考虑到当时的历史背景、政策精神以及经调查了解到本案被告未对已出典房屋提出异议的实际情况而作出的。本案反映出土地改革对旧有的经济关系的改造，判决本身则体现了维护所建立的新的产权关系和经济秩序的意旨。

1963年原告张学某诉被告张植甲等房产纠纷一案[②]，也与上述情况类似。

张学某之父张康某，于1942年将自己宅院一所（计有：正石窑二眼、东配石窑二眼、西房二间，南房地基一段、地基窑二窑、门外水窖一个、厕所、粪场）内的正石窑、东配窑各一眼，南房一处出典给被告张植甲、张植乙之兄张植丙，由被告张植甲等居住，其余未典的窑洞房产委托张植甲经管使用。原告随父迁至林里村装炉为生。土改时，由贫农团决定，将上述宅院分给被告张植甲、张植乙和军人张植丁所有，并颁发了房产所有证。自土改以后，直至1962年1月，被告对此宅院未提出任何问题。原告之父张康某在世时（1955年病故）亦未提出任何要求。于1962年2月，原告向法院提出要向被告回赎房屋和分给被告的房屋。经法院调解，当时被告表示同意让原告张学某赎回，调解书下达后，原告即约定买主，准备将此房屋出卖，但被告又不同意让原告赎回。经法院重新审理认为，原告之父张康某在西梨庄村之宅院一所，在1942年将两眼窑、一处房出典给被告张植甲之兄张植丙。土改时此宅院列入分配之内，分给了贫农张植甲、张植乙、张植丁，并颁发了房产所有证。当时原告之父张康某参加了分配，并对其在西梨庄的房屋分给他人并无意见，此后十余年来亦未提出任何要求。原告之父于1955年死后，原告于1962年要求将上述房屋归其所有，原典出的房屋按典价赎回，其理由不能成立。故宣告原调解无效。为了维护房产所有证的能力，保障公民的合法

① 最高人民法院民事审判庭：《房地产审判手册》（中册），法律出版社1992年版，第1342—1343页。

② Y市法院档案：34—3—949。

权益，上述房屋应归被告所有。据上所述，特判决如下：土改时分给被告张植甲、张植乙、张植丁的房屋，以土地证为凭，分别归张植甲、张植乙、张植丁所有。

有的案件房屋产权已经通过买卖的方式转让，当事人一方反悔，要求追回房产，造成纠纷。1963 年原告梁福某、石永甲诉被告石三某房产纠纷一案[①]就是如此。

原被告系本族关系。1945 年原告梁福某丈夫石巨在其兄石令死后，同族石永甲过继给石令为子，1949 年土地改革时，石令的遗产石窑五眼，填于石巨土地证上。1952 年石巨病死后，石挺将石永乙过继于石巨为子，但因石永乙年幼，埋葬死者买棺材等一切花费，均是石三某垫付，至 1953 年，原告梁福某因无人照管，继子年幼，又随其父石挺生活，梁福某控告到区政府要求废除石永甲、石永乙的过继子关系。经区政府处理，将两张过继字据全部焚毁。区领导叫梁福某另选择他人照顾自己的生活，于同年梁福某立即写字据将石窑五眼及院所出卖给被告所有，卖价小米 6600 斤，但言明石窑卖后仍允许梁福某居住终身，被告并负责将原告养老送终。此后石三某先后给原告白面 3 袋、衣服 1 套、毡子 2 条、煤炭 40 余垛，并代耕土地，代交公粮，偿还债务粮款及旋墓 3 个，打墓 1 个，搬葬干骨 5 付，给原告购买棺材，（被告卖掉自己窑院、卖了余粮箱还给买价）共计折合人民币 766 余元。后因被告妻子与梁福某相处不睦，经常生气吵嘴，原告梁福某让被告退还已出卖之窑院，被告不同意形成争执，同时石永甲控告石令死后垫支安葬费小麦一石七斗，要求继承石令之遗产。

法院认为，原告梁福某将五眼窑连同大院出卖给被告属实，被告已付给原告梁福某钱物共计折合人民币 766 余元，买卖关系已经成立，且被告仍愿负担对原告梁福某养老送终，原告梁福某要求将出卖之窑和院退还给自己，是没有道理的。另一原告石永甲对石令在生前并没有尽过任何义务，石令死后虽垫支埋葬费一石七斗小麦，已由被告垫付了一石（原告承认是事实）。现石永甲以垫支过埋葬费，要求继承遗产理由是不能成立的。至于石永甲与石令的过继关系，早已废除，当然也没有继承遗产的权利。因此判决：（1）原告梁福某、石永甲与被告石三某所

① Y 市法院档案：34—3—803。

争执之窑院一所，应全部归还石三某所有；（2）石永甲家垫出之小麦，除已由被告偿还一石外，其余七斗，应根据国家牌价由被告负责偿还。

本案中梁福某与石三某基于自愿而建立房屋买卖关系，买卖关系已经成立，再进行反悔，无疑对买卖关系的另一方是不利的。因此，为维护交易秩序，有必要保护买方的产权。

有的案件中原被告对伙房、厕所的所有权发生争执。如1964年原告胡名全诉被告胡名建房产纠纷一案[①]。原被告共兄弟三人，被告是长兄，二弟叫胡名金，原告是被告之三弟。土改前兄弟三人已经分家，土改时按以前各自分得的房产确定了产权。在房产所有证上给原告胡名全填了南房三间、厕所一个。被告胡名建与胡名金关系密切，便把胡名建、胡名金二人所分得的房产填在一张房产所有证上，计有上院正窑一眼，下远东地基一段及院内大门楼。

1951年，原告买到本村社员胡拉小地基一段（南北长达2丈余、宽2尺），与其大哥胡名建下院东基地紧连。1952年原告在此地基上修建配窑时，因地基不够用，想利用被告上院的月台，建自己配窑的北墙。但紧连被告上院正窑东面，有被告的伙房一处，妨碍施工，必须拆掉，才能修建。当时被告不同意拆掉。后经本村社员胡鸿点说合，被告同意让原告占上院的一段月台（八寸宽）修建配窑墙壁，并同意在修建配窑时，拆掉被告的伙房，将配窑修起后，再把伙房重新修起。以后原告修建了两眼配窑，并把拆掉的伙房重新修起，建起后，伙房仍由被告占用。

1962年8月，被告将上院正窑的一眼及窑洞门外东边伙房一处，厕所半个，以人民币400元出卖给叔伯弟胡举铭所有。原告不满，于1963年2月诉诸法院。原告诉称："我于1952年，在我二哥胡名金的地基上，修建配窑两眼，因地基小，又买下本村社员胡拉小的一块地基，修窑时虽拆过伙房一个，但伙房是破的，很小不能用。后我给新修了，并把伙房加大。这伙房在房产所有证上，谁也没有填着，为什么说是他（指被告）的，他就随便把我的伙房卖掉，还把我的厕所卖掉半个。"被告辩称："土改前分家时，我分得正窑一眼，门外火房一个，我二弟胡

① Y市法院档案：34—3—212。

名金分得下院东地基一段和大门楼等。在土改时，我与二弟填写的是一张房产所有证。现在原告建起的两眼配窑的地基是我二弟的，不是他的。他配窑的北墙，还占了我八寸宽的台阶一段，他修房拆掉我的伙房，原说明修起后归还我，怎么是卖了他的伙房呢。”

法院判决上院内的伙房一个，其产权属被告胡名建，原告不得干涉；被告出卖原告的厕所半个，宣布无效，立即给原告胡名全退出。其理由是：

> ……所争执之伙房，原来是由被告占用，原告在1952年修建配窑时，因此火房妨碍施工，经征得被告同意，原告将所有伙房拆掉，窑建成后又重新修了伙房，虽双方的房产所有证上都没有填写此伙房，但从四周界石看，是在被告的地基内，应认定此伙房是属于被告所有。原告说，伙房是他的，缺乏证据，理由不能成立。关于双方所争执之厕所，经查明，被告所买之半个厕所，确实属于原告的，被告卖掉是不对的，应予纠正。

本案中争执的伙房和厕所虽然经济价值不大，但一方面它们是居家生活所不可或缺的东西，另一方面它们都是财产权利指向的对象，其所有权归属为占有和使用提供了正当性的根据，因此，即使在亲兄弟之间也要分个清清楚楚。中国传统文化宣扬孝悌、忍让，追求和谐、稳定，但是在民众看来，这些都是有条件的、有原则的。无条件的纯粹道德意义上的忍让是有限度的，在没有危及、损害个人或家庭基本利益的条件下，这些崇高的信条可以被接受，一旦危及一些不能放弃的利益，则这些信条需要作出让步。这种实用的道德主义精神，正是现实经济关系的一种反映。“亲兄弟，明算账”，定分方能止争，人们需要一种清晰的产权制度安排，来作为自己行动的根据和建立相互之间关系的法则。如遇到纠纷，不能通过双方和解或者第三人调解加以解决，则即使亲兄弟也不惜对簿公堂，讨个说法。这正是权利观念的标志。在这个意义上讲，那种认为中国古人乃至今天的民众缺乏权利观念的看法，是缺乏依据的。本案原告以伙房经过自己重建而土地证上又无登记为由，主张所有权归己，法院则以原告在他人基地上建造房屋，房屋依附于地基而否认原告对该伙房之所有权，确认被告对伙房的所有权。此种情形如何确定所有权，法律并无明文。法官是以基本法理而确定的，有一定的合理性。同时，法官也指出，被告擅自处分原告之厕所是错误的，要求被告返还原告。

此段时期内还发生过数起公私房屋产权纠纷。

如 1957 年原告 Y 市某乡某村诉被告史登某房屋纠纷一案[①]。土改时史登某典到地主史振某窑洞三眼，土改时已全部归其所有，并填写了土地房产所有证。1957 年某乡某村提出，其中一眼窑洞是村中所有，要求史登某退出。原告诉称："土改时决定给被告房二处，一处还归史振某所有，因被告不同意，而且史振某也非要不可，方由干部确定此一眼窑洞归村中所有。但史登某却将此窑填入他的土地房产证内，直到 1951 年村上要用此窑放谷草，被告出面阻止时方才发觉，于是将他扣到村上，他才承认是他的错误。但当时未细查他的土地房产所有证是怎样填写的，因此也未修正。到 1953 年他又在公共地点修建大门楼，村上方才阻止了，并协同他本人埋了界石。今年农业社要占用此家，被告仍以他有土地房产所有证为由，不让使用。被告史登某辩称：土改前是典到史振某窑洞三处，土改时干部们非要退出一处来，还归史振某所有，我未同意。便到区请示。当时有王区长给村干部写过信，不让他们从贫农手中夺取果实，所以我就视为这是我的家了。在领取房产所有证时，由我女人领回。在 1951 年，村上让我腾家，我未给腾。干部们便把我关起来，扣了两天两夜，无奈才承认是我的不对。1953 年我修建门楼一个，村干部又说，我占了公家的地点了，让我把门楼拆掉。今年农业社的干部，要我与李周换家，我不同意。他们才又说我住的院内有公家一处家，非占不可等语。"法院则认为：

> 查被告史登某的土地房产所有证，既非伪造，亦非私自填写，是土改时已将此房分为他所有，不再变更。至于原告所提出土改时确定的是二处，该证是被告自填的理由，不予成立。

在 1964 年的一起房屋产权纠纷案件中，法院将作为公民个人的当事人双方争

---

① Y 市法院档案：34—3—4043。

执的房屋，在国家公产房管理部门并未参与的情形下，径行判决收归公有。①

原告李某刚诉称："前三十年我表哥孟某源在隆盛巷10号院修了一个马棚，日本人占Y市后，将马棚改为住房，并在此房内开了二年木匠铺。孟某源死后，这房子没有人管，后赵小狗占用，新中国成立后第三年，房产处干部白某引让董某云进去占居，当时我认为是公家收了，前年我发现董某云领了地皮证，才知道马棚房已成了董某云的。因白某花了董某云的钱，并请其在农民饭店吃了饭，白某即让董某云居住此房。为了确实弄清是非，起诉法院要求解决。"

被告董某云辩称："我原在毕盛街居住，因房屋归了医院，才找到房产处干部白某、朱某，他们说，隆盛街10号院有个地方，弄不清是谁的，谁花钱修起谁住。修起房屋可折顶房租钱，折顶完以后该出多少钱出多少房钱。我花了130元修起房屋后，从1953年到1959年，原告和原告表哥孟某源并没有说过房子是他的。1959年房管局干部白某告我说，房钱已折顶够了，让我每月交房租1.7元，1960年又给我发上地皮证，摘掉公产牌，房子交给我，我没有施工证。将房子归公我也同意。"

然而，法院经过深入群众调查查明，原被告所争执之隆盛巷10号院东房一间，原系原告之兄孟某源修的简单马棚一个，地皮是资本家张某和的，张某和的房屋早已归公所有。至于马棚因年久失修，无人经营，已经倒塌，不能作为马棚使用。原告以日寇占据Y市后，其表兄将马棚改修成住房，根本不是事实。1952年经公产处批准，被告用130元钱重新修理，是根据垫支修建，房租折顶，顶完垫支费用以后，房产归公的政策重新修理成住房的。现原告争执所有权是没有理由的。1960年房管局白某发给被告地皮证也是错误的。

因此"为维护国家财产不受侵犯"，法院作出如下判决：（1）隆盛巷10号院被告居住之东房一间收归公有。住房人所出之房租按规定逐月交公；（2）原告李某刚无权争夺房屋所有权。

本案所涉及的房屋产权在法院判定之前，应属于一种不明晰的状态。原告以历史上该马棚曾由其亲戚占用后改建为住房以及被告所持地皮证取得不合法为名

① Y市法院档案：34—3—809。

主张产权，被告则以房管局摘掉公产房牌子让其建造并居住且颁发给其地皮证为名主张产权。但原被告的主张均未获得法院支持。法院以房屋系没收资本家而来，其产权早已归公为由，认定不仅双方均无权主张房屋所有权，而且房管局发给被告之地皮证也是无效的。法院直接将双方当事人所争房屋产权径行判归并未提出产权主张的第三人的做法，确属罕见。

在1964年原告杨贵东（又名杨以祯）、杨以礼（杨贵东四兄）诉被告大东庄一案中，则反映出公私之间关于房屋产权的激烈争执。[①]

1946年阴历2月15日“杨氏祠堂”买到杨富田（土改时定为富农成分）房院一所，计有北窑三眼、东西窑各两眼、南房连大门七间、东偏院及北窑一眼。房屋买卖价为粮食120石（小米90石，玉茭30石），当时买主交给杨富田房价32石（小米12石7斗，玉茭19石3斗），后杨姓又按每亩地5升，每口人3升5合摊派起收，其中有15户拿出粮食小米8石6斗，也交给杨富田。“杨氏祠堂”买房共计拿出粮食40石6斗（小米21石3斗，玉茭19石3斗）。此后于1946年阴历12月9日“杨氏祠堂”将上述房屋卖给原告之长兄杨以静，卖价小米90石，玉茭30石，买卖关系成立后，原告家里只交了粮食53石1斗5升（小米44石3斗5升，玉茭8石8斗），后又将上述房屋中的南房四间（契纸上称为戚位）出典给“杨氏祠堂”（现典契已失，有群众证明）典当关系成立后，“杨氏祠堂”以出卖之房价折顶典价粮32石。这样，原告家里买房后，共拿出粮食86石7斗。（连同典房折顶的粮食在内）尚欠“杨氏祠堂”买卖房屋粮食32石7斗5升（小米30石8斗5升，玉茭1石9斗）。关于“杨氏祠堂”承典原告家里之南房四间，自1947年Y市解放后，一直由群众作俱乐部、办民校和学校占用。于1964年7月，原告杨以礼未得到生产队和社员群众同意，即私自将典出之南房四间进行了修理（计用木工、泥工各23个半，木工每个2元5角，泥工每个3元，还用了厚杨木棺材板一付，原木三根，加上工人吃用，共花费折合人民币403元）。修理后，原告杨以礼便搬到此房内居住，影响到学生学习，引起群众不满。原告与大东庄生产大队及群众发生争执，原告诉至法院。原告提出，由他将出典房屋之典价粮食

① Y市法院档案：34—3—807。

32石拿出，赎回房屋。对所欠“杨氏祠堂”之买卖房价，原告理由是，他们买的是杨富田的房，所欠买价应予作废。大东庄生产大队及社员要求将承典杨以静之南房四间，因原来言明典期五年，过期作为死契。原告到期未赎，此房应归集体所有。关于原告家里买房所欠之粮，应由原告交付。

在原告向法院的陈请中认为大东庄干部“侵犯人权用以粗暴的手段强迫占用民房”，杨以礼的呈告中言：

> ……兹因我的南房一处前几年我们占用着，干部和我们协商借用。我们同意占用了几年。现在我们家房子不够用，我儿子要完婚。我必须在外住着。我们把大房修理了，现在我们住着。我村大队不根据政策解决问题，在本月十八日清早干部们有正副主任、正副书记带领其他干部亲自进门，将我家的东西财产米面锅灶搬了个乱七八糟，里边放了些东西，现在我们无房可住，呈请政府根据政策迅速解决。
>
> 1964年9月21日

大东庄生产队及李家庄公社党委会向市委的请示报告（同时也向法院提出了报告的复印件）中则认为原告强占公房，而且特别指出“杨家祠堂的所有制问题牵涉起严重的阶级斗争，关系着当前农村社会主义和资本主义谁战胜谁的问题”，并且表示如果法院不能够解决此事，则通过政治手段，等到“四清”工作组下来后，在“四清”运动中加以解决。

在中共李家庄公社委员会《关于大东庄大队杨贵东等填占公产的报告》中不只是把杨贵东与大东庄的房屋产权之争看作一个纯粹的法律事件，而是当作一个政治事件来对待，该报告中说：

> 杨贵东，男，系我公社大东庄村人，现任杨家庄供销社支部书记。因杨贵东强行填占公产——杨家祠堂而引起大东庄群众的公愤。许多干部和群众先后多次来公社控告，并要求立即查处。因此，公社先后两次派人去大东庄协助支部、贫协、群众代表等深入调查了解。经公社党委研究认为：杨贵东

的问题涉及面很大，时间很长，性质很严重，是关系着当前农村社会主义和资本主义、封建势力，是贫下中农阶级利益和地富反坏阶级利益的尖锐斗争问题，是民主革命不彻底的典型单位。

关于事件的起因，该报告中说：

杨家祠堂是富农（过去是经营地主，后纠为富农）杨富田在解放前以120石粮卖给大东庄杨姓，作家族祠堂。土改后十七年来一直作为大东庄的公产使用。先后作过会议室、俱乐部、民校、办公室、学校等。于今年八月份突然杨以静、杨贵东等弟兄们修门、坚壁、修饰家不让公占，致使一个班的学生无处上课，因而引起群众公愤。

该报告在关于事件真相的陈述中，实际上反驳了杨贵东主张房屋产权的理由，申明了公社支持大东庄大队认为所争执房屋应属于大东庄集体所有的立场。报告中说道：

杨贵东弟兄们在与大东庄群众争夺公产的主要理由和依据是：

1. 杨贵东凭解放前富农杨富田将此房卖给他家的卖约。事实是，大东庄群众只知道在解放前杨富田以120石粮卖给了杨姓，而且已付给杨富田30石粮，而并不知道杨富田等地富分子又在同年背着群众又以120石粮转卖给杨贵东家。所谓卖约上的中证人除已故外，现有杨宝元、杨守英等概不知。从这件事过程中，可以看出这是地富分子为逃避群众的斗争，为了分散财富而玩弄的阴谋手段。

2. 杨贵东所以敢于争夺公产，主要是凭土改时大东庄村发的房产土地证。应该说，房产土地证不论是哪里给发的，总还是证据。但是，就其此证来源却不是合法的：(1) 按土地法规定，中农以上不应分土改果实。土改前后的贫雇农团的干部和全村群众从未决定过要分给杨贵东财产。(2) 杨贵东当时干阎锡山军队，以后才当了解放军。1951年复员前只有一口人而不是房产土地证上的五口人。土改前弟兄五人一直在一起生活，并未分居，而房产土地证上却是分居。解放前顽伪村政权一直是他们本家人掌握。伪村长杨以观系杨贵东堂兄，土改后一段仍是村长。在土改后填写土地证的主持人杨以质（当时旅长），填写土地证人都是杨贵东的弟兄们。土改前后，群众觉悟不高，某些人存有变天思想。

关于如何处理此件公私产权之争，报告提出了四条意见：

1. 对于公产——祠堂问题，可以由大东庄支部、贫协、管委、群众代表协助政府、政法部门查明真相，依法公判。

2. 如果涉及面很大，不易公判，可待四清队伍下去后，发动群众，全面地解决。

3. 不论当前能否解决，过去公占，现在必须继续公占。所有权问题，待四清队伍下去后再解决。

4. 杨贵东站在敌对立场上和群众争夺公产，并且辱骂干部，扣留老师，目无政府、法纪的行为，已经引起群众极大不满，并要求杨贵东向群众作出较为满意的交代，有关部门作严肃处理。

法院最终判决是：（1）原被告所争执之南房四间归大东庄生产大队集体所有；（2）原告之兄杨以静买到“杨氏祠堂”之房所欠之买价粮食 32 石 7 斗 5 升（小米 30 石 8 斗 5 升，玉茭 1 石 9 斗）按国家牌价折合成人民币 583.23 元，除折顶原告修房花费 403 元外，余额 180.23 元交给大东庄生产大队所有。其理由是：

原告之兄杨以静所买之上述房屋，虽原来是富农杨富田的，但杨富田已将房屋卖给“杨氏祠堂”，后“杨氏祠堂”又将房屋卖给杨以静（有买卖契约为证），因此，杨以静所买之房屋，系买的杨氏祠堂的，并不是买的富农杨富田的。解放后“杨氏祠堂”的财产已归集体所有，因此，原告家里买到“杨氏祠堂”房屋所欠之粮食，应交给大东庄集体所有。关于“杨氏祠堂”承典杨以静之南房四间，原定典期五年，过期不赎，房屋应归“杨氏祠堂”所有，但到期原告家里未赎，现已过期十余年，现在原告要求回赎房屋，理由不能成立。上述南房四间应归大东庄生产大队集体所有。原告杨以静未经大东庄生产大队同意，即私自修理上述房屋，并搬进里边去住，这种做法是不对的。关于原告修房花了一些钱，为了有利于团结，可由大东庄给予一定的补偿。

在本案的处理过程中，法官并没有受到李家庄公社的充满政治意味话语的影响，并没有将其视为“两条道路的斗争”，而是将其归结为一个关于产权的法律事件。在本案审理中，法官试图对双方进行调解，由此可见，法官并没有认为该案是不可调和的阶级矛盾的反映。法官是从买卖、典当回赎、占有等各种法律关系中来判断所争房屋的产权，而非根据阶级斗争的需要来判断产权归属。值得指出的是，法官在本案中，未提及原告关于“土地房屋所有证”在其名下的依据，以及李家庄公社党委关于该土地房屋所有证来源不合法的论证，未对此进行评价，而是直接指出，新中国成立后“杨氏祠堂”的财产已归集体所有。实际上是以历史上形成的事实来作为判断依据的，体现了化繁为简的审理艺术。判决还特别指出，“为了保护集体所有制和公民的合法权益”，以说明法官对本案的认识，并非地富分子向群众的反攻倒算的阶级斗争，而是一件普通的民事案件。因此，判决书中并未对原告进行政治批判，而是理性地认为，“关于原告修房花了一些钱，为了有利于团结，可由大东庄给予一定的补偿”。

2. *房屋典权纠纷与诉讼*

所谓典权，指支付典价，占有他人不动产而为使用收益的权利。占有他人不动产而享有使用收益权利的一方，为典权人（承典人）；收取典价而将自己的不动产交典权人占有、使用、收益的一方，为出典人；作为典权客体的不动产，称为典物；典价为典权人为对他人不动产占有、使用、收益而付出的对价。实践中，典权人支付典价给出典人，在约定的期限内占有典物，并进行使用和收益，典期届满时出典人可回赎典物，超过回赎期不赎而绝卖的，典物转归为典权人所有。

典为我国特有之习惯，典权是我国固有且特有的制度，在我国历史上存续一千多年之久。北齐时已有典权制度之萌芽，历经后世发展，至于明清，典权制度日益成熟。《大明律·户律·田宅门》规定："盖以田宅质人而取其财产曰典，以田宅与人而易其财曰卖，典可赎，而卖不可赎也。"清朝继承了明朝有关典与卖的区分，将典视为活卖，将卖视为绝卖。典无须纳税，而卖必须纳税。

清末改法修律时，在法学家沈家本的主持下，于宣统三年（1910）完成了《大清民律草案》的编纂工作，只有不动产质，却没有规定在我国留传甚久的典权制度。北洋政府《民律第二次草案》，在该草案中典权制度被纳入其中，并与质权分别规定。但是典权制度在性质上被视为担保物权。该草案第 979 条规定："不动产质权，除本节规定外，准用次章（即典权章）之规定。"直至 1930 年中华民国政府出台了《中华民国民法典》将典权制度专列为一章，在古代典权制度的基础上，予以适时地修正，至此我国已趋完善的典权制度在近代得以成文法的形式出现。

一般认为，典权习惯或制度存在的原因主要是：在中国古代，人们特别重视祖宗遗留财产，认为子孙变卖祖产尤其是不动产，是"败家"，为人所不齿，因此绝不轻易出卖祖产。遇急需资金时，于是产生了典权制度作为折中办法。即将自己的不动产出典予人使用收益以获得相当于卖价之金额，同时保留该财产的所有权，待日后有能力时可以赎回，以避免出卖祖产受人耻笑。而典权人则以支付低于卖价之金额取得典物之使用收益权，且日后还有取得财产所有权的可能，可以说是出典人与典权人两全其美，各得其所。在《中华民国民法典》立法过程中，阐述了关于典权立法的理由：我国习惯无不动产质，而有典，二者性质不同。盖不动产质为担保物权，出质人对于原债务仍负责任，苟质物价格低减，不足清偿，出质人仍负清偿之债，而典则否。质权既为担保债权，则于出质人不为清偿时，只能将质物拍卖，就其卖得全额而为清偿之计算，无取得其物所有权之权利，典则用找贴方法，便可取得所有权。二者比较，典之习惯，实远胜于不动产质。首先，出典人多经济上之弱者，使其于典物价格低减时，抛弃其回赎权，即免负担，于典物价格高涨时，有找贴之权利，诚我国道德上济弱观念之优点；其次，拍卖手续既繁，而典权人既均多年占有典物，予以找贴，即取得所有权，亦系最便利之方法；故于民法中应规定典权。至典系以移转占有为要件，故又与抵押不同。[①]

新中国成立后，由于废除了以国民党《六法全书》为核心的伪法统，典权从国家法层面又回归于民间习惯法。法院不仅要面对旧社会遗留下来的房屋典权纠纷案件，还要处理一些新产生的房屋典权纠纷案件。由于法律规范的缺失，有关部门不断地通过一般性的政策指示和针对个案的批复等，一方面承认典权制度的效力，人民依习惯法成立的典权关系，受到人民政府的承认和人民法院的保护；另一方面来提供处理此类案件的原则性依据。如内务部《关于土地改革地区典当土地房屋问题的处理意见》（草案）[②]（1950 年 9 月 30 日）第三项规定："农民间的典当关系，其契约继续有效，可继续承典，亦可依契约自由回赎。"司法部《关于典当处理问题的批复》[③]（1951 年 11 月 9 日）规定："一般的农村典当关系，今天仍准其存在。"国家房产管理局《关于私房改造中处理典当房屋问题的意见》[④]（1965 年 12 月 3 日）中指出："今后对于出典房屋一般仍应按照典当关系处理。"此后仍有一些承认典权的意见，但典权制度迄今仍未重归国家法。

从 Y 市人民法院的民事诉讼档案来看，房屋典权案件尽管随着经济状况的变动，各年数量有所增减，但几乎每个年度都有房屋典权纠纷的记载，同时，除了一些单纯的房屋典权案件之外，其他房屋纠纷案件往往提及房屋典当。法院在按照承认典当关系的基本政策之下，根据个案的具体情况，审理了房屋典当案件。

1950 年原告赵某建诉被告王某文房屋纠纷一案中，法院支持了原告的请求，判决被告败诉，限期腾房。[⑤]

本案的事实是这样的：本镇德胜街门牌六号铺房一所，去年由公产处租给了欢迎店占用及至十月底，该房由政府发还了原主赵某建。原房主自取得房权之后，即向欢迎店正式提出要求腾房，欢迎店经理王某文曾以占时未久，修建需资很多，待明年找得妥地再为交接，延至本年夏季。原主赵某建因缴纳工商税，限期急迫，

---

① 谢振民编著，张知本校订：《中华民国立法史》（下册），中国政法大学出版社 2000 年版，第 772—773 页。
② 最高人民法院民事审判庭：《房地产审判手册》（上册），法律出版社 1992 年版，第 726 页。
③ 最高人民法院民事审判庭：《房地产审判手册》（上册），法律出版社 1992 年版，第 727 页。
④ 最高人民法院民事审判庭：《房地产审判手册》（上册），法律出版社 1992 年版，第 739 页。
⑤ Y 市法院档案：34—3—4909。

欲将此房出典，来找王某文，王某文亦以无力回答。赵某建不得已，始同介绍人出典与天顺店王某士等人，契约书入典并当小米30石，要求王某文腾房，王某文始则言辞支吾，继而借口找不到房子，没法腾出为辞，赵某建以天顺店追占甚急，因而起诉。

天顺店的经理王某士作为关系人参加了本案的诉讼，下面是王某士的具状：

为欺骗典价契约期逾请求迅予传讯以明真相事

缘民等于本年五月三日经邻友介绍，集资出典赵纯如房院一所，坐落本市上站德胜街门牌六号，由民经营开设店业，出典价言明小米市斗三十五石，限期三年有效。现交付小米三十石，限至一月接收房院后照数交清。该出典人赵纯如代理负责人赵某建系叔侄关系。民等屡次催讨接收房院，该等言词支吾借故推诿。最后该赵纯如公然声称不知道赵某建借接眷属一去不返。民等逾期无法接收房院损失甚巨。出典人谋心欺骗，不依手续履行，应负赔偿之责。此种行为法所难容，倘在拖延，损失更大。请求准予传讯饬令腾出。民等接收以便营业，实为德便。

谨呈人民法院院长

契约当庭呈验

王某士具

公元一九五〇年七月十一日

本案中急于使用已支付典价的房屋的天顺店经理王某士，意图通过陈述使法院明了相关事实，此外，对赵某建不依约按时交付房屋的行为斥为“欺骗典价”，从而试图引起法院之重视，迅速结案。看来，这种策略起到了一定效果。

法院于同年8月3日作出判决，认定原告申诉有理，被告欢迎店经理王某文“理由不成立”，要求被告“判决后两个月以内将房腾出”。法院的理由是：

查确保私人财产权利为今日既定政策，德胜街上院铺院业经政府发还该原告赵某建即已取得所有权利，任何人不得侵犯，在初出典时，再三先让该欢迎店，该店无力，始特典与天顺店，顺应法理，又洽习惯，该欢迎店仅以找不到房子没法腾出为借口，理由自不能成立。

该判决理由明确指出原告赵某建的做法“顺应法理，又洽习惯”，并据此作出判决。在这里，由于缺少明确的法律规则可资引用，法官则遵循“确保私人财产权利”之精神，探求法律，援引习惯作为判决之依据。本案所及的民事习惯主要是典权交易习惯中的“租不拦典”和“优先权”。所谓“租不拦典”，即指的是享有不动产使用权的人，不能以其使用权来对抗不动产所有权人将不动产出典与他人。也就是说，物权的所有者享有支配自己所有之物不受他人干涉的权利。这种习惯一方面，主要立足于保护业主（物权所有人）的利益，确立物权所有者在典权交易习惯中的主导地位。另一方面，也是因为出典房宅、土地等“祖上之物”，往往都是出于困顿之中、“情急之下”的一种无奈之举。不过，这对于承租人的利益有所不利。因此，在习惯上设有承租人之优先承典权加以矫正，如承租人不愿承典，则不得阻拦业主将房屋等出典他人。习惯上也经常给予承租人一定期限，以便其另找住处。一方面，优先权在一定程度上减轻了由于业主的出典行为可能给住户造成的经济利益损害，另一方面，优先权也缓解了主客之间可能因此而产生的矛盾，以免出现经济秩序的紊乱和社会秩序的失衡。因此，优先权具有经济和伦理的双重价值。

在接到法院的判决书后，王某文不服，上诉于S省人民法院，称：

赵某建因缴工商税款急迫等情，可是当时欢迎店付给了赵某建小米十石以便缴纳税款，事后一月有余，赵某建向欢迎店提出腾房，此房已经出典了，可是欢迎店一概不明，原因根据判决文内所说的再三先让数次无力回答等情，请法院负责同志不可听一方的理由。

S省人民法院经二审审理，判决驳回王某文之上诉。判决书要求，王某文应速将所租赵某建铺房一所腾交典权人王某士占用，赵某建应于本年五月出典之日起将王某文每月所出租金交由王某士收用，王某文对所租房院如确有修建情事，应由Y市法院公平估价，由房主租金内扣除。此案不论上诉与否，应由原审法院提前执行。判决书指出：

> 本案被上诉人赵某建所有Y镇德胜街六号铺房一所，去年由公产处代管时租给上诉人所开设之欢迎店占用，至去年十一月底政府即将该房发还房主赵某建自行管理，赵拟出典此房，曾先征求王某文意见，王以无力承典答复后，赵某建始于本年五月三日典与关系人王某士，并已收典价小米30石，言明限一月交房，上诉人竟以找不到房为借口而不腾房，显属无理。并借上诉状故意拖延，以致王某士典到房院不得占用，受到相等损失，自应由房主于出典之日起，将所收租金如数交与典权人王某士以资补偿其损失。至于上诉人称因修理该房门窗等曾花过小米若干等语是否属实，应由原审法院查明按实际情况估价，由房主应得房租内扣除，此为当然之理。

本年法院在审理的另外一起房屋典租纠纷案件中，被告在出典已出租给他人的房屋时，未告知原承租人，因而致讼。[①]

原告住户范某珍、张瑞某将业主路某莲告上法庭，具状称：

> 为诉讼事，窃民于一九四九年四月一日，赁住本市聚兴街二号路某莲西房三间，每月房租米五石，于本年三月间涨房租至八石，按月交付，并未亏欠房租。近因本市房子发恐慌，伊预先并未通知，将民住之房典出他人。现下伊令民即时腾房，民当时无处找房，特以申诉。按平常人民习惯说，伊有房产权，民有优先权，如伊房子出典时，预先应当通知原住人后，民不典住外，再行典住他人。伊既将房典住他人，民愿以同等价格典住，特以据理，拟请公断。

在原告之诉中明确援引民间典权交易习惯来作为自己主张优先承典之权利，

① Y市法院档案：34—3—4905。

原告称“按平常人民习惯说，伊有房产权，民有优先权，如伊房子出典时，预先应当通知原住人后，民不典住外，再行典住他人”。法官接受诉状后，要求双方回去和解。原告提出愿意于同等价格典住，但被告不许。原告遂再次申诉，具状如下：

> 为再陈理由依法判决以维护房屋使用权：民等承租路某莲之房屋一间半已有二载，今房主无故夺房另典于他人，经贵院传讯劝令和解。民等思维再再，房主既能蛮不讲理无故夺房，其他房主当亦如是，势将不能在Y市立足。在今天民主政府领导下，似无此理。似应保障民等应有之合法权利。在当庭对质时房主称房租不好要合不着（合不来，不行），但又说房租不欠合不着，亦无事实而让限期腾房，并未提出驱逐民等之合法理由而政府则只劝民等让步，对房主无根据之要求未加一语批评，似欠公允，实难甘服，拟此再申下悃，请求依法判决维持民等之合法权利。

本次陈述中，原告不仅阐明了被告房主“无故夺房另典于他人”之行为可能对自己造成的不利影响，要求法院保障“民等之合法权利”，而且也委婉地批评了法官有偏袒被告之嫌疑，“政府则只劝民等让步，对房主无根据之要求未加一语批评，似欠公允，实难甘服”。

法官接到原告之再次陈述，经传唤被告，了解到被告确实不愿意将房屋典予原告。法官批复道：

> 原告范某珍以承租被告路某莲聚兴街二号房屋一间半，业经二载，该被告于本年二月将房出典他人，原告因而不服，提出申诉一案，本院调查，该被告在转让时，事先并未商得原告同意，遽尔出典，确系实情。该原被两造，平素不时争吵，因而互抱成见，勾心斗角，彼此摩擦，各不相让，被告别有苦痛，亦是事实。本院一再调解，始终无效。
>
> 查该原告承租房屋已是两年，在习惯上亦有承典之优先权利。被告恃其自己私有财产于转让时，竟不予原告协商通允，实属不当。奈原被两造，卒因成见所驱，主客形成冰炭，若再强令共居，亦属强人所难。本院准情酌理，

主客兼顾，着该原告自批复之日起，宽限八个月，另觅住房，期满腾出，免生争吵，以冀两便。该被告姑忍一时，暂勿转让，希各遵照执行，毋须缠讼为要。

至原告以本院只劝房客让步，对房主无根据之起诉未加一语批判，似欠公允，实难甘服一节，该房主路某莲口头答辩，岂允他人干涉，查诉讼自由，法令有明文规定，应予驳斥，此批。

在批复中，法官认为原告所称为实，被告在出典房屋时“事先并未商得原告同意，遽尔出典，确系实情”；法官洞悉被告以自己在物权上的强势地位，未通知原告的不当之处，“被告恃其自己私有财产于转让时，竟不予原告协商通允，实属不当”；法官承认作为原住户的原告依习惯之“承典之优先权”，但考虑到原被告平素关系不好，“主客形成冰炭，若再强令共居，亦属强人所难”，因此，法官并未依据习惯而支持原告的主张。在“准情酌理，主客兼顾”的指导观念下，法官要求原告不得干涉被告处分自己财产的自由权利，但给了原告异乎寻常的八个月的宽限时间。本案原告称“本市房子发恐慌”，法官给予原告的较长时间的另行寻找房屋，也反映出新中国成立初期城市的住房紧张关系。在这种资源稀缺、双方当事人坚持自己权利主张，互不妥协，而法律又无明文规定加以直接援引的情形之下，法官要想作出一个考虑周全、胜败皆服的裁决，实属不易。

1951年原告刘某亭诉被告赵某升典当回赎一案中，法院对历史上遗留下来的房屋典权问题，通过“化典为租”，作出了极具个性的裁决。①

原告刘某亭曾于1939年12月以伪币350元典到张云贵本市内临街房院一所，限期5年，1941年7月间，张云贵因与赵某年（被告之弟，久未分居）其他债务纠葛，将房院归赵某年所有，当时赵某年借日伪机关势力，仍以原价下降之伪币照数350元赎回，使得刘某亭遭到损失。新中国成立后，该房院由被告赵某升经管。到了1951年11月，刘某亭向法院起诉要求追回损失之典价。

经近一年时间的审理，法院认为，“赵某年这种仗势欺人是一种极端严重的错

① Y市法院档案：34—3—4791。

误行为，应判令刘某亭依照原典年限让住足五年，方为合理”。故作出如下判决：（1）原告刘某亭所典的房院虽被赵某年赎回，而刘某亭始终没有搬走，继续出租占住，自1950年11月6日起至1951年9月15日止，在此一年零十个月的期间，刘某亭应出房租再没有出交分文，前后计算该刘某亭已经住有三年零六个月，再住一年零六个月方能补足原典期限；（2）自本院判决之日起至1954年9月15日止，此二年期间，仍为原告刘某亭住房期间，被告赵某升不得讨索房租，其中一年半为补足原典年限，所余半年为赔补刘某亭在1941年赎回时之伪钞跌价的损失；（3）该原告刘某亭于1954年9月15日将房住满后，许由被告赵某升自由转让、出租或典卖，刘某亭不得借口推诿，重酿纠纷；（4）原告刘某亭所诉在1941年前所需修建费伪币170元，因无证据可考，在1941年院被赎回后，刘某亭在租居住期间所建筑之伙房两小间，未得原主之同意，均予以否定。

本案中，法院面对被告之弟在显失公平的条件下，以低价赎回未到期之出典房院，而原告一直未搬出该房院，通过支付租金来居住的实际情况，判令被告续足原告典期。对由于当时赎回典价过低而造成的原告损失，则通过原告无偿占用该房院来弥补。本案还涉及典权关系存续期间典物的修缮或重建问题。在典权习惯中，为了承典人在使用典物上的安全和便利，承典人有权于损坏或灭失部分的价值限度内予以修缮或重建，并于典物回赎时，请求偿还因此而支出的费用。但是，对于超过部分予以重修或新建则须征得业主的同意。本案原告刘某亭称“在1941年前所需修建费伪币170元”，意欲请求被告偿还所支出的修建费用，因“无证据可考”，而未得到法院的支持。由于其新建伙房两小间，从而使原典物得以升值，但由于未经业主之同意，也不得请求业主支付此项费用。可以说，本案体现出法官从现实出发，遵循法理与习惯，公平处断复杂案件的司法艺术。通过这种既有个性化又合乎常情的判决，法官将抽象的法律精神与具体的法律事件结合起来，有效地维护了公民的财产权利，恰当地平衡了双方的利益。

1950年原告胡某仁诉被告李某廷房屋典卖一案中，涉及了房屋转典、典卖关系、土地所有权证等问题，并经上诉，二审审理之后方才结案，历时5个多月。[①]

① Y市法院档案：34—3—4795。

原告之父于“七七事变”前在某村经营铁店时，在该村买到房院一所，“七七事变”之后因日寇扫荡，原籍房院竟被烧毁，该原告为修补起见，于民国三十年将在某村买到之房出典于该村张某，张某占居未久，又照原价转典于史某，土改结束以后，史某又以小米8石转典与该被告李某廷，该原告因中农成份，已取得财产确认后，遂于上年头间，则出卖此房，于出卖之时，该被告为原承典人，不得不再三相让，奈该被告执意不买，始出售于该村供销社，此及买卖成交。原典价小米八石当面交付该被告，该供销社以占用在急，促其腾房，该被告借口村上发给房产证，认为取得了永久房产所有权为词，拒不腾交。原告于1950年11月起诉至法院。法院认为，政府填发土地房产所有证，纯系指土改时期平分土地后之法律有效契约，该被告典房时已在土改结束之后，该村给该被告填发之土地证并不合规定手续，该被告以此不合契约而借口推延不腾，自属强词夺理，且于该房出卖时，又将典价全部收回，对买卖成交已得到被告之明许默认，今又重新反悔，更是无理取闹。故依据确保私人财产权及买卖自由的原则判决：“原告出卖此房任何人不得干涉。被告借口不予腾房，理由不成立，限本年三月底将房腾出。”

被告李某廷不服一审判决，以自己“在一九四七年土改时，是个献地中农，并未分到果实，当时是租住这房。一九四九年阴历七月，改租为典，出典价小米四大石至阴历八月领到房产所有证”为由，上诉至S省人民法院。该院经审理查明，某村政府本年3月7日寄呈本院的文件内称，关于上诉人执有的上项房屋所有证，在填发的当时，系由于村干部未能领会政策，竟将未被开户和中农的房地一律填给现住户名下（房主胡某仁系某县中农，当时也未住该村）。这种错误，在该村当时有30余户，土改结束时发觉错误，逐户更改，唯上诉人名下的，因当时第三组手续疏漏，只将送区的存根更正了，而未将上诉人手中的凭证收回更改。因此，判决书指出：

> 上诉人所持有的上项房产所有证，并非因为上诉人分到上项果实而给予的合法凭证，这只是由于当时村干部填发错误，应当收回作废而未收回作废的东西。上诉人明知事实如此，乃竟抓住当时村干部的这一点错误，作为本案抗辩的理由，不仅不能成立，且在思想上也不应如此。至于胡某仁将房卖

给供销社，系根据买卖自由的原则，并曾让过上诉人，当时已将典价交清，原无不合。

法院因此确认胡某仁与某村供销社房屋买卖行为有效，故驳回上诉，维持原判。同时，考虑到被告另找房屋居住的困难，责令由某村政府尽可能帮助上诉人租赁或买到房屋，上诉人应于5月15日以前，将房腾交供销社接收使用，如届时确系尚未找着住房，得缓交一部分（最多不得超过配房四间）暂时住用，找着住房时即行退出，不得借口再延。

本案中涉及了典权交易中"典不拦卖"以及承典人优先购买权的民事习惯。在典卖之关系中，"典不拦卖"的习惯与"租不拦典"一样，将业主对不动产的处分权置于承典人对不动产的占有、使用和收益诸项权利之上，这使得出典人保留的对不动产的最终处分权不至于被变相剥夺和限制，保证了所有权的完整性和排他性。但在一定程度上"典不拦卖"使得承典人在典权交易中处于劣势地位，容易遭到利益损失。这种不确定性增加了典权交易中承典人的风险。好在大家都熟悉这样的习惯，因而对未来的风险有一定的预见性，从而当这种风险转为现实的时候，有所准备。承典人的优先购买权意味着承典人在同样的价格等条件之下，有优先于其他人购买不动产的权利。由于承典人对于该项不动产的状况有比较充分的了解，在信息掌握方面要比其他人拥有优势，这样能使其作出更有利于利益最大化的决策。同时，优先购买权还有助于建立和谐的人际关系，"买卖不成仁义在"，出典人在意欲出卖该项不动产时，事先征得承典人是否购买的意见，有助于消解双方由于不动产买卖而造成的紧张关系。本案还涉及"转典"问题。转典是承典人的一项习惯权利。当承典人遇有急需情况需要现金之时，若出典人无力回赎或者不愿意回赎，那么，势必造成承典人在经济上的困境，因此，承典人有权将典物转典是对承典人的一种救济机制，不至使承典人面对迫切需要却无法摆脱困境。本案所系争执房屋曾数次转典。本案关于土地所有权证的效力问题，一审法院和二审法院都否认了本案中被告土地所有权证的效力。其理由在于，这是由于有关村干部在填发、登记土地所有权证时的工作失误造成的。该房屋本身不应登记于被告名下。可见，法院是从实质上来判断土地所有权证的效力，而非从形式上来简单认可。这样的纠纷与当时采用群众自报和大家评议的方式来确定房屋土地产权不无关系，村干部工作不够细致也是其中原因。同时，亦暴露出在制度存在缺陷的情形下，个人的投机心理使得其可能作出利用制度漏洞来获得利益的行为。本案最终否认了被告所持土地所有权证的效力，依据买卖自由之原则，确认原告与供销社之间的房屋买卖关系有效，房屋所有权应归供销社。

典当回赎问题也是典权交易中的常见问题。

Y市毡业社承典了私人资本家的房子9间，1959年因市政建设需拆除该房时，毡业社与资方代理人张某奎协商让其退出典价。张说该房产的典期已成死契拒不退出典价。为此，毡业社诉至Y市人民法院后，人民法院经审理后责令其退出典价1400元，维护了毡业社的权益，保证了市政工程的顺利进行。[①]

1962年原告郭某梅诉被告Y市公产处房屋纠纷一案亦涉及典当回赎问题。[②]郭某梅在崇德里街共有房屋15间。1956年1月以180元典给史某和房一间半，限期6年。1958年私房社会主义改造时，因史某和未交出典契，郭也无任何手续，市公产处除留给郭房4间自住外，余房11间（包括典给史某和的一间半）均由国家经租，1962年3月典期已满。公产处的意见是郭将此房赎回，仍继续纳入经租。如无力赎回，可以将典价作为买卖，房归史某和所有。郭某梅的意见是房暂无钱赎回，但产权仍归其所有，不同意卖房。双方意见不合，因而诉至法院。经过法院调解，达成如下协议：（1）市公产处经租原告郭某梅出典给史某和的房一间半，仍退给郭某梅，暂不管理；（2）郭某梅多领公产处44个月的经租费39.6元退还公产处，共分五个季度扣清，从1962年第二季度开始扣除，每季度扣郭某梅经租费8元，最后一个季度扣7.6元。

经租房制度是从1956年开始国家对城市房屋私人占有制的社会主义改造的产物。它指的是，对于城市私人所有的出租房屋由国家进行统一租赁、统一分配使用和修缮、维护，并根据不同对象，给房主以合理利润。在此基础上合理地调整租金，取消一切中间剥削和变相增租的不合理现象。经租房制度是带有一种过渡

① Y市法院档案：34—3—3199。

② Y市法院档案：34—3—1586。

性质的产权制度，它的最终目的在于实现城市房屋的社会主义公有制。经租房制度的本质是打破了原来房主对房屋的独立和完整的所有权，即占有、使用、收益、处分的权能。在经租房制度之下，房屋所有人是作为公民的个人，但是他却不能行使作为所有权标志的对房屋的处分权，如出租、买卖、典当、赠与等权利，而且，其收益权也受到限制，因为国家有权制定和收取租金，房屋所有人所得到的只是租金中的一部分。这样，房屋所有人只是名义上的所有人，而国家占有、使用房屋，与房屋所有人共享收益，除了不可以任意处置房屋以外，几乎拥有所有的处分权限。国家在私人所有的房屋上，几乎享有传统民法意义上的完全的所有权。这种房屋改造政策所确立的房屋产权制度，使得原来清晰的产权制度模糊起来，原本比较简单的社会经济关系由于国家权力的介入而复杂起来。这种政策和经济关系的变动增加了法院处理这类纠纷的难度。本案中，公产处要求原告将房屋赎回并由国家经租，在原告无力赎回的情况下，要求原告出卖房屋，体现了对私人产权强烈的干涉和极大的限制，完全没有了买卖自由。

1964年原告张某元诉被告张富某房屋纠纷一案，法院支持了原告赎回房屋的请求。[①]

张某元之父于1949年11月以75万元（旧币，下同）将石窑四眼典给被告母亲（已故），典期9年。1952年9月又续价238万元，共计313万元，典期未变。当时四眼窑中的一眼正窑，因张某元祖母占居未腾，被告住上三眼。当时两家相处较好，被告未提出异议。1951年4月被告又住上了原告房子一处，1958年又自动腾出，现在原告提出赎窑，被告以他住了几年房子可顶几年窑，但因房子未住够年限，少住了几年，再补住几年窑为理由，不同意原告回赎。因此诉诸法院。在法院调解中，原告说：“原来搞的是住房顶住窑，被告怕出房税，说自动腾出了房子，故不同意补住年限。”被告承认自己未出房税，但坚持说：“腾房子意思就是想住窑，因为他没有腾出才未住上。”双方各执一端，调解无效。法院判决准予原告以人民币313元赎回石窑。其理由如下：

---

① Y市法院档案：34—3—810。

被告典到原告四眼窑住了三眼，由于当时双方相处甚好，原告方面未腾出正窑，被告也未提出异议，说明当时被告是同意的。1951年被告又住上原告的房子，仍未争执过住窑，也说明了双方甘心情愿。1958年典期近满，被告又自动腾出了房子，当时原告既未提过赎窑，也未让被告腾房，被告也未提出再住窑的问题，证明被告腾房出于自愿，现原告提出赎窑，被告坚持未住够房子，要补住几年窑的理由不能成立。

回赎权是典权关系中出典人的基本权利，正是因为可以回赎，说明典权并非所有权的转让。回赎权具有依附于所有权的特性。出典人返还典价，向承典人收回典权，从而恢复对典物的占有，此即为回赎。承典人有交还典物的义务。一般地回赎发生在典权期限届满之后，如无典期之约定，出典人有权随时要求回赎典物。如出典人在典权期限届满后，不回赎或无力回赎的，经过一段时间后，承典人取得典物的所有权。无论法律上还是习惯上都没有对典权期限作出过限制性的规定，典权期限由双方当事人自由约定，因而在民间有“一典千年活”的说法。但对于土地之典权，有“赎地应满三年”的习惯。回赎权和典权均可继承。本案中，原被告双方约定了典权期限，也已届满，原告出典人有权回赎房屋。但是被告以未住够应住房屋的间数，从而不能算期限届满为由，提出抗辩。法院认为，被告对未住够房屋是明知和自愿的，当时未提出任何意义，表明其是认可的，从而判决原告胜诉。这样做是合情合理的。

在个别的案件中，当事人对于房屋典与卖的性质产生了争议。

1959年原告张某禄诉被告任某发一案即是如此。[①]1958年张某禄因其弟张某祯病故，需要很多花费，便托中人王兴寻找承典之人，意欲将原典到任某祥的房屋转典，恰逢任某发需要房住，王兴便找到张某禄提及此事，后来由中人王兴见证，张某禄给原房主立了典约；而给承典人任某发所立典约则由任某发之妻从外地捎回。任某发付给原告10元钱后，再未给钱。原告张某禄催要钱时，被告任某发说：“我出100元是买，不是典，要是典的话，我只给80元，我不要房子了。”

① Y市法院档案：34—3—3198。

张某禄不同意即诉至法院。法院经调查中人王兴，王兴表示自己也不清楚是典还是买。

张某禄给任某发所立典约（有出典人张某禄之签名盖章及中人王兴签名）如下：

> 立典约人张某禄因弟张某祯病故花费很多无法归还将遗留房院一所情愿转典与任某发名下居住二年为满，言明典价人民币壹佰元整，其价当交不欠。内计：正土窑一眼、破西小房两个，东至界石，西至张某寿、郝某宽，南至古辽，北至张某忠大门出入道行。门外西地基一段，东至西大门垛院内，东至天地祠堂为界，上至岸顶，下连墙外界石。恐口无凭，立转典约为证。

本案经法院调解，达成协议：被告任某发除以前给过原告人民币10元以外，再付给张某禄人民币80元；1959年9月付给被告40元，其余40元到1959年年底付清；任某发对住宅的修建整理工料款，由原告回赎时一并付给任某发。

由于典权交易涉及的房屋、土地等不动产均为重要的生活、生产资料，因此，除实质上双方合意之外，民间习惯上一般都要订立书面典约，其内容包括双方当事人姓名、出典原因、典物的名称、状况、典价及支付方式（一般当面交清）以及典权期限、出典人、承典人、中人签字盖章、日期等。对于房屋来说，一般要列明房屋坐落、新旧状况、数量、四至等。这一方面是为了降低交易风险、保证交易安全的措施，另一方面典约也是日后若有纠纷据以解决的重要凭证。本案原告给被告所立典约，应当说具备了典约的重要内容，但由于缺乏承典人之签名盖章，因而是不完备的，不能够产生典约应有的效力。但从典约中可以表明原告确实是没有出卖房屋之意。此外，对于原告作为承典人与原主任某祥的前一个典权关系而言，依据习惯和典权之性质，原告只有转典、出租之权利，并无出卖典物之权。本案经调解，被告认可了典权关系，原告降低了10元典价，纠纷得以解决。

3. 房屋买卖纠纷与诉讼

房屋买卖指的是买方支付房价、卖方交付房屋的以转移房屋所有权为内容的交易行为。房屋买卖一方面解决了卖方对现金的需要，另一方面解决了买方对房屋的需求。因而，有助于缓解住房紧张的情况，实现资源的合理配置，维护社会秩序。由于买卖标的属于不动产，价值巨大，且具有重要的社会经济意义，因此，为保障房屋买卖交易的顺利进行，尽量避免可能出现的风险和纠纷，无论买卖双方还是国家都对房屋买卖非常关注。

由于历史原因，新中国成立以来的一段时期内，我国并未形成专门的、统一的房地产交易法律，房屋买卖关系和纠纷，主要依据一些地方性或全国性的政策来调整和处理。例如：

1949年12月17日《北京市城区房地产交易所组织规程和业务简则》规定："凡在本所登记及成交的房地产，得酌情形登报公告"；"买卖房地产经本所介绍商洽协议成立者，须会同本所订立契约"；"经本所介绍成交之房地产，立契时，由本所及经办人员盖章，负契约见证责任，经本所见证之房地产交易与各公安派出所见证者有同等效力"。[①]

1951年发布的《武汉市房地产交易细则》除规定价格审查、议价、估价、签订合同、印花税等外，还对立契、付价、手续费、代办等作了规定。关于立契，该细则规定："双方履行合同无异议发生，由交易所中证立约并办理产价交付及产权交接事宜。立契主要内容，应注明房地坐落、四至、蓝图地号、土地面积、建筑装修设备、产价数额、产权责任等项，其他细则按合同履行。"关于付价，该细则规定："合同订立后，即由买主先付一部分产价，下余于立正式卖契时全部付清，并由卖主出具收据，立约完成后，即由买卖双方盖章缴手续费，再由交易所承办人盖章并加盖交易所印信，证明交易手续完成。"关于手续费，该细则规定："凡经成交之房地产，得按产价总额共收手续费百分之五（买三，卖二），于立契付款时一次缴清。"关于代办，该细则规定："凡经交易所办理成交之房地产，该所可代办登记、过户、税契、分割、领证及登报公告等事项。"[②]

1950年11月26日政务院修正批准、同年12月15日中南军政委员会公布施

---

① 纪敏编著：《中国房地产政策法规与实践》，学苑出版社1991年版，第306页。

② 纪敏编著：《中国房地产政策法规与实践》，学苑出版社1991年版，第307—308页。

行、1953 年 1 月 12 日呈奉政务院核示修正的《中南区关于城市房地产的几项原则规定》是第一个具有全国性意义的房地产规范性文件。其中规定："人民政府对人民一切合法取得之房产的所有权与合法经营权（包括修建、买卖、转让、使用、房租等权利在内）一律保护"；"对所有敌伪逆产，任何机关、团体或个人，不得有隐匿、侵占或顶替、盗卖等行为，违者依法惩办"；"凡关于房产权之取得、设定、转移、变更者，新旧业主均须于限期内携带全部证件，向当地地政机关办理登记或注销等手续，未经房产所有权之登记者，不得办理他项权利之登记"。①

1956 年 1 月 18 日中共中央批转书记处二办《关于目前城市私有房产基本情况及进行社会主义改造的意见》指出："私人之间的买卖仍应允许，但应在政府房产管理机构登记并经过批准，以便加以限制。"②

1964 年 1 月 13 日国务院批转国家房产管理局《关于私有出租房屋社会主义改造问题的报告》（[64] 国房字 21 号文件）规定："对于改造起点以下的小量私有出租房屋，可以宣布属于个人所有，允许出租或买卖"；"对于私有房屋的买卖，应当加强管理，禁止投机倒把和以买卖房屋盈利。私房买卖必须向房产管理部门登记，经过审查批准，才能成交"。③

1964 年 7 月 15 日国家房产管理局《对国务院批转的关于私有出租房屋社会主义改造问题的报告的说明》中指出，要加强对私房买卖的管理，建立买卖登记和审批制度。在这一工作中，房管部门必须坚决打击投机倒把，禁止以买卖房屋盈利。同时，应当主动开展介绍私房买卖的业务。私人出售的空闲房屋，在无人购买的情况下，房管部门必要时可以收购，用来解决无房、缺房职工住房的迫切问题。④

对于农村房屋买卖国家并未有严格的规定，依据《土地改革法》的规定，是允许自由买卖的。即使在人民公社时期，也承认社员买卖房屋的权利。如 1962 年

---

① 最高人民法院民事审判庭：《房地产审判手册》（上册），法律出版社 1992 年版，第 529—532 页。
② 纪敏编著：《中国房地产政策法规与实践》，学苑出版社 1991 年版，第 308 页。
③ 最高人民法院民事审判庭：《房地产审判手册》（上册），法律出版社 1992 年版，第 996—997 页。
④ 最高人民法院民事审判庭：《房地产审判手册》（上册），法律出版社 1992 年版，第 1005 页。

9月27日中国共产党八届十中全会通过的《农村人民公社工作条例修正草案》[①]第45条规定："社员有买卖或者租赁房屋的权利。社员出租或者出卖房屋，可以经过中间人评议公平合理的租金或者房价，由买卖或者租赁的双方订立契约。任何单位、任何人，都不准强迫社员搬家。不得社员本人同意，不付给合理的租金或代价，任何机关、团体和单位，都不能占用社员的房屋。"

尽管作为不动产交易的房屋买卖比动产交易更加复杂和严格，但是由于一方不能按约定交付房屋或支付房价而产生的纠纷，亦在所难免。

1957年8月Y市人民法院审理了一件房屋买卖纠纷[②]。原告挂面社（负责人赵某栋）1956年8月25日买得潘某仁Y市太上街32号房院一座，计房8间。成交后与卖主通知房客王某庭、丁某云、王某如、苗某堂等，限期3个月腾房。于同年12月至今年1月陆续将卖房租约收回，到期均未予腾房，至4月赵某栋诉讼到Y市人民法院。法院经审理后判决，潘某仁出卖房屋时事前尽过房客，当时因房客王某庭、丁某云不能即时付款未能成交，后卖于挂面社是合法的，并限接到判决后3个月内腾房。王某庭、丁某云不服Y市人民法院的判决，以"潘某仁既说立即要款，但房屋卖与挂面社却分三期付款，何以刁难我们"上诉于S省高级人民法院。S省高级人民法院经审理，驳回上诉，维持原判。其理由如下：

> 查上诉人王某庭、丁某云均承认潘某仁卖房前说过属实，并对潘说过，认钱不认人。王又称，潘说，你不要，我卖给挂面社了。以后去潘家看时，潘已向挂面社说妥，我就走开了。当潘与挂面社议定买卖房屋后，曾托说合人王文洪问过房客，是否买房时，均说不要，又潘向上诉人索取租赁房契时，也无有表示买房的说法，事实过程说明已经放弃优先买房之权利，但当潘向上诉人等一再催促腾房时，上诉人才提出要优先购买，这明显是故意闹事，原审判决潘与挂面社买卖房则合法应予保障，限期让上诉人腾房是正确的，应予维持，驳回上诉。

---

① 最高人民法院民事审判庭：《房地产审判手册》（中册），法律出版社1992年版，第1394—1400页。

② Y市法院档案：34—3—3988。

本案中S省高级人民法院认为出卖人潘某仁已尽到告知之义务，诸房客均以自己的言语和行动表示不买房，因而属于“放弃优先买房之权利”，这样认定和处理合情合理。

在同年9月的另外一件房屋买卖纠纷案[①]中，原告李某洪诉称：“1956年12月份我以135元买到王某成巨兴街24号内东房一间，事后与被告言明5月份将房腾出，至今限期已到，被告不但未腾，而且对我很有意见。因此要求法院让被告在短期内将房腾出。”被告王某成辩称：“原告买到我占居之房后，并未规定腾房期限，当时他只对我说，房子已卖给我了，让我何时找到房子何时给他腾出，今年他还向我要了7个月的房租10元。他并非要占此房，而是因为我们有些意见，故意为难。房子是他的，一定不让我占居，12月底可以给他腾出。”法院认为，原告买到被告占居之房后，向被告收取过房租10元，由此可见双方并未明确腾房期限。现原告要求马上腾房，被告表示今年12月底予以腾出。因此，法院根据双方实际情况，特依法判决如下：本判决生效后，3个月内被告将房腾出。

本案是因为房屋买卖双方未约定腾房期限而致诉讼，法院在查明事实的基础上，判决被告3个月内腾房，没有支持原告要求被告马上或在短期内腾房的要求，而是照顾到了被告的实际情况，给予被告一个较长时期内的另找房屋居住的期限。这样处理有利于团结，有利于生活生产。

当年10月Y市人民法院审理的原告赵某所诉被告韩某山一案[②]中，原告诉称，其在去年12月份以300元买到被告房屋一间小院子一个，买款当交，税契已妥，至今住不到房子，因此要求法院让被告迅速腾出。被告辩称，原告买到之房系李广真占居，并非被告不予腾出。法院判决，3个月内被告催促住房人给原告将房腾出。

原告李某春诉被告孙某清一案[③]，是当年Y市人民法院审理的一件比较复杂的房屋买卖纠纷案件。孙某清于1955年11月被政府扣押，而孙妻叶玉玲和小孩仍在本村借住着赵国全的一眼土窑，但因1956年雨水太大，赵国全的这眼土窑恐出

① Y市法院档案：34—3—4046。
② Y市法院档案：34—3—4042。
③ Y市法院档案：34—3—3990。

危险，经村干部和防洪小组动员孙妻和女儿等移居到别处，即借住了李某春的三孔窑洞。因李某春要出卖该窑，于1957年2月份曾优先尽让孙某清购买，孙不要后才又出卖给本村赵家祯。卖房时孙亦知道，并答应于本年4月份腾出此窑。经村干部帮助孙将房子找妥，4月份孙以不愿在本村居住不予腾出。法庭认为，孙以不愿在本村居住而不腾出是无理的，故判决让孙腾窑并限在判决生效5天内将窑全部腾出。被告孙某清不服判决，于1957年10月22日上诉至S省高级人民法院。孙某清提出的上诉理由是：（1）原告逼他腾房；（2）给找上的公共房子，是饲养员住的地方，周围都是牲口草料，恐怕不注意小孩们点着火，或仇人害死牲口，无证明谁负责；（3）弄得家庭不和，不能安心生产，甚至女人要自杀。针对孙某清的上诉理由，李某春答辩称："本来别人都不愿借给他家房子住，我也不愿借给他家房住。因自己是个村干部才暂借给他三孔窑居住，因要修建自己所住房屋而出售此窑。出售时曾尽让过孙，他说无钱不要，后出售给赵家祯时孙也参加了，还答应到本年4月份给腾出。可是以后村干部给孙又找妥房子他不腾，以后孙又说因他被政府扣押欠下200多元外债，如村里给解决了才腾出。这完全不是理由。"要求尽快解决。S省高级人民法院经审理后，认为双方并非租赁关系，故李某春对孙某清不应负安置责任，孙某清借住李某春三孔窑洞年余，而且村干部又给上诉人找到房屋，这是对上诉人足够的照顾。据村干部证明1947年曾给上诉人分到院半所、窑一孔，而后出卖，以后自己无房居住本应自己负责。因此孙某清上诉无理。故驳回上诉，维持原判。

本案诉讼过程经历了一审、二审，在上诉理由中，孙某清试图从村干部给其找的房子不适宜居住以至于家庭不和、妻子要自杀、不能安心生产等各个方面论证自己不腾借住李某春的窑洞的正当性。当这些理由都站不住脚时，他又提出要求村里免除其200元债务作为腾房条件。虽然这些都未被法庭认可，但是我们可以看到孙某清的生活困境以及其为能继续占住条件稍好的窑洞的努力和将小事闹大的诉讼策略。

在1958年以来的一些案件中，法院认定买卖房屋属于投机行为而废除买卖关系。

如王某越与姚某芝房屋纠纷一案[①]。王某越于1917年以75吊钱典到姚某芝窑院一所。后因货币变更，在1944年双方协议将75吊钱折合为银洋400元，另立新约，继续承典。至1955年4月Y矿务局要修建铁路专运线，需征用该窑院地基，即由工作组向群众宣布后，便成立了评价委员会，王某越是乡长，是评价委员之一，该窑院评价为5525.65元，尚未宣布。事后工作组因公被调回，这一工作暂告停止。王某越即乘机找人向姚说合以600元（包括前400元在内）买下该窑院地基，并于6月20日办完买卖手续。7月工作组回到该村宣布前所评定之价格，姚方知王某越利用职权买下窑院以图牟利，致起诉讼。这时王某越自知无理，即愿退出所得之款，废除买卖关系，达成调解。后王某越又因在该院自己还有修建之物提出应折价由姚交付，于1957年9月诉至Y市人民法院。市法院判决，对所建平房两间、厕坑一个、火棚一个及种植树木等，均根据矿务局所评定之价计算共为1014.1元应归王某越所有（包括卖价600元和房料货价在内），下余4465.55元归姚某芝所有。王某越不服一审判决，于1958年3月提起上诉，认为与姚之房屋买卖系同中说合，出于买卖自愿，应属有效，又称补偿之价不够六分之一。S省高级人民法院经审理认为，王某越是评价委员之一，对姚之房窑院基评定的价格自己知道，为了牟取巨利，即利用职权进行投机，买下姚某芝之房院，虽然买卖关系上经过了一定的手续，但不能认为合法有效，应予废除买卖契约。至于王某越这种违法行为行政上已给了处分，故不再予处理。至于修建费及所植之果木数株原审均一一按矿务局之评价给算是正确的，所提不够六分之一毫无根据不能成立。关于矿务局买窑院之价款，存银行之利息，双方应各按所得之款计利取息。

本案中，王某越因职务上之便利，得悉自己承典他人房屋之地基将被征用以及估价的信息，便以低价购买，以期牟利。在其要求被一审法院否定后，遂以“房屋买卖系同中说合，出于买卖自愿”主张买卖关系成立为由提出上诉。同时，他也意识到买卖关系成立的请求很难被法院认可，因此，又提出追加补偿款之要求。这不外是使自己能在第二审中获取一定利益的策略。

---

① Y市法院档案：34—3—3708。

1958年的另外一起房屋买卖案件反映了城市私有房屋改造政策对房屋买卖的影响。[①]原告梁某秋、温某枝于1958年3月21日合伙购买被告赵某恩兴盛巷房屋5间，当时言明价洋600元，限期3个月腾房，已交现款450元，尚欠150元，因被告不能按时腾房未交。而后原告又得悉被告是在临省某市限制房屋买卖后才来Y市投机卖房，为此向法院申请退房。被告承认卖房是在临省某市限制买卖房屋开始后所为，但主要是因为家庭生活困难所致并非投机。否定言明3个月腾房，只是承认说过3个月若房客不腾房，可以申诉法院处理。法院在判决书中称：

> 经查被告来Y市卖房确实在临省某市限制房屋买卖以后所为，显然是投机。再说被告家庭在经租房屋以前，每月收入200余元，生活并不困难。被告所提生活困难，显然不能成立。故判决房屋仍归被告，应列入改造范围之内。被告所用原告450元应由被告负责偿还。

1964年的一件房屋买卖案涉及自建房的买卖及国家政策对城市房屋买卖的限制问题。[②]

原告徐某华于1964年2月言定买被告王某风房子一间，价款150元，已付120元，其余30元未付。原告向被告催要卖约手续，被告迟迟不办，原告于8月18日要求退房，控诉在案。法院认为：

> 经审理查明此房既未上税，又无正式买卖手续，显然买卖关系是不合法的，且此房虽系自建，房基属于公家，建筑时未经正式批准，建筑原料来源证据又不定善（只有价值13.20元两根木头有据可查），房子出卖本应取得有关主管单位的准许，私自买卖自属不当。

至于被告向原告退款一节，为了照顾双方的经济实况，经调解达成协议如下：

---

① Y市法院档案：34—3—3707。

② Y市法院档案：34—3—891。

（1）王某风所欠徐某华120元房款内，除去9个月的住房费18元及10元退款外，净余92元；1965年2月起至同年5月全部付清（即2、3、4月份至少各付10元，其余5月交清），不得擅自拖延。否则凭受强制执行；（2）徐某华于1964年10月底前给王某风腾出房子，在住房期内的半年地皮税1.5元由本人负责。

第二节　宅基地纠纷与诉讼

一、宅基地制度的历史变迁

农村宅基地是指已建房屋、建过房屋或者决定用于建造房屋的土地，包括建了房屋的土地、建过房屋但已无上盖物而不能居住的土地以及准备建房用的规划地三种类型。农村宅基地是农村土地的重要组成部分，我国没有农村宅基地专门立法，长期以来农村宅基地由法律和政策共同规范、调整。新中国成立后农村宅基地所有权性质经历了不同历史时期的演变。

1949年10月新中国成立后到1962年年初，农村宅基地农民私人所有，国家承认农民对宅基地和房屋的所有权，可以自由买卖和租赁以及继承等而不受政府限制。新中国成立后，我国农村开展了以废除封建土地制度，没收大地主的土地与房屋分给无地无房农民为手段，实行“耕者有其田、居者有其屋”的土地改革运动。依据1950年6月30日中央人民政府公布《中华人民共和国土地改革法》的规定，建立了农民私人所有的土地制度，农民对分得的土地包括耕地和宅基地均享有所有权，并拥有自由经营、买卖及出租其土地的权利。

1954年9月20日第一届全国人民代表大会第一次会议通过的《中华人民共和国宪法》确认了农民对土地和房屋的所有权。1956年3月17日全国人民代表大会常务委员会第三十三次会议通过了《农业生产合作社示范章程》。依据该章程，初级阶段的合作社属于半社会主义的性质。在这个阶段，合作社已经有一部分公有的生产资料；对于社员交来统一使用的土地和别的生产资料，在一定的期间还保留社员的所有权，并且给社员以适当报酬。

1956年6月30日第一届全国人民代表大会第三次会议通过的《高级农业生产合作社示范章程》规定：入社的农民必须把私有的土地和耕畜、大型农具等主要生产资料转为合作社集体所有。社员土地上附属的私有的塘、井等水利建设，随着土地转为合作社集体所有社员的土地转为合作社集体所有，取消土地报酬。社员原有的坟地、房屋地基不入社。社员新修房屋需用的地基和需用的坟地由合作社统筹解决，在必要的时候，合作社可以申请乡人民委员会协助解决。

可见，在农业合作化过程中，虽然农民的主要生产资料入社并转变为实质上的集体所有，但并没有改变农民宅基地与房产的个人所有权。

1962年开始，农村宅基地归生产队集体所有、一律不准出租和买卖；农民原始取得宅基地使用权，国家承认农民对宅基地的长期占有和使用，社员有买卖或者租赁房屋的权利。1962年9月27日党的八届十中全会通过并颁布了《农村人民公社工作条例修正草案》（简称《人民公社六十条》），该草案规定：生产队范围内的土地，都归生产队所有。生产队所有的土地，包括社员的自留地、自留山、宅基地，等等，一律不准出租和买卖；社员的房屋，永远归社员所有；社员有买卖或者租赁房屋的权利；社员出租或者出卖房屋，可以经过中间人评议公平合理的租金或者房价，由买卖或者租赁的双方订立契约；任何单位、任何人，都不准强迫社员搬家。自此以后，农村宅基地所有权与使用权相分离，其中，所有权归生产队，使用权归社员。

1963年3月20日发布的《中共中央关于各地对社员宅基地问题作一些补充规定的通知》规定：（1）社员的宅基地，包括有建筑物和没有建筑物的空白宅基地，都归生产队集体所有，一律不准出租和买卖，但仍归各户长期使用，长期不变。（2）宅基地上的附着物，如房屋、树木、厂棚、猪圈、厕所等永远归社员所有，社员有买卖或租赁房屋的权利。房屋出卖后，宅基地的使用权即随之转移给新房主，但宅基地的所有权仍归生产队所有。（3）社员需建新房又没有宅基地时，由本户申请，经社员大会讨论同意，由生产队统一规划，帮助解决。（4）社员不能借口修建房屋，以随便扩大墙院、扩大宅基地来侵占集体耕地，已经扩大侵占的必须退出。[①]

1963年8月28日最高人民法院《关于贯彻执行民事政策几个问题的意见》（修正稿）规定：关于宅基地使用权纠纷，社员的宅基地，包括有建筑物和没有建筑物的空白宅基地都归生产队集体所有，一律不能出租和买卖，但仍归各户长期使用，长期不变。宅基地上的附着物如房屋、树林、厂棚、猪圈、厕所等永远归社员所有，社员有买卖或租赁房屋的权利。房屋出卖以后，宅基地的使用权即随之转移给新房主，但宅基地的所有权仍归生产队所有。社员不能借口修建房屋，随便扩大墙院、扩大宅基地，来侵占集体耕地，已经扩大侵占的必须退出。在宅基地使用权的取得上，先由本户提出申请，经社员大会讨论同意，由生产队统一规划，予以解决，但尽可能利用闲散地，不占有耕地。必须占有耕地时，应根据《人民公社六十条》的规定，报县人民委员会批准。[②]

二、宅基地纠纷与诉讼的实践分析

农村宅基地作为农民的重要的具有经济价值的生活资料，在农民的日常生活、生产中具有重要地位，因宅基地而产生的纠纷时有发生。从Y市人民法院诉讼档案及其他资料来看，从1949年年初到20世纪60年代中期，宅基地纠纷一直没有断绝过。1950年至1956年共审结67件，1956年社会主义改造基本完成后，农村走上了合作化道路，土地、宅基地案件锐减，1957年至1959年仅8件。此后，由于“大跃进”的影响和连续三年困难时期，人民群众生活受到严重影响，此类案件屡有发生。1960年至1965年共审结宅基地纠纷30件。

1950年王发、王珠诉王进一案在一定程度上具体展现了此类案件的致讼原因和审理过程。[③]

在Y工矿区第三区公所致法院的函中，叙述了本案形成的基本情况，该函称：

---

① 纪敏编著：《中国房地产政策法规与实践》，学苑出版社1991年版，第571页。

② 最高人民法院民事审判庭：《房地产审判手册》（上册），法律出版社1992年版，第61页。

③ Y市法院档案：34—3—4899。

人民法院蒋院长：

今有我区某村王珠、王发和王进因地基的争执发生纠纷，经王珠首告到区。原因：王珠和王进早在民国二十三年买得任致房舍地基各一段，王珠买北段，王进买得南段，两段中界相连，后来王进将所买南段石窑五眼门前地基（东至天河古道，西至群众窑墙，南至王处，北至王处——即与王珠接界争执地点）卖给郭老虎，现在郭老虎修筑门前院墙，和王珠相接处东西直线划出界线修墙，在修筑当中，王珠提出界线不对，不让修墙，非按场内一便道为界，形成斜界，由东南向西北，把郭老虎的院子割成斜角形，但割出的这个三角形地基高不过六尺，底宽不过四尺左右，郭老虎累修，王珠累扰，因此纠纷起来。王珠说王进把他的地基出卖了，提出和王进闹事，首经村干部调解按地形和原契旧界处理，应以直线为界，但王珠不服，非强调以便道为界划成斜界，并说村干部有偏向郭老虎、王进的行为，村干部无法调解，介绍到区，区派员到村勘察地形。根据原契及纸据，并无说明以道为界和斜界的证明，后解释按合理适当处理，应以直线划界，但这样王珠也不行，非得斜划过去，这样考虑实际有损无益。后来决定按原契纸原厕所一处外按直线划界解决，但王珠非常固执，累经解释不醒，坚持非要上告，区里不能解决介绍到法院，希详加考虑处理为荷。

五月廿九日

在某村6月6日致法院的函中，也反映出本案在提起诉讼前的多次调解处理过程。

兹介绍本村王发、王珠与王进因房产地基问题由，初原因王进之房屋与郭老虎之房屋互相交换之问题发生了界线争吵问题，自己无法解决，第一次经过村干部互相和平解决而王发、王珠再三不赞成。第二次经过区干部及村干部、原卖主任致检验地基实际形式与纸据证明依情和解并将基地划开界线。而王发、王珠不同意，致之上告。右记之情均属实无违。特此介绍。

法院通过向原卖主的后代及邻居等的走访调查，认为原告王发、王珠的起诉理由不成立，进而作出维持旧界的判决。其理由是：

本院按被告及旧卖主当日成交事实论断，分到哪里，卖到哪里，已成当定之事实。立有界石原是不易的物证，该原告竟以仅及三年的界石遗失，而漠视了廿年来尽人皆知的界石有据，任为无凭，借口取闹，殊属不该，况所争之地宽不过六尺，更是狭隘的看法，其理由自不应成立。基上论点，本院为了避免双方争执，特以社会物权交易的惯例判决。

王珠、王发与王进关于地基界线的争执先后经历了村调解、区调解仍然未能解决，诉到法院后方得以解决。法院通过走访调查，厘清本案所涉及的地界的由来，按照“立石为界，分到哪里，卖到哪里”的交易惯例以及原始契约、群众证言作出判决。此判决应该来说是妥当的，维护了交易秩序。

1961年李春诉李金一案中，原被告所争执的为粪坑地基的所有权。[①]被告李金认为粪坑是自己的，不让原告在粪坑里修建厕所。双方调解不成，法院在判决书中指出：

经查，李映、李照在光绪五年开家所立分单上，李映纸上有粪囤一个。原告李春（李映之子）在民国18年2次开家的分单上仍写有东粪圪囤一个。解放后在土地证上也填有粪坑一个，并且原告祖辈相传已使用了85年。被告李金（李照之子）在土改填土地证时，将其宅院东至已纠正为东至李锦福，其中并未包括原告使用的粪坑。再从原被告现使用的粪坑来看，原告粪坑长为28市尺，宽10市尺，而被告使用的粪坑长为40市尺，宽为11市尺，可见李映兄弟分家时，李照已分得多数。况且农民分家茅厕粪场是日常生活生产必备之物，一者分得用之有余，一者分得用之无物，其情不言而喻。另外根据原告现有地基，除多年使用的粪坑地基一段，门前左右在无分寸余地可

① Y市法院档案：34—3—2470。

找，而被告不仅有粪坑、猪圈、厕所，而且在原告粪坑北段还有78、75步的地基一段。据此，无论从过去和现在来看，被告单凭其土改前四至（错误记载）为理由夺回原告粪坑地基。其理由显然不能成立。本庭为维护公民的合法权利，以利社员生产生活不受影响，特依法判决如下：原告李春现用之长20市尺，宽10市尺的东粪坑一个仍归其所有。

本案中，法官根据历史、现状、惯例、土地、证，认定原告拥有所争执的粪坑地基的所有权，理由是充分的。

在1962年的一个案件中，法院通过调解解决了双方的地基纠纷。[1] 原告刘华称，1953年被告张雨修马棚时借用了原告的地方，现在又说成是被告的地基了，为此，要求政府查清处理。被告称他爷爷手里买契是有窑二眼，但因年长日久西边这一眼早已塌落，所在房产证上只填了现有的一眼，可是不承认借用一节。经法院调解双方达成如下协议：（1）被告占了原告部分地基，应折价25元付给原告；（2）以马棚西后墙的南北为直线以东，北墙的东、西为直线以南地基归被告所有。

本案的处理结果表明原告所诉属实，原告享有所争地基之所有权。考虑到被告已修建马棚，遂折价付予原告，也就是通过买卖关系，被告获得了此段地基的所有权，进而重新划界。这说明在《人民公社六十条》实施之前，农民依然享有宅基地所有权，并可以自由买卖。

宅基地纠纷常常与相邻关系纠纷结合在一起。相邻关系是指，两个或两个以上相互毗邻不动产的所有人或使用人，在行使占有、使用、收益、处分权利时发生的权利义务关系。也就是，在行使不动产权利时，都要尊重他方所有人或使用人的权利，相互间应当给予一定的方便或接受一定的限制。相邻关系的本质是一方所有人或者使用人的财产权利的延伸，同时又是他方所有人或者使用人的财产权利的限制，反之亦然。相邻关系使相邻人有权从邻方得到必要的便益，并防止来自邻方的危险和危害。同时，对各自所有权的行使也应有所节制，不能损害邻

① Y市法院档案：34—3—1556。

方的合法权益。因此，相邻关系实际上是在斟酌相邻各方的利益和公共秩序后，对行使不动产所有权或使用权的一种限制或节制。相邻关系具体表现为相邻通行关系，相邻防险、排污关系，相邻用水、流水、截水、排水关系，相邻光照、通风、音响、震动关系等。

下述几个案例即反映了宅基地与相邻关系结合的纠纷形成与诉讼过程。

原告程明与被告程谦系族兄弟关系，于1938年即分居另过，1951年又重新分享继承祖母养老财产，此后双方相处不太和睦，至1961年8月24日，原告在自己分到祖遗北窑西三墙根建修场道石梯后，同月29日被告即将程明已修好之石梯刨坏，形成纠纷，争夺所有权，原告要求赔偿损失诉至法院。① 经调解达成下列协议：（1）原告付出全部修场道石梯石头，按圈窑形重新修建石梯，修建费双方各付百分之五十。原告并负责将来修建场道门以予院内安全；（2）被告在自己西北窑风道修建厨屋时，挑火坑不得妨害原告之北窑西三墙根基。并在修起新厨屋后，将自己南窑根之小厨屋拆掉。

在地基及相邻关系纠纷中，认为自己权益受到侵害的一方往往通过言语或者诉诸拆毁、刨坏等手段来表示不满和阻止对方的“侵权”行为。本案即是如此。经过法院调解，双方达成了互谅互让的协议，修复了因地基纷争而造成的紧张关系。

相邻通行关系是相邻关系的基本内容之一。相邻通行关系要求不动产权利人对相邻权利人因通行等必须利用其土地的，应当提供必要的便利。相邻一方的建筑物或土地，处于邻人的土地包围之中，非经过邻人的土地不能到达公用通道，或者虽有其他通道但需要较高的费用或十分不便的，可以通过邻人的土地已达公用通道。但通行人在选择道路时，应当选择最必要、损失最小的路线。通行人应当尽量避免对相邻的不动产权利人造成损害。相邻防险关系也是相邻关系的重要内容。相邻防险关系是指，相邻一方在挖掘土地、建造建筑物、铺设管道以及安装设备等，不得危及相邻不动产的安全。不得使邻地的地基受到危害，不得使邻地的建筑物受到危害。相邻一方的建筑物有倾倒的危险，威胁邻人的生命财产安全，相邻一方应当采取加固、拆除等预防措施。众多的地基纠纷案都涉及相邻通

① Y市法院档案：34—3—2469。

行关系与相邻防险关系。

1962 年法院受理了李连与李逄地基纠纷一案[①]。李连与李逄为邻居关系，1955 年原告李连买到王改房院一所，买契上四至分明，门前空地一块在四至内，使用权自属原告，但界内有厕所一个，在卖主王改买到前及使用期间（此房是由被告原叔叔李堂在民国 19 年间出卖给王改的）就由被告李逄使用。王改及李连均未强行阻止过，但有过使用权之争，后因李连重修了大门，厕所正座于门前，为此发生纠纷。经调解后双方达成如下协议：（1）此地基使用权属原告李连；（2）李连重修下厕所后允许李逄通行；（3）在未修起厕所前李逄仍暂用现在厕所，在修起后即应拆除。

同年法院受理了另外一起地基纠纷案[②]。原告李保银诉称："我于 1960 年买得李金玉地基一段，系厕所、粪场地基，四面均以堵墙为界，但因年久，有一段堵墙塌落，人们经常从那里来往通行，因妇女们到厕所很不方便，为了避免人们通行，我于今年 5 月 28 日，将塌落处垒起，被杨东小之母亲刨掉，后又连续垒起，两次都被杨东小和他母亲刨掉。同时杨东小的猪圈还占我的地基一角，并且去年在我粪场上种上庄稼，我告诉过他今年已种了，明年可不要再种，可是他今年又栽上旱烟，为此要求法庭公断，不能再让他侵犯我的所有权。"被告杨东小辩称："我从小记的，此段地基内就有一条小道，但李保银买了以后，就把那条小路给垒住不让通行，为此我母连续刨过两次，后经村干部调解后，因保银第三次垒堵时，损坏了我的烟苗，为此我又第三次刨掉，另外我的猪圈没有占了他的地基。"经过法院的调查调解，双方同意达成协议如下：（1）在原告的茅厕、粪场全部一段地基内，被告不得通行与刨小块地种植农作物；（2）猪圈占用原告地基一角，经协商允许被告占用。

1963 年的一起地基纠纷案，主要涉及相邻防险关系。[③]

原告张佑、李芝德于 1955 年 3 月买得被告张治德胜街 67 号（现改 59 号）房 8 间，北厦棚、小厨房各一个，66 号（现改为 58 号）房后西南方 6 市尺见方厕所

① Y 市法院档案：34—3—1557。
② Y 市法院档案：34—3—1740。
③ Y 市法院档案：34—3—977。

地基一段，并有房契为凭。因当时原告在邻居李师瀚（另一被告）与张治墙之中间另建有厕所，故未使用此段地基，也未具体划分。1957 年 9 月上站小学修建幼儿园时需占用被告张治房后西南方地基，与被告张治联系后，张亦表示同意。因此，便将其房后西南方地基让给上站小学占用。今年 5 月被告李师瀚因天下雨，阴湿其房墙，便通知原告方面拆毁其修建之厕所，并于今年 6 月 9 日上午开始拆除，被原告方面发现阻拦，因而引起纠纷，原告诉讼在案。经本案协同当地居民、调解委员会与治保主任共同解决，达成协议如下：（1）双方均同意在被告房后西南角调剂长 1 米宽 2 米地基作为原告方面修建厕所使用，任何人不得侵占与拆除修建之厕所；（2）为保护被告李师瀚之房墙，原告方面应立即修建新厕所，并在修建竣工后主动拆除原建厕所与茅顶，否则被告李师瀚有权干涉和拆除。

在 1964 年受理的一个案件中，法院除解决当事人双方因地基而产生的通行问题，还特别强调了相邻安全问题。[①]

原告李白小与被告赵九婵在前十余年，将各在土改运动时所分的胜利果实房产，互相换居，在互换居住过程中，被告在原告屋内修建炕箱一个。原告在被告屋内，也进行过抹窑、垫场等整修工作。原告还提出被告占用他的地基，迄今不给腾出，影响道路通行。后经村干部解决。因双方在室内所建修一切费用发生争执，诉讼在案，要求处理。法院经现场勘查，予以说服动员，双方主动达成协议如下：（1）被告现在原告窑洞门口地基上放的大瓮一个应予搬走，不应影响道路通行；（2）被告在原告屋内所建的炕箱一个，应由原告补偿被告兰砖 150 个，务于 1964 年 7 月 5 日，由原告全部交付被告；（3）原被告互住一院，在日常生活中，不论是属于谁的房舍，使用院内地基时，均不能损坏房舍四周墙壁。如发现占用院基而影响了房墙，造成损害，应由占用地基者负责补偿。

1964 年法院受理的另外一起地基纠纷案件，主要涉及相邻排水关系问题，同时亦明确了在《人民公社六十条》实施后，社员不再享有宅基地的所有权，只是享有使用权。[②]

---

① Y 市法院档案：34—3—235。

② Y 市法院档案：34—3—236。

被告李成在修建自己的家与大门时，将西院墙向西占了宽3市尺、长7至8市尺的地基一段，原告李润寿不同意，向法院申诉处理，经法院予以查对，协同大队党政干部就地调解，达成协议如下：（1）被告已修起的西院墙，仍应保留外，对西院墙中间至大门楼的向西所占的3市尺宽，7至8市尺长的一段地基应予拆掉，不得修建，所留出此地基其使用权应归原告李润寿；（2）被告在重建西院墙时，将院内出水道要移至西院墙从南向北长达7市尺之处出水；（3）场坡上的出水，由被告负责修改，不得放到大门外边，大门口留在原告大门外的水，由原告负责处理；（4）在被告现修的大门西墙上起，通过这次解决，由向西的墙壁，不得超过2市尺（东西宽度）；（5）从被告新建西院墙为界向西至原告现有的厕所东墙处，其中间一段地址，应归其大队经营使用，双方不得争执。

1965年法院审理的一起地基纠纷案涉及相邻通行、排水、安全诸问题。[①]

原告王光明与被告廖福丰系邻居关系。被告于1962年买到刘存江之瓦房3间，位于原告之屋顶上。双方当事人因屋顶堆放煤炭、栽树、围墙、影响房屋寿命而发生争执。经派出所调解无效，后诉至法院。经法院调解双方达成协议：维持原买契约的四至、东、南四至以房墙为界，西至矿务局房墙（6间房之中），北至厕所及小房；院内围墙应移至6间房之中间，并留有水道，屋顶煤炭另行堆放。

宅基地纠纷如果仅仅涉及宅基地的所有权或使用权问题而言，应该说法律、政策是有较为明确的规定的。然而，宅基地纠纷的复杂性在于，它往往与不动产的相邻关系问题纠合在一起。由于具有相邻关系的相邻各方的具体情况不同，法律、政策很难作出统一的详细的规定。结合共同生活生产的实际状况，在长期的司法实践中，形成了处理此类案件的一般原则，即“有利生产、方便生活、团结互助、公平合理、照顾习惯”的原则。在处理的方式上往往采取实地调查、走访群众、说服教育、就地解决的调解方式来解决。在这里，形成了国家权力、集体力量、家长权威、当事人立场、群众意见等各种权威和力量相互作用的场合，法律、政策、习惯、实际生产生活需要等成为解决纠纷的多层次、多方面依据，法官的智慧就在于能够审时度势、恰当地平衡各方权益，形成一个为各方均能接受

① Y市法院档案：34—3—337。

的方案，从而保障权利和恢复秩序。

在个别特殊案件中，基层法院和上级法院对案件的性质和财产权利归属产生了不同认识。

1963年高大牛与高保成因宅基地纠纷致讼。[①]

高大牛诉称："1955年我买到本村高以礼地基一段，北靠高保成，我想修建窑洞，向北移一下和别人已建窑洞取齐，就和高保成商议，把他地基让与我一段，未得解决。我就让泥匠订好木标，计划修建。高保成把我埋的木标扒掉，无奈我二次和他商议，通过别人说合买到高保成东西约4丈长，南北一丈余宽一块地基，买价80元。从1963年3月15日开始修建，窑洞修好，正修场上的水道时，又被高保成阻止，不让从西边下水。通过修建工人的说合，让我出30元款，才将出水修起。后到大队办理买卖地基手续时，被大队发现，才阻止了我们双方的买卖关系，把卖纸作废。后来高保成又把我修好的水道拔掉，不让出水，经过调委干部和处理，让我还从此处修起出水，他不同意，现在我要求法庭给我们合理解决。"

高保成辩称："高大牛未修窑洞前就问过我，想趁我的地基，但未说好，他就叫上泥匠给订了木标。我发现才把他的木标拔掉。后高大牛又找下中人与我说合他出80元款买我的这段地基，并写下纸据。在修建起窑洞，修洞顶出水时，他从我西边下水，我不同意，通过工人们的说合，他再给我30元款，后被大队干部知道，阻止了我们的买卖关系，地基水口款我都未花过。我就拔掉他修起的出水道。我的意见，什么时候也不能在西边给我下水，山为归水，原来从我洞顶上出水，现在还可以到我洞顶上出水。"

法院协同大队干部及调委干部，通过现场勘查，原告所建窑洞，并不妨碍被告将来建修。新建窑洞西处仍是空地一段，从窑洞西山墙下水，不会影响被告修建配窑。如被告修建时还可以协商，把原告窑洞顶西墙也可成为被告再建配窑的东墙，连在一起，可以把窑洞顶的水从被告新建配窑洞顶上向西南修建出水，完全可以把场上的水送出。如果双方协商不成，被告也可以在原告所建窑洞西墙起，向西留出2尺空地，被告再建窑洞东墙。双方窑洞之顶水都可以从所留空地之处

① Y市法院档案：34—3—199。

送出。

法院在判决书中指出：

> 根据政策规定，房屋基地应归生产大队所有，原被告买卖房基地显属违反政策规定。被告以长四丈，宽丈许之土地出卖80元，已得利动心，又以水道之名，再向原告索取30元，被生产大队阻止，完全应当。现被告一再阻止原告人修建出水索取人民币是违法的。现判定原告人新建窑洞的出水，仍按西墙的新建水道出水，被告拔掉新建窑洞顶上的出水道，应给与批评，并应给以盖修。

判决后，被告高保成不服，提起上诉。S省高级人民法院对本案进行了二审，作出了新的判决。

经S省高级人民法院派员调查勘察，审理查明：当事人两方于1955年同时买得高海昌的地基一块。被上诉人买东半块（买主写为其兄高福义），写明西至高海昌，北至高保成。上诉人买西半块，东至高福义，与其前买高洪善的北面地基相接。1963年春被上诉人要新建北窑3孔，因所地基不够使用，愿出80元买上诉人北面地基一段，商妥后在办理买契时，被生产队发觉及时阻止，废除其买卖关系。但被上诉人的窑已建成，为从窑顶西墙上出水便利，又出价30元和上诉人协商占用其地基出水。协商未成，被上诉人在西墙上按起的水道为上诉人拆除，形成诉讼，经原审和当地干部调解无效进行判决，上诉人诉称："我与被上诉人协商买卖地基，是我不懂国家政策，我并未把地基卖给被上诉人走水，他不能侵占我的地基，否则影响我将来修建东窑。"被上诉人辩称："地基已归集体所有，建窑多占的一段地基并不属上诉人所有，窑顶西墙的出水水道，也未超出自己的地基使用范围。"

S省高级人民法院在判决书中指出：

> 经查上诉人一九五三年买高洪善的地基时，写明东至高海昌，并不能说明被上诉人建窑多占的地基属于上诉人所买范围。被上诉人买高海昌的地基

> 时，写为北至高保成也说不明建窑多占地基应归上诉人所有。再者根据两家各买高昌海的地基时，埋有三块石头为界，由于非法协商买卖地基，已拨去两块，难以考证，但现还留有南边一块原埋界石未动，依此石东西分界，向北与上诉人窑西墙距界线尚有七尺五寸，离新建所按水道也还有六尺，据此，本院认为原判欠妥，特改判如下：(1) 撤销原判。(2) 当事人所争地基属生产队集体所有。(3) 被上诉人窑西自墙根七尺五寸以内，除水道以北归生产队使用，以南由其自行使用，上诉人不得争执。(4) 在发生纠纷中，上诉人拆除被上诉人的窑顶水道是不对的，现被上诉人已经修好，上诉人也不必再负赔偿责任。

本案在处理时，S省高级人民法院更注重维护生产队对地基的所有权和使用权，被告不服一审判决而提起上诉，其结果一方面是导致原告可使用的地基一部分划归生产队所有和使用，另一方面被告也获得了一定利益，即不再负担对原告的赔偿责任。

在1965年的一个涉及城市房屋宅基地使用权的上诉案件中，S省高级人民法院认为案件的性质属于刑事案件，要求Y市人民法院按刑事案件加以审理。[①]1964年7月原告张孝堂与被告于成栋因地基纠纷诉至法院。Y市人民法院判决所争执地基应为被告使用。张孝堂不服，上诉至S省高级人民法院。S省高级人民法院在1965年1月30日致Y市人民法院的函中指出：

> 关于张孝堂与于成栋因争执坐落在Y市保全街23号院内的空地基后夹道纠纷一案，经你院于一九六四年七月二十日以（64）法民字第392号民事判决之后，张孝堂不服原判向本院提出上诉，经派员下去深入了解查明，此处房院的来历系在抗日战争时期日寇岛田四作于一九四二年五月十一日向地主曹连方佃租到地皮一块，每年租金二十元佃租期十年，由岛田四作在这块地披上修建起房院一所，计有北房四间，西房四间，地窨一个，东面有小厨

① Y市法院档案：34—3—827。

房一间，小澡堂一个。据张孝堂供认当日寇侵华时期他在日伪铁道上当工人，与岛田四作相处熟悉，岛田四作曾借过他的伪币八千元未归还，据于成栋供认当时他在日伪街政府税务所干事。一九四五年六月一日张孝堂与于成栋勾结在一起各付伪币三万元由张孝堂出名将岛田四作的此处房产接佃过来并将岛田四作佃租曹连方的地皮契约一纸执管起来，又弄虚作假地于同年八月二十日以张孝堂名义，将西房四间，地窖一个，大门，厕所，后夹道，以及院内空地作价伪币一万元立契约卖与于成栋，将北房四间、厨房、小澡堂作价伪币一万元卖与张孝堂，这样要了一套手腕就向伪政权税了契纸，其实还是张孝堂与于成栋两家伙占伙用。经查此处房院所占地皮的全部面积不过二、三分地双方所争院内的空地基后夹道总共不过三、四厘地，据双方供认他们自接佃之后每年还给地主曹连方交纳地租一元五角。根据以上情况本院认为此处房院显属日伪财产，解放后应交人民政府接管，根本不允许私人买卖，该张、于二人现在纵然持有接佃日寇岛田四作的房产契约和在伪政权弄虚作假税了的契纸，但从他们勾结办事的时间和他们当时都为日寇效忠服务并和岛田四作还有私人借贷关系来讲，显然是乘日寇投降之际浑水摸鱼，隐瞒日伪财产，据为己有，是负有一定罪责的，尤其是对地主曹连方在解放后，每年暗收地租的罪行隐匿不报更有彻查追究之必要。你院对此三、四厘地基掩盖下的隐瞒敌伪财产问题未予查究，仅以一般民事纠纷判处不妥，因此，撤销原判发还更审。

1965 年 3 月 21 日 Y 市人民法院以刑事案件对此进行了审理，作出了判决，完全认同了 S 省高级人民法院在函件中所认定的事实和意见，认定张、于二人“实属不法行为，据情本应给予刑事处分，但因年长日久，根据历史从宽现行从严的精神，免于刑事处分。为保护社会主义财产不受侵犯，特依据中华人民共和国国务院关于外国教会及外人在华房地产问题的几项原则规定精神，除当庭对被告进行批判教育外，特判决如下：张孝堂与于成栋现住保全街 23 号房院全部收归公有”。

本案以三四厘地的夹道地基之争的民事纠纷开始，以原被告双方均构成刑事犯罪，包括所涉及地基的房院全部收归公有而结案。这恐怕是原被告均始料未及的。从中也可以看出基层法院审理本案的“就事论事”的态度与上级法院“彻查追究”的态度之间的差异。

第三节 小 结

对于日常生活世界的关注，是唯物史观的应有之义。马克思在批判唯心史观时指出：“现实的生活生产被看成某种非历史的东西，而历史的东西则被看成某种脱离日常生活的东西，某种处于世界之外和超乎世界之上的东西。”[①] 历史唯物主义关注日常生活世界，就是关注日常生活中的人们的物质生活和精神生活、物质文化诉求、现实生存状况和困境，“探究、揭示人在日常生活中实现自由、解放、幸福的主客观条件、实践方式和现实路径，这是它走向生活世界底层的深刻表征”[②]。有学者把农民的日常时间区分为日常生活时间和“事件”时间。日常生活时间通常是指家族成员为了生存和满足自己生理需要所耗费的时间，它的特点是具有重复性与稳定性，如做饭、吃饭、生产、交往、休息等。“事件”时间是指当生活中出现各类对家族生存产生重大影响的问题时家族成员在处理和解决这些问题的过程中所耗费的时间，它具有突发性和不确定性，在总量上则可长可短。[③]

我们在这里借用这样的观点进行分析，可以较为充分地展示房屋宅基地纠纷及诉讼实践的意义。房屋、宅基地是民众日常生活的必需的物质资料，房产权、宅基地权是关于人们相互之间信赖和行动选择的制度安排。如果把一般情况下居住房屋、房屋买卖典当、使用宅基地等视为日常生活的“常态”，那么，对于因此而产生的纠纷及其诉讼过程则可视为日常生活中的“事件”。常态和事件构成了日常生活世界的有机关联部分。纠纷孕育于秩序之中，恰是事件蕴含于常态之中的一种形式；纠纷又是秩序的对立、反叛与矛盾的深化，恰如事件对常态的重大和深刻的影响。如果说常态生活具有稳定性、重复性、连续性甚至平庸性，那么类

① 《马克思恩格斯选集》(第1卷)，人民出版社1972年版，第93页。
② 王福民：《历史唯物主义对日常生活的关注》，《哲学研究》2010年第8期。
③ 杨善华、刘小京：《近期中国农村家族的若干理论问题》，《中国社会科学》2000年第5期。

似纠纷这样的事件则具有突发性、不确定性、断裂性甚至戏剧性。“人们所奋斗争取的一切，都与他们的利益有关。”纠纷中的当事人为了维护自己的经济利益或者心理平衡，采取不同方式对对方的“侵权”行为进行阻拦，直至不惜失面子、伤和气、费时间、花精力地诉诸法庭，进行诉讼，无论在别人看来是否占理，他们都有其内在的动力和逻辑。秩序是内敛的，纠纷是扩张的，诉讼是复杂的。在诉讼中代表国家权力和权威的法律、政策和法庭，无疑是解决纠纷的主导力量，在街道干部、村干部、区干部乃至周围群众的各种方式参与下，在当事人的争辩下，最后都要以判决或调解某种方式来结案。于是，义务得到履行，纠纷得以解决，权利得到保护，事件得以平息，秩序得以恢复，人们又回到了常态生活中去。日常生活常态与事件的短暂交织，社会发展获得了新的动力。

第五章　债务、赔偿纠纷与诉讼实践

第一节　债务、赔偿纠纷案件审理的基本依据

债务纠纷和财产损害赔偿纠纷也是常见的财产纠纷。关于债务关系和作为侵权行为之一的财产损害，中华人民共和国成立以来很长一段时期内均没有较为完整和系统的法律规范。就民间债务关系而言，处理此类纠纷的主要依据是1950年10月20日政务院第55次会议通过的《新区农村债务处理办法》，但该办法也只是原则性的规定。如规定：1949年以前农民及其他劳动人民所欠地主的债务，一律废除；所欠富农债务，发生纠纷时，利倍于本者，停利还本；利二倍于本者，本利停付；付利不足本之一倍者，应承认富农的债权继续有效；1949年以前农民所欠农民债务及其他一般借贷关系，均继续有效。农村中的债务纠纷，均由当地乡人民政府会同农民协会处理，不能解决的，由县司法机关裁判。这种原则性、政策性的规定，旨在消除地主对农民的剥削关系，并维护农村经济秩序的稳定，对其后发生的债务纠纷并没有提供处理的依据。至于财产损害赔偿关系，如现代民法中的过错责任、因果关系等，均无规定。没有一部民法典来规范债务关系和财产损害关系以及其他民事关系，这是直至1986年《民法通则》出台前中国民事法律的状况。1956年社会主义改造完成之前，国家的主要任务是通过各种政策来完成各方面的社会主义改造，尚无暇顾及制定一部统一的民事法律。1956年社会主义改造基本完成以后，我国进入了全面建设社会主义的新时期，但由于一系列群众性政治运动，严重干扰了正常的经济秩序，民事立法工作也无从真正展开。1957年到1965年，没有出台一部民事法律，只是随着1962年国民经济的调整，

由中共中央制定出一些具有民事内容的政策和国务院发布的民事法规。[①]

关于民间债务纠纷以及财产损害赔偿纠纷的处理，实际上法律处于空白的状态，法官在处理案件的时候，没有什么具体的法律条文可资援引。《共同纲领》和1954年《宪法》关于保障财产权的规定，为审理此类案件提供了指导原则，对于具体案件而言，司法实践中审理此类案件的主要依据是基本的公正观念以及常识或者经验。

第二节　债务纠纷与诉讼实践

一、债务纠纷的概况

中国传统民间社会具有乡土性的特点，共同生活在一个区域如村落、小城镇的人们，在长期的生活生产过程中，由于血缘、地缘等关系的因素，逐渐形成一个共同体。人们遵循长久以来形成的交往规则和习惯，遇有困难时，互相帮扶，彼此关照，建立了一种质朴的富有人情味的秩序格局。这种传统与新中国成立后提倡的共产主义新风尚相契合，因此，作为互相帮扶、彼此关照表现形式之一的民间借贷应不在少数。大多数情形之下，当事人之间诚实守信，都能按期偿还借款，若有不能按期归还借款的，通过双方协商或中间人说合都可延期得以解决。不过，由于各种原因，也存在协商、说合也未能解决纠纷，因而诉诸法庭的情形。从Y市法院1950年到1965年的民事档案来看，因借款欠款而形成的债务纠纷数量并不是很大，共92件，占全部民事纠纷的1.6%左右。

这些民间借款、欠款形成的债务纠纷的基本特点是：从当事人之间关系来看，有亲戚、朋友、邻居、师徒，可以说，绝大多数都发生在关系较为亲密的熟人之间；从借款欠款数额来看，数额一般较小，没有大额借款的情形存在，这也是由于当时民众的经济生活水平决定的，没有特别富裕的家庭；从借款利息来看，都

① 参见韩延龙主编：《中华人民共和国法制通史》（上），中共中央党校出版社1998年版，第452页。

没有利息，均属于无息借款；从借款用途来看，大都是为了解决燃眉之急的生活困难；从借款的形式来看，均没有订立书面的借款合同。从因借款、欠款形成纠纷的原因来看，债务纠纷的基本类型有：一是由于天灾人祸急需用钱投找亲友，借款花光后一时无力偿还形成纠纷；二是集市贸易开放后，有些人弃农弃工经商借资贩卖，长期不还借款，也有的拆东补西，买空卖空，做投机生意，不能按期付款，形成债务纠纷；三是在某些商品暂时供应不足的情况下，有些人受他人委托企图通过走后门购买到紧俏商品，受托人将委托人的钱花掉后长期不还形成纠纷；四是买卖中的欠款纠纷。

二、债务纠纷与诉讼的实践分析

1952 年的一件债务纠纷案，反映了新旧社会更替时期，一些人的非法牟利行为。[①] 工人刘大河是某县三区人，于 1952 年 6 月借了邻村秦金锁人民币 90 万元（相当于现在人民币值 90 元），言定半个月内归还，到了 7 月底还没有归还。但此款系秦金锁将五台县农民高晋祥骡子一头诓骗变价，高晋祥发觉追要在急。因秦金锁已将此款借给刘大河不能归还，致使问题得不到解决。高晋祥将此事反映到某县人民政府。某县人民政府致函法院，提出“为了迅速适当解决，函请贵院就近协助传唤刘大河询问究竟，予以早日将此款全部追回以便解决”。法院遂传唤刘大河，了解情况。最后，由刘大河出具保证书，由两名同事作保，答应分三次交付款项，每次付 30 万元，3 个月内交完。在出具保证书的当天即付了 30 万元，由某县人民政府转交高晋祥。

生活困难而急需钱款，既是形成借款关系的主要因素，也是造成借钱不还或难还的主要原因。下面几个案件都反映出这样的特点。

1962 年何元贞诉刘芝兰一案[②]，何元贞在诉状中写道：

---

① Y 市法院档案：34—3—4789。

② Y 市法院档案：34—3—1585。

兹有刘芝兰系四川省会理县城关镇人，于1961年9月回家探亲，超假20余天，当时返Y市无钱用，途中不能行走（因无路费），则向我提出借钱100元，口称返Y市后，立即寄来付还。当时本想不借，该员好言多次请求援助，我才念其相识，同时再不返Y市，将会影响工作，给国家造成不应有的损失，因此借给她100元，至今10月多，在此期间，该员曾采取欺骗手段，说已汇来，但我在会理邮局等处清查，都未汇来。后又写信问她，才承认确未汇来，此后置之不理，分文未还，近来我因有事急需钱用，又写信向她要，但该员不闻不问，一再拖延，既不回信，又不还钱。为此，现向法院提出控告，请求法院帮助追查解决，责令该员速将钱寄来，以解决目前困难。

刘芝兰接受法院调查询问时说："借钱是事实，但在同年11月我就托一熟人（不知其姓名）给何元贞汇去。如她未收到此款，我可将款交给法院汇去。但今后如查出前汇款确已汇去，还得向她追要款。"案件就此得以调解解决。

本案中，原告陈述了借钱给被告时的想法：被告困难无路费、相识关系、担心影响被告工作、给国家造成损失，等等，也叙述了反复索要欠款的过程。被告在给原告的回信中承认了并未汇款，但在法院调查时，又称托不知姓名的熟人代为汇款。可能是出于爱"面子"的心理吧。法院以解决纠纷为宜，并未深究被告的说法是否属实。本案虽然案情并不复杂，但是反映了"借钱容易还钱难"的借款纠纷的一般模式。

原告张普修于1958年在本市某砖厂当合同工时和被告李成元相识的。以后彼此抽借用钱，在同年被告一次借原告人民币40元，除顶账3元外，下欠37元，经原告多次讨要，被告拖延直至1962年7月未决，原告诉至法院。经调解，达成如下协议：被告李成元欠原告张普修人民币37元，在9月26日开支时，归还原告20元，下余17元10月20日还清。如被告到期不还时，法院通知被告之工作单位即一次扣除。[①]

赵玉朴与牛宝权是因工作关系认识的。认识后牛宝权于1963年3月借原告

① Y市法院档案：34—3—1571。

120元，当面说下不日就还，事后牛宝权分次归还原告65元，下余55元，赵玉朴多次催要，牛宝权延期不交。赵玉朴于同年10月要求法院解决，经调解双方协议如下：被告牛宝权现欠原告人民币55元，如被告从Y二中结算出解雇金或者出卖小平车后一次交付原告赵玉朴，如结算不出或继续使用小平车，所欠原告之55元于1964年元月份一次付清。①

原告霍连财与被告常锁祥系亲戚（甥舅）关系，被告因家庭生活困难，从1954年至1960年中，借过原告家中人民币100元，已还20元，其余80元一直未还，原告多次追要，而被告是一再拖延不还，因此原告1965年8月来法院起诉，经法院调解双方达成协议如下：被告欠原告人民币80元从1965年9月起每月还偿15元并逐月交付至还清为止。所交之款送至法院。②

上述借贷关系，有的是朋友之间、有的是同事之间、有的是亲戚之间，欠款的时间少则一年多则数年，原告"多次讨要"，被告"拖延不还"，显然，信任关系已受到一定的损害，也在一定程度上伤了和气。法院对此类案件往往采用说服教育的调解方式，但为了加强对债权的保护，无一例外地采取了一定的策略。一方面，照顾到被告的情况以及原被告之间的亲友、同事关系，不宜逼得太急，都采用了分期还款或较长时间内一次付款的方式。另一方面，为了敦促被告能按照调解协议履行还款义务，还采用了针对性保证债务履行的措施，如有的案件告知被告"到期不还时，法院通知被告之工作单位即一次扣除"，有的案件要求被告"结算出解雇金或者出卖小平车后一次交付原告"，有的案件要求被告"所交之款送至法院"。

对妇女李秀珍来说，1963年是一个多事之秋。李秀珍之原夫王凤楼生前患病时借其姐夫陈久顺180元治病，1962年8月其夫病故，领抚恤金417.86元，李秀珍除偿还他人债务318元外，下余99元未还陈久顺的债务，自己花用了，随后又将王凤楼遗产继承和刘保山结婚。陈久顺追要借款诉讼至法院，经Y市法院查对借款属实，陈念原有亲戚关系自愿放弃50元，只让李秀珍还款130元，并判决李

① Y市法院档案：34—3—784。
② Y市法院档案：34—3—223。

秀珍拍卖王凤楼的遗产偿还陈久顺借款 130 元。李秀珍以"无钱偿还外债，自己应得的财产应受到国家法律保护"为由提出上诉至 S 省高级人民法院，在上诉审理中，陈久顺以李秀珍"既然享受死者的财产，就有负担外债的责任"，提出答辩。S 省高级人民法院认为，李秀珍在陈久顺放弃 50 元债权，而她继承了丈夫的遗产，又找下新的对象结婚的情况下，没有理由拒付 130 元的借款。因此，驳回了李秀珍的上诉，维持原判。[①]

应当说，上下两级法院的处理都是考虑到本案的实际情况，认为李秀珍是有偿还债务的能力的，因此，让其承担债务符合保护公民债权的目的，对于维护正常借贷的关系和经济生活秩序是有意义的。

从 1960 年困难时期的挫折、缓慢发展，直到《农业六十条》之后，农民再一次享有了自留地、自留山、自留林、自留牲畜等法律意义上的私人财产，农民的自主权进一步加大，大一些的集镇逐渐恢复了传统的集贸市场，城乡商品交易开始增多起来，民间交易、借贷更加频繁，农业领域的发展和工业领域的巩固、调整和充实，使得国民经济从三年困难时期逐步复苏起来，人民生活水平和购买力逐渐提高，社会经济活动较为活跃，经济交往中的债务纠纷也增多了。

1962 年 9 月，张芝要买张德成的一块苏联手表，因张德成怕张芝给不了钱，张芝便找下张满贵给当保证人，因而买卖关系成立，买价 180 元（张德成原买价亦是 180 元），并议定，将张满贵借张芝的 90 元钱兑给张德成，其余 90 元钱由张芝在秋收结算后给清，给不了由张满贵负责。1963 年 1 月 14 日张芝领了钱后，张满贵、张德成便去张芝家中要钱，张芝先答应给 40 元，张满贵想一下要了，暂未收下，张芝便对张满贵又说："将表你先放起，我第二天从 Y 回来给钱。"张满贵不敢收表，即提出："咱们将表找上匣子，用封条封起，限五日内交款，交不了，归还张德成，顶了 90 元欠款。"当时张芝、张德成都表示同意，便将表放在匣内封住，并在封条上签名盖了印。同年 4 月，张德成因其母有病，治疗用钱，催张满贵数次找张芝要钱，张芝仍不归还，张满贵无奈，便自己垫出 90 元钱归还了张德成。直到同年 10 月，张芝仍未归还张满贵垫款，经过生产大队调解，亦未还

---

① Y 市法院档案：34—3—974。

了。于是，张满贵便起诉至法院要求处理，经数次调解张芝仍不归还，并无理提出“将表退回原主，找出了的90元钱归还我”。法院认为，张芝与张德成买卖手表已经成立，不应反悔，张芝应如数交付买手表之款。据此，法院于1964年1月30日作出判决：手表归张芝所有，限张芝接判后10日内将张满贵垫款90元还清。如到期不还，即将张芝手表拍卖（表拍卖后长退短补）归还张满贵垫款。①

本案属于因买卖关系而形成的欠款纠纷。由于买方的反悔致使不能履约，保证人不得以先为垫付，继而诉至法院，要求买主还款。法院首先确认了买卖关系成立，然后，据此要求买主还清保证人的垫款，并称“如到期不还，即将张芝手表拍卖（表拍卖后长退短补）归还张满贵垫款”。这样处理是妥当的。

手表等商品由于紧缺和供应的限制，成为紧俏商品，能搞到这些商品的“关系”则成为一种稀缺的资源。这种信息的不公开和不对等，增加了交易成本，同时，也为掌握关系和信息的人提供了“寻租”的机会。不少人希望通过那些“有关系”的人来帮助或代理自己完成交易，而那些声称“有关系”的人，又并非真的“有关系”，因而，交易中的不确定因素和风险都增大了，由此而形成的纠纷屡有发生。

1960年2月林明与王津同住医院相识，当时王津说能给林明买到手表、衣服，林信以为真，就给王津248元，此后，多次催要钱物均无，延至1963年8月只还林10元钱，王于1962年11月找到工作。1963年8月，林明向法院起诉，要求法院处理，让王津还欠款。法院传唤了被告王津，王津承认原告所诉属实，经调解双方达成协议：双方同意由被告王津每月偿还原告林明人民币20元，从1963年9月份起，直至偿还为此；如不能按协议执行，被告同意从自己工资内扣除偿还。②

刘善瑞（男，30岁；职业：司机）与宋宇天（男，25岁；职业：工人）是师徒关系。1960年12月份宋宇天请假回家，说能买到灯芯绒布，刘善瑞即付给他人民币30元，后来布未买到买了20余斤山羊肉、手巾、粉面等共伙吃用。1961年元月宋宇天又向刘善瑞借用金笔一支价值6元未还，此后宋宇天以毛线2斤付还

① Y市法院档案：34—3—839。
② Y市法院档案：34—3—981。

刘善瑞，复又要回，但已打成毛衣，出手工费10元。1963年刘善瑞要求宋宇天偿还钱时，宋以已还过他15元，并付给他毛巾6条、袜子6双，吃过羊肉5斤等，刘善瑞不承认全部事实，形成争执，1963年10月诉至法院，经调解达成协议：被告宋宇天付给原告刘善瑞人民币20元；宋宇天于1963年12月份还原告10元，1964年元月还清。[①]

代买商品而形成的纠纷，在普通商品交易中也时有发生。

1963年法院审理了原告赵礼、被告吕增贵债务纠纷一案[②]。原被告于1962年均在我市排车社当工人时关系尚好。同年10月原告下放农村时国家发给其回家费300元。被告因病退职也无正当职业，因之原告给其200元让给他买一辆小平车使用。被告收住此款后，因病严重，赴上海治疗时将款花光，所以既未给原告买到小平车，又偿还不了所花之200元欠债，为此引起争执。经法院调解双方达成还款协议：被告吕增贵欠原告赵礼之200元，双方商定被告所欠原告之款分两期交清。第一期于1963年10月15日交100元，第二期在同年12月15日交清。

同年审理的赵振河与袁世路债务纠纷案，也是因代买东西引起的。[③]原告赵振河与被告袁世路原系亲戚关系。在诉讼中，原告说："1962年3月被告要到福建看望他弟弟，当时我给他100元让给代买点东西，同年4月我和他女儿已离婚了，他回来后我曾向他要钱几次，他一再推迟说当时没钱，但今年8月份又和他要时，他说不欠我的钱了，要求处理。"被告说："钱是他给我作路费用的，并没有说捎买什么东西，那是他给了我的钱，他原是我的女婿，现在又反口说是给捎东西的钱，钱我已作路费花用，现没钱再给他。"经法院说服教育，鉴于二人曾是翁婿关系，各自退让一步，调解达成协议：被告袁世路还给原告赵振河人民币50元，到1964年3月底一并付清。

1963年法院的一份民事裁定书，记录了一件因诓骗而形成的债务纠纷。[④]

---

① Y市法院档案：34—3—985。
② Y市法院档案：34—3—982。
③ Y市法院档案：34—3—986。
④ Y市法院档案：34—3—979。

Y市人民法院 民事裁定书 （63）法民裁字第6号

原告：本市某生产大队。

代理人：杨振业，男，48岁，贫农成分，职业农民，现住本市。

原告：陈长力，男，24岁，中农成分，职业工人，现住本市。

被告：陈万年，男，25岁，无职业，贫农成分，现住本市。

案由——债务纠纷

1959年夏天被告以给某生产大队割草为名，从该队骗出割草预支款人民币100元，事后草未给割，款亦长期拖延不还，在生产队多次催要下，无奈于1960年8月归还了40元，其余60元长期拖延借故不还。

同年7—8月间被告又以能买到自行车为名，骗取陈长力人民币165元，长期不还。1962年8月被告返乡时仍不还债，陈长力申诉本院，经本院调解，为照顾被告返乡暂时困难，确定先归还40元，其余返乡后归还。将被告大小桌子四张、镜子两块、玻璃两块，椅子两张暂存本院，待返乡后如能归还外债即将上述财产留归被告，如不能还债时被告愿将上述财产出卖归还部分外债，但是至今年余，被告仍不还债。

查被告陈万年在我市居住期间，不务正业，到处诓骗，欠债长期不还，实属不当。本院为维护法纪，保护集体财产和公民合法权益，特裁定如下：

1．将被告存放我院财产给予拍卖还债。

2．除财产拍卖折顶一部债款后，其余所欠债款仍由被告负责偿还。

1963年8月13日

本案既涉及个人之间的债务纠纷，也涉及个人与集体之间的债务纠纷，法院为了保护集体财产和公民合法权益，决定将被告的财产予以拍卖还债，显示出通过司法手段对公民和集体财产权利进行有效保护的立场。

第三节　财产损害赔偿纠纷与诉讼实践

一、财产损害赔偿纠纷的概况

在民法上根据侵权行为对象的不同，可以将侵权行为分为侵犯人身权的侵权行为和侵犯财产权行为。侵权行为发生后，在被侵权人和侵权人之间形成的权利和义务关系就是侵权行为之债，侵权之债由侵权人承担民事责任而得以解决。财产损害是侵权行为的一种，属于侵犯财产权的行为。财产损害是指行为人出于过错或无过错而造成他人财产灭失或毁损的行为，一般应当承担赔偿损失或停止侵害的民事责任。财产侵权责任是保障财产权的法律设置，如果没有侵权责任，财产权将会处于一种不安全的状态。

权利为人们行动设定了边界，可以做什么，不可以做什么，都要受到权利范围的制约，法律制度正是通过对权利的设定和保护，来实现其调整社会关系，维护正常社会经济秩序的基本功能。由于现实生活的复杂性和变动性，出于不同的动机或原因，总有一些人故意或过失地侵犯了他人的权利。如果放任侵权行为的发生，权利本身也就荡然无存了。

Y 市法院的民事档案反映了在缺少侵权行为的基本法律制度下，司法实践中是如何处理财产损害的侵权行为，从而保障财产权利的。

大多数的财产损害行为，都是发生在日常生活中的一些小事件，日常生活交往的不可避免性和频繁性，使得相安无事固然是一种常态，但也难免磕磕碰碰，造成一些财产上的损害，多数情形之下，通过当事人的自行和解或村队调解都得以解决了。只有那些一方不自觉或双方都不让步的事件才选择通过国家权力的介入也就是法庭审判来解决。从 1950 年到 1965 年 Y 市法院共审理了 32 件财产损害赔偿案件。

二、财产损害赔偿纠纷与诉讼的实践分析

1961年法院受理的原告曹华婷（女，30岁，护士）与被告钱翠枫（女，30岁，干部家属）打架引起的损害手表赔偿案，展示了琐事口角争执是怎样升级演变为民事纠纷并经数次审理方得以最终解决的过程。[①]

钱翠枫因结婚以来未生育子女，意想与别人要个孩子抚养，为此不断向煤矿职工找要小孩之事。后曹华婷得知后对钱翠枫说过：自己没有，要上别人的也不亲等语。钱翠枫认为是对她的讽刺，双方即互相争执发生口角。在1960年12月7日下午5点许，在钱翠枫门口，一面互相臭骂，一面互扔冰片，曹华婷让钱翠枫到派出所说理，但钱翠枫不去便返回家中，曹华婷随后跟进拉钱翠枫前去，一时不慎将手表掉在地上，当时未发觉，到第二天早上发现表已丢掉，才在钱翠枫门口雪堆里找到，送交派出所要求解决，让钱翠枫赔偿她的表。双方争执不下，曹华婷遂向法院提起诉讼。

经派出所查对了解，法院深入调查，1960年12月7日下午5时许，原被告双方争执打架后，有煤炭干部家属子弟郭凤林进到被告家中，看到地上有手表一块，就将表拿起，放到被告家中的一块木板上，不一会，郭凤林正往外走时，被告又将表放到地上踩了踩。另外从找到的坏表时间来看，在下午7时许，但她们打架是在下午5时许，相差2个钟头，同时仅打架将表掉在地上不会把表的大、小针都踩得那样死。

依据上述情况，法院在判决书中认为：

> 双方因互生斗气发生争执，原告不应用言语讽刺被告，故应负双方争执的主要责任。将表掉在地上，也是双方拉扯所致。但从表坏的程度来看，不是掉在地上就那样的，时间看，原来打架是下午五时许，表上小针是七时才停止的，说明表的坏不是五点而是七点，在找到的证据看，有人在打架后在被告家中的地上拾起表来放在木板上，特别是看到被告又将表摔在地上用脚

① Y市法院档案：34—3—2472。

> 踩了几下，这完全说明表的损坏，是被告有意所为，应负赔偿责任。原告曹华婷的表，是1959年以108元买的，现经检查，表内的石眼破碎，表针中心轴受损，不易修理，但双方互相争吵打架，程度不同都有一定责任。根据情况现有表一块，仍归原告所有。被告赔偿原告50元，在3个月内逐月还清。

一审判决后，被告钱翠枫不服，认为责任在原告曹华婷，自己并未故意“将表摔在地上用脚踩了几下”，不应当负赔偿责任，以此上诉至地区中级人民法院。地区中级人民法院认为本案部分事实不清楚，遂裁定撤销原判，发回重审。Y市人民法院对本案进行了重新审理，经调解双方达成协议。调解书中称：

> 原被告于1960年12月7日下午，双方互相臭骂，一面互扔，随即扭打在一起，曹华婷带着手表，因双方互相打架，将手表损坏程度严重，不易修理，因此，告在本庭要求处理。判决后被告不服本判决，上诉中院，经中级人民法院审查后，发还更审，经我庭深入调解，现在双方协议如下：(1) 原被告互相打架，将原告手表损坏一节，应由原告负责修理，修表花多少钱，凭发票由双方分担。(2) 经过检查手表损坏程度严重，确实不能修理时，由修表单位出具证明，说明因为不能修理，后由被告钱翠枫补助原告赔偿款人民币50元。

本案是由一句话引起的纷争。曹华婷说“养别人的孩子，不如自己的亲”，本来是一句极其平常的话，然而“说者无心，听者有意”，这不经意的一句话正触着了钱翠枫多年未生育的隐痛。争执就此发生，先是“互相臭骂”，“一面互扔”，随即“扭打在一起”，最后致使原告手表损坏。在审理过程中，“公说公有理，婆说婆有理”，导致本来一起简单普通的案子复杂起来。从Y市法院两次审理的结果来看，出现了细微的差别。在事实认定上，第一次审理，认定“被告又将表摔在地上用脚踩了几下，这完全说明表的损坏，是被告有意所为”且手表已“不易修理”；第二次审理形成的调解书上并未在提及被告故意将表摔在地上用脚踩了几下，而是认为“原被告互相打架，将原告手表损坏”。实际上否认了第一次审理认定的被告故意损坏原告手表的事实。在处理方式和效果上，第一次审理以判决结案，被告不服；第二次审理“深入调解”，双方达成了协议。在处理结果上，第一次审理径行判决被告赔偿原告 50 元钱；第二次审理，则形成了两套处理方案：一是“应由原告负责修理，修表花多少钱，凭发票由双方分担”；二是“经过检查手表损坏程度严重，确实不能修理时，由修表单位出具证明，说明因为不能修理，后由被告钱翠枫补助原告赔偿款人民币 50 元”。这样处理对被告而言，尽管有可能像第一次审理结果一样赔偿原告 50 元，但是，一方面，并没有认为被告是故意而为的侵权行为，在性质上发生了变化，被告容易接受；另一方面，先修理，修理不成再赔偿，也使被告获得了可能少于 50 元赔偿责任的机会。应该说这样的处理结果既实现了司法保护公民财产权利的功能，又体现了当事人双方在案件中的意见，故容易被双方所接受。

1963 年法院受理的一起石磨赔偿纠纷，也是因琐事而起。[①] 在审理中，原告周爱莲（女，69 岁）诉称：“1962 年 8 月间，我儿媳在我小磨上要磨干玉茭，被告杨紫修（31 岁，原告的侄儿）妻要磨湿玉茭，我儿媳要先磨面，被告杨紫修嫌磨得迟了，拿起小磨连摔两次未破，第三次才用力把我的小磨摔破成了三块。”因此，要求被告杨紫修赔偿。在审理中，被告承认摔破小磨是事实。经调解让被告赔偿人民币 10 元，被告拒不赔钱，要将自己不能用的小磨赔偿给原告，原告周爱莲不同意，要求判决。法院在判决书中指出：

> 查原被告同居一院，本应和睦相处，但被告蛮横无理，摔破原告小磨是错误的，原告要求赔偿损失是合理合法的。被告拒不赔偿是没有理由的。本院为保障人民群众合法权益，特依法判决由被告赔偿原告人民币 10 元，以资教育。

本案中，被告杨紫修不接受法院提出的赔偿原告 10 元钱的调解方案，坚持用自己的不能用的小磨赔给原告，原告自然不接受，法院也认为不妥，故在调解不

① Y 市法院档案：34—3—899。

成的情况下作出要求被告赔偿原告10元钱的判决。在判决书中还指出被告“蛮横无理”，对其进行了严肃的批评教育。

在同年的另外一起案件中，由于未成年人玩火而造成他人重大财产损失。后经法院调解达成赔偿协议。[①]

Y市人民法院　(63)民事调解书　法民调字第69号

原告：王上喜，男，21岁，家庭出身富农，本人成分农民，职业务农，现住本村。

关系人：王银喜，男，27岁，家庭出身贫农，本人成分农民，职业务农，现住本村。

被告：李才玉，男，38岁，家庭出身贫农，本人成分农民，职业务农，现住本村。

案由——赔偿纠纷

原告上改前的平房七间（一下修起的），在土改运动中原告家庭被斗。除东边两间平房归原告所有外，其余五间分给贫农王银喜中间三间平房，李才玉西边平房两间。1963年农历正月18日，被告李才玉之子李春来（13岁），在原告和关系人的屋内（因搞食堂时，将中间隔墙取掉）玩火，一时不慎，将屋内存放大队的犁、耧、农具和原告的木头、家常用具及一些破旧衣服全部烧光。同时将平房的家门、窗户以及屋顶的拴岭，程度不同的均已烧毁。为此发生赔偿争执。经本村大队调解，原告不同意大队处理意见，即向本庭提出申诉在案，经查对了解，本庭依据发生火灾的情况和责任，及各方面当事人的生产、生活、人口、住宅的多少等具体情况，予以调解达成协议如下：

被告李才玉将原分得西平房二间赔偿给关系人王银喜所有。王银喜原分得中间平房三间，由被告在火灾发生后花费100元修补外，为了安全，再购买八寸宽的面，一丈二尺长的房拴二根，把屋顶盖顶好，可赔偿给原告王上喜所有。其次，对三间平房的三个窗户，一付家门，可在今秋、明春分二期

① Y市法院档案：34—3—900。

由被告给安置妥（1963 年 4 月起到 1964 年 3 月底止），现已烧坏的原告东平房二间，可归被告李才玉所有。特此调解。

1963 年 4 月 20 日

本案值得注意的是，法庭提出了调解时应依据发生火灾的情况和责任，及各方面当事人的生产、生活、人口、住宅的多少等具体情况来处理。由于财产损失重大，若以金钱作为赔偿，是被告家庭难以负担的。因此，具体问题具体分析，最后形成的是以物（房子）偿物为主要赔偿形式的责任承担方案。

骡马车是当时重要的交通运输工具，在交通运输中，由于违反交通规则而造成的财产损害纠纷，屡有发生。

1959 年 3 月 7 日下午 4 时，跃进社赶车工人宋万锁在汉河河沟马路上，驾驭马车和其他车辆并排坐车行使。宋万锁用鞭子和其他马车互相打闹牲口，使牲口受惊，到处乱撞，致使骑自行车的行人王进军无处可躲，马车把自行车压坏。王进军起诉到法院。法院进行了调解，双方达成了协议：（1）被告宋万锁赔偿原告王进军价值 145 元旧车一辆（全部由被告修妥），损坏的自行车归被告所有；（2）责令被告写出书面检查。调解书下达后，限一星期交来；（3）建议有关部门对工人加强教育。①

上述案件中的交通事故责任是简单和明确的，有些案件需要认真地区分责任。如在 1961 年的王宝孩与李万保交通损害赔偿一案中，法院就对事故责任进行了较为细致的区分。② 在判决书中，法院指出：

经查，本庭认为被告李万保，在赶重车行跑中，坐在车上是违反交通规则的，特别在最窄的路上行驶，更应注意。但被告李万保迎面碰上牲口，仍不下车止步，反而坐车继续前行，将黄马砸坏，应负主要责任。原告王宝孩，身为赶牲口工人，在行程中应多加小心，不应由牲口自由行走。虽说是自己

① Y 市法院档案：34—3—3210。
② Y 市法院档案：34—3—2475。

小便才离开牲口，但牲口本身是需要人看的，不是牲口随便乱走的。为了确保牲畜的安全，自己在小便时应将牲口停步，待自己小便后，再赶牲口前进，事故也不会发生，故应负一定的责任。

至于马的价值，法院认为，既不能按原来的买费，也不能依公社与管理区的换马估价，应依当时的作价，参照现场的初步估计，适当确定。为此对马的价值可定为3500元。被告李万保是发生事故的主要责任者，故决定由街上管理区赔偿北区管理区人民币2000元。赶车工人李万保、赶牲口人王宝孩，可依照情节与管理区的规章制度，经各管理区领导研究，给予适当处分。对残马的处理，法院认为，通过现场估价，与双方负责干部研究，因离北区较远，不便处理，均同意由街上管理区处理，但对处理结果，马匹杀肉68斤，每斤人民币4角，出售于街上煤窑工人即用。马皮仍在保存。对此项残马处理结果所得，应将马肉售款27元或毛和保存的马皮一张，可全部支付北区管理区较为妥当。

本案涉及交通事故处理中的诸多问题，如责任的区分、财产损失的估价以及财产损害赔偿的落实等。法院在正确区分责任、合理估价的基础上，作出了适当的财产损害赔偿处理。在法律制度基本缺失的情况下，以及缺少事故分析和损失估价的专门技术的情况下，法官在处理上显示出经验和智慧。

个人与集体、企业或政府之间也会因生活、生产经营等方面的一些原因形成财产损害赔偿纠纷。

1963年12月铁厂工人、某村住户史恩和农业社员、某村住户史恕起诉铁厂损坏了其财产，要求赔偿。[①]他们称，在1958年铁厂占用东垴弯地方时，损坏了他们与王悌等户共同使用的石碾1盘，扇车2个，石滚2个，至现在也没有赔偿，要求解决。被告铁厂承认此事存在，并为此问题双方商议过几次，因在价格问题上意见不一，未得解决。经过法院调解，双方达成了协议：（1）铁厂赔偿史恩等户人民币350元（即碾1套200元，石滚2个50元，扇车2个100元）；（2）由铁厂给原告作碾滚架一个，和中心轴一根（在原告买下碾子后给作）。

---

① Y市法院档案：34—3—901。

本案中被告铁厂的侵权事实发生在1958年，但迟至1963年12月原告才起诉要求被告赔偿，应该说是受到一定历史因素的影响。在1958年“大跃进”、大炼钢铁的政治经济形势之下，倘若原告当时就提起诉讼的话，其赔偿请求恐怕是很难得到支持的。原告在党的工农业政策都有所调整，重新提出关心农民生活，对在“大跃进”时期一些不正确做法进行纠正的时候提起诉讼并且获得赔偿，是为保护自己财产权利的一个慎重和明智的选择。

1964年桥头大队农民史万元将沙沟大队告上了法庭。[①] 原告史万元住房的南墙有过去开采的小煤矿一个，其中有通向原告房下的巷道一个，1958年就停止采煤巷口封闭，被告沙沟大队于1963年2月份又将巷口拆开向巷内倒渣，同年5月原告发现住的窑洞有了破缝，因而原告以被告拆巷口采煤所致而告到公社，要求进行检查，同年7月份、10月份由沙沟大队会同市工业局、公社、桥头大队及原告等进行了两次检查，但未查清处理，因此原告起诉到法院。法院会同市工业局、公社、桥头大队及原告，于1964年4月7日，又到现场进行了检查（因该矿下已起火被封闭未能到坑下检查），经检查分析认为原告窑洞裂缝是因该窑洞的基础不好，和去年雨水较大所致，但沙沟大队在开采当中未经有关部门批准私自将过去关闭的旧巷道（通向原告窑处）拆开，是错误的，对原告窑洞裂缝是有一定责任的。为了原告住窑的安全，经调解达成协议：沙沟大队付给原告人民币180元作为原告维护修窑的赔偿；今后原告之房屋再出问题时与被告单位无关，完全由住户自理。

同年农民葛金凤和Y市房产管理局之间也因财产损害赔偿问题产生了纠纷。[②]

原告葛金凤诉称：“1955年用340元买到李光麟的房屋3间，紧靠我房的东边是公产（经租）平房，几年来无人居住，也无人管理。1963年6月间遭大雨后，公产房屋被水冲坏，雨水漏到屋内，影响到我房屋的根基，致我的房屋也受到损坏。我曾几次向房管局反映，他们说，我的房子坏了与他们的房子漏雨无关。1964年10月16日市房管局来人说，公产房要拆掉，17日派人来拆房，因我们双

① Y市法院档案：34—3—234。
② Y市法院档案：34—3—805。

方之间的问题还没有解决，所以我阻止他们拆房。他们承认，我的房屋损坏，与他们的房子漏水有一定关系，答应把公产房倒塌的石头给我的墙打上三个垛子。我要求将靠东墙坏了的根基，由房管局负责砌墙，我做房顶。”

被告房管局则认为，公产房顶坏与原告房屋裂缝是同样的原因，主要是因为房屋原来建筑在半坡，重新垫平之松土基础上，加之近二年来雨水过多，渗于地下，地形滑动，造成房屋损坏，公产房漏于地下雨水，对原告房屋有一定影响，但不是主要原因，原告应负责修理自己的房屋。我们同意将损坏之公产房屋的全部材料付给原告作为帮助，不同意给原告重修房屋及墙。

由于双方争执不下，经调解达不成协议，法院遂作出判决，认为：

> 经本院审理查证查明，原告之房屋是建筑在半坡重新垫土之基础上，加之近两年来雨水过多，渗于地下，自然造成地形滑动，是造成房屋裂缝损坏的主要原因，公产房屋损坏，漏到家内雨水渗于地下，加速了原告房屋裂缝，但不是房屋损坏的主要原因。因此本院认为原告房屋损坏后，应由原告负责修理，市管理局可给一定帮助，经本院调解，达不成协议。本院为维护国家财产与公民的合法权益，密切政府与群众的关系，特依法判决如下：
>
> 1. Y市房管局除将倒塌之房屋材料全部给原告外，再付给原告人民币100元，作为帮助原告修建房屋之用。
>
> 2. 原告可另选地方，自己负责修建住房。修房的地基可请示生产大队批准。
>
> 64年11月30日

在上述两个公私财产损害赔偿纠纷的案例中，我们可以看到，法院在查明事实、分清责任的基础上，力图实现公私利益的兼顾和平衡，并没有片面强调维护公家、集体的财产和忽视公民个人的财产利益。由于在观念上把纠纷的妥当处理，视为“密切政府与群众的关系”，因此，在一定程度上更加注重对诉讼中的“弱者”——公民个人的财产权利的保护。

在1959年法院审理了一件可称之为群体性纠纷的案件，长兴村民起诉长兴劳教队，要求对劳教队损害其财产进行赔偿。[①]

长兴村李向阳、李润蝉等12户村民户主联名向法院提交了反映、揭发劳教队侵占、损害群众财产问题的《长兴群众控诉书》。控诉书中说：

劳教队自去年到长兴发展生产以来，我们长兴群众对他们是十分忠厚的。我们为了发展生产回报祖国，把本村居住于杏树坡的12户51口人全部搬走，让他们借住三个月。但是这些干部和劳教队员是一个教育人的单位，他们并不遵守群众纪律。好像是六千元款叫干部吃喝一顿，把我们长兴的财产、私有财产卖给教养院。任意糟蹋群众财产，乱砍树木，尽欺哄群众，说话不算话。比如去年七月初来，我村动员我们腾房间，他们的负责人亲口和我们谈的挪出去三个月就可以回来。他说你们的东西当下用的拿上一些，当下不用的就留在这里。什么都不能损失个一点。结果我们挪出房子来快一年了。在五月份以前我们找过干部，也没有个长短。在五月份我们又找到我村的算账工作组，但工作组和管理区书记主任及劳教队负责人座谈了几次，他们说在七月份保证开工修房。结果不开始修房，又把他们打下的石头和烧好的兰砖全部卖掉。可见我们的住房问题是永无希望了，这不是欺哄群众吗？

另外，我们村的房子是很不够用的。我们现在的住房问题是有很大实际困难的。都是人多房子少。凡是挪出来的户，都有人在伙房睡觉。如王贵信和李润蝉两家共6口人，找下一处家，致使李润蝉不得不去伙房睡觉。另一个困难是我们的磨子留在原家，全被他们偷偷使用了。我们的磨面问题只好每天问人。更困难的是，使用谁家的磨子，不能归回自己的磨底。这时，我们的粮食是有很大损失的。

关于留在那里的财物损失不计其数。仅兰砖一项就1700多个找不见下落，不修院墙，推塌伙房成为他们的厕所，院内随地大小便，既不和我们商量，又不付我们报酬。无故砍掉我们的树木51棵。其中大树4棵，中树19棵，小树28棵。

---

① Y市法院档案：34—3—3197。

具体材料下列：1. 李向阳搬走后砍掉中树 8 棵，搬走了磨子一盘，建设用的石头 12 块，兰砖 100 个，大门一付，矸锅（土法炼钢的工具之一）石 1000 多个，家门一付、院墙全部推塌。2. 王巨保树 3 棵，兰砖 100 多个。3. 李润蝉树 3 棵，木板一块，桌子一张，大柜一个。4. 王九太兰砖 1000 多个，铁炉条 12 根，小树 3 棵，大盆一个。5. 王付来大门一个，柜子一对，矸锅石 900 个，大树 4 棵，小树 28 棵，高桌一张，纸篓一个。6. 王玉根大门一付。等等。

我们找他们商谈，劳教队的干部老范同志不是采取解决问题的态度，反而向王玉根要借条。同时，这些家都没有借条，我们不是要不上了吗？同时把我们的院内窑内进行糟蹋，随地大小便，把我们的院墙刨坏。更不讲道理，把我们 12 户的火炉台全部刨坏，石头、兰砖丢掉不计其数。

控诉书还叙述了关帝庙、娘娘庙的树木、门板找不到下落以及个别干部打击报复群众的事例，最后提出："总之上述问题要求领导必须闹清予以答复，劳教队的干部工作方法是极不民主的，他们是团结个别干部脱离群众。"

后经法院调解劳教队和长兴村民达成赔偿协议，所有涉及财物包括院墙、门板、树木、石头、磨子、兰砖等能修的则修，能返还的返还，无法修复和返还的，作价赔偿。并在事后商定了 12 户村民返回时间。

从社会经济的角度来看，本案反映出"大跃进"时期，工农学商兵一体化，大炼钢铁、土法炼钢、大干快上，大规模、大兵团作战等政治、经济社会现象，也反映出干部作风问题。

从法律社会学的角度来看，本案可看作一个群体性纠纷和集体维权的典型事例。这种群体性纠纷的基本特点是：（1）形成因素较为复杂。就本案来看，有当时政治、经济因素的深刻影响，有劳教队干部武断、浮夸、纪律差等工作作风问题的影响，也有工作方式如拿东西不打借条、没有对村民留下的财产进行登记、妥善管理等因素的影响。（2）侵权行为多种多样，涉及财产种类多、数量多。本案中劳教队侵占、损害、乱用村民的各种财产如房屋、院墙、门板、石磨、石头、兰砖、树木等，几乎把村子折腾了个底朝天。（3）涉及人员广泛。从村民的方面看，涉及全村 12 户人家 51 口人；从劳教队的方面看，涉及干部、普通队员，人数众多。（4）历经的时间长，几乎一年半的时间。（5）处理过程较为复杂。村民先是自发地、个别地找劳教队商量，后又组织起来找村算账，找工作组、管理区书记和主任，多次商讨未果，最后联名控告到法院才得以解决。（6）社会心理影响大。本案中村民从一开始满怀热情"忠厚"地对待劳教队，到对劳教队种种不当行为的不满，最后以至于失望和愤怒，在控告时，心理上已经完全与劳教队对立起来了。本案又是一个集体维权的事例。由于各户居民的财产都受到不同程度的侵害，共同的利益诉求把他们连接在一起，他们在维权行动中，互相配合支持，收集材料，委托代表撰写控诉书，共同商量策略与劳教队商谈。这种集体维权行动的效果也是明显的，终于使问题得以解决。在集体维权过程中人们之间的关系也更加融洽和亲密了。

第四节　小　结

新中国成立后，在法律制度领域内坚持了革命的使命，即推翻半殖民地半封建社会的旧制度，建立新民主主义和社会主义制度，通过《婚姻法》和《土地改革法》将革命成果巩固下来，并进而通过城市私有房屋改造政策、工商业社会主义改造、人民公社集体化等一系列政策，建立新的社会经济制度。因此，尽管在这些方面的法律制度仍然不够完备，但尚有政策、司法解释来为司法提供原则性的指导。但是就民间债务纠纷和财产损害赔偿纠纷而言，除《共同纲领》和1954年《宪法》作了"保护工人、农民、小资产阶级和民族资产阶级的经济利益及其私有财产""国家保护公民的合法收入、储蓄、房屋和各种生活资料的所有权"等宪法性原则性规定和旨在废除地主剥削关系的《新区农村债务处理办法》外，几乎没有任何在审判中可以直接援引的法律规定和政策规定。可以说，通过审理债务纠纷和财产损害赔偿纠纷来实现对财产权利的保护，是依靠法官的理性、经验和智慧完成的。

尽管法律没有一套详细的规范借款行为和侵权行为，但"欠债还钱"和"损害东西要赔偿"这种"活的法律"是审理债务纠纷和财产损害赔偿纠纷的基本规则。在社会学家埃利希看来，法在本质上不是一系列法条，而是社会秩序；法的秩序可分为“一阶秩序”和“二阶秩序”。一阶秩序是主要依靠作为“一阶规范”的“活法”而构建的团体内生的秩序；二阶秩序是主要依靠作为“二阶规范”的国家法而构建的外部秩序。“活法”指在日常生活中通常为各社会共同体如家庭、村落、企业、商会、协会、学校等成员所认可，并在实际上支配成员之行动的规范，它包括生成和维持团体内在秩序的习惯和惯例。“活法不是法条中确定的法，而是支配生活本身的法”。

“欠债还钱”和“损害东西要赔偿”为法官处理债务纠纷和财产损害赔偿纠纷提供了基本准则，但并不意味着在处理具体案件时所有的问题都会迎刃而解。如有无借款、欠款的关系和事实发生，借款、欠款的数额，还款的具体方式；有无侵权行为的发生，责任在谁，损害财物的价值，赔偿的方式等都需要法官来查明和确定。法官在处理此类案子的时候，表现出了实用理性的精神。实用理性是中国传统思想在自身性格上所具有的特色。与旨在为知识建立抽象的普遍的原则的西方理性主义相比较，中国哲学之为理性主义并不是从一个抽象的意义上来说的，而是从具体意义上来建立理性精神。它主张人所见的实在，是在具体事物中所展现的合理秩序，人应该将其视线置于诸实在之上，观察事物的种种活动与型态。[①]这种理性是建立在不断的反复的经验观察和直接或间接的实践中的。

在处理债务纠纷上，法院在长期的审判实践中，总结出一些经验：（1）对正常的借贷关系，经查对属实，钱数没有出入的，根据其债务人的家庭经济情况、收入来源等进行调解，促使双方当事人商定，争取一次还清。对有偿还能力，借钱额数没有出入，经再三调解说服借钱人限期或定期还债，而债务人借口无钱玩赖不还，也不承认还钱期限的，人民法院作出强制还钱之判决。（2）对借资经商，“拆东墙补西墙”之人，查清事实后，责令其找保偿还债务，有存货即合理作价，以货顶款。而对有职业但不务正业借资做投机贩卖亏本的债务人，则对其进行劳动光荣教育、工作前途教育，说服其正常出勤，参加生产，暂无偿还债能力的限

① 成中英：《中国哲学的特性》，载姜义华等编：《港台及海外学者论中国文化》（上），上海人民出版社1988年版，第285—286页。

期还清，有部分偿还能力的先付一部分，以促其安心从事生产劳动。如1963年工人刘春成借本村农民刘春金200元，旷工到外地投机贩卖，长期不还借款，原告诉至Y市人民法院后，办案人员对被告进行了严肃的批评教育，刘春成即将自己的缝纫机作价顶给刘春金，余额部分逐步偿清，并表示今后一定要好好参加生产，保证不再从事投机贩卖。（3）对企图通过走后门购买商品而形成的债务纠纷，对有偿还能力的，责令其及时偿还，无偿还能力的，让其找保限期偿还。在具体的司法实践中，有时也根据原告要求，暂抵押其财产，限期还钱后再将抵押财产复归被告。如某村村民张勇，受吴同喜委托，拿取200元为吴购买自行车，结果车钱全无。吴诉至法院后，办案人员即将张勇的手表扣作抵押品，责成张勇限期偿还，第二天张勇给原告汇去150元，并将法院扣下的手表抵给被告。（4）对农民与农民之间的债务关系，均根据实际情况进行说服调解，同时也根据农民的收入，在不影响农民生活的情况下解决纠纷。在财产损害赔偿上，法院也是尽量查明案件事实，对财物作出合理估价，并根据侵权人的实际经济状况确定赔偿方式。对于"公说公有理，婆说婆有理"的债务纠纷和财产损害赔偿纠纷案件，法官注意从客观的物证来尽量还原案件事实真相；对于僵持不下，事实不明的案件，法官不是简单予以驳回原告的请求，而是通过调解使原被告协商予以解决。[①]

民间债务关系的发生，多数情况下都是由于债务人的生活困难不能按期还款，形成拖延，也存在一些赖账的情况；财产损害赔偿纠纷的发生往往是"小事闹大"，出于过失的居多，故意实施侵权行为的尚属少数。正像长兴村民诉劳教队一案反映出的那样，公民的财产权利受到的较大的危险还是来源于一些单位或政府机关的不负责任和滥用权力。因此，尽管法官可以通过自己的经验和智慧解决纠纷，来实现对公民财产权利的事后救济，但是建立明确的、系统的、具体的法律制度，借以引导、规范各种民事行为，减少债务、侵权行为的发生，毕竟是对财产权利的更为有效的事先保护。

① 《Y市中级人民法院志》（内部稿，2010年）。

第六章　结论：财产纠纷与诉讼实践的启示

新中国成立后，中国社会进入了一个新的发展变革时期，经济政策和制度的不断调整和变化、基层社会权力结构的调整、政治运动的频繁交替、随着旧法统的废除而带来的法律制度变革及其相当不完备状态等，都对包括财产纠纷在内的民事纠纷及其诉讼实践产生了影响。同样，财产纠纷及诉讼实践反映着和参与着社会政治经济生活的变革和权利观念的发展。诉讼档案表明，法院在20世纪50年代至60年代中期的司法实践中，在法律制度不尽完善甚至有所缺失的情况下，依据既有的法律规定、政策和习惯，结合具体案件的实际情况，实现了保障财产权利、维护社会经济制度的功能，其经验对于新时期的法律发展和司法实践具有重要的参考价值。

第一节　财产纠纷及诉讼实践与社会发展变革的关系

黄宗智先生《离婚法实践——当代中国法庭调解制度的起源、虚构和现实》一文中，指出：离婚案件在中国通常占全部民事案件的压倒性多数，但是这一判断能够成立吗？

如果单从离婚案件的数量以及其所占全部民事案件的比重来讲，无疑对于离婚诉讼的审理在全部民事诉讼中具有重要地位。但是，尽管“到了集体化时期，村庄生活和人际关系都起了根本性的变化，纠纷内容也相应改变”[①]，我们

① 〔美〕黄宗智、尤陈俊：《调解与中国法律的现代性》，《中国法律》2009年第3期。

也不能认为“伴随私有产权的基本终止，土地、债务、继承、分家等纠纷也基本绝迹”[①]。因为，私有产权的基本终止主要发生在土地、厂房等重要生产资料领域。在生活资料和部分生产资料方面，公民的私有产权仍然得到确认。即使在人民公社体制之下也是如此，如《农村人民公社工作条例修正草案》中就规定：“要保障社员个人所有的一切生活资料，包括房屋、家具、衣被、自行车、缝纫机等，和在银行、信用社的存款，永远归社员所有，任何人不得侵犯。”[②]“要保障社员自有自用的小农具和工具等生产资料，永远归社员所有，任何人不得侵犯。”[③]事实上，围绕私有产权的纠纷从来就没有断绝过，除非完全废除私有财产制，它们才有可能基本绝迹。事实表明，除了离婚案件之外，20世纪50年代到60年代仍然有不少其他民事纠纷。社会经济生活是广泛的，因而在其各个领域和众多方面均可能发生纠纷，而对离婚案件之外的其他民事案件的审理，也构成了民事诉讼实践的有机组成部分。孤立地强调离婚诉讼，不仅不能使我们更多地认识中国社会经济的发展变化，也不能使我们更全面地了解中国特定时期的民事诉讼实践。

民事纠纷及其诉讼实践不是孤立地存在着的，它与社会发展变革具有深刻的关联。社会发展变革与民事纠纷及诉讼实践的基本关系体现在它对纠纷类型、数量、内容和诉讼实践模式的影响。

一、经济制度的变革对民事纠纷与诉讼实践的影响

经济制度变革和经济发展对民事纠纷与诉讼实践的主要影响体现在民事纠纷的类型和内容的变化上。以农村经济制度来看，中华人民共和国成立以来农村经济制度的变迁主要是围绕着生产资料的所有制而展开的。土改所确定的农民的

---

① 〔美〕黄宗智、尤陈俊：《调解与中国法律的现代性》，《中国法律》2009年第3期。

② 《农村人民公社工作条例修正草案》（1962年9月27日中国共产党第八届中央委员会第十次全体会议通过），第44条。

③ 《农村人民公社工作条例修正草案》（1962年9月27日中国共产党第八届中央委员会第十次全体会议通过），第44条。

土地（包括宅基地）所有权制度并没有持续多久。从合作化开始到高度集体化的人民公社时期，农村土地所有权制度一直存在一种变动不居的状态和化私为公的趋势。土改所确定的农民的土地所有权是产权明晰的，即归农民所有。合作化运动开始后，虽然入社农民的土地所有权仍然归农民，但已经出现了所有权与占有权、使用权、收益权相分离的情况。在“大跃进”和人民公社初期，土地所有权已在事实上归集体所有了。与此相伴的一些极端的做法，甚至将农民的一些生活资料，都视为公共财产而任意加以侵占、剥夺、使用。1962 年 9 月 27 日党的八届十中全会正式通过并颁布了《农村人民公社工作条例修正草案》即《人民公社六十条》，对于“大跃进”时期的一些混乱做法做了纠正，并明确了农村土地归生产大队集体所有的制度。“生产队范围内的土地，都归生产队所有。生产队所有的土地，包括社员的自留地、自留山、宅基地等等，一律不准出租和买卖。”[①]这个时候，农民的房屋所有权与宅基地所有权分离，宅基地所有权与使用权分离。这种经济制度的变化，反映在财产纠纷的数量、类型和内容上，就表现为农村土地集体所有之后，围绕土地所有权的纠纷除了村际之间可能发生外，农民之间或者农民与集体之间不再会有所有权之争了。农村宅基地的所有权虽然与耕地一样归集体所有，但农民享有宅基地使用权和房屋所有权。如果说在土地所有权归集体所有之前，房屋的所有权与土地所有权是紧密结合在一起的，房屋纠纷内在地包含了土地所有权之争执，那么，在房屋所有权与宅基地所有权分离之后，宅基地使用权及其相邻关系的纠纷就成为一种特殊类型的财产纠纷。此外，集体生产所形成的工分、计划经济体制下的各种票证，由于其所包含的经济价值和内容也成为财产纠纷中的“财产”内容。在城市，1956 年开始的城市私有房产的社会主义改造，实行国家经租房制度，极大地限制了私有房产的流转，相应地这方面的纠纷也就少了。

经济发展对民事纠纷的影响主要表现在民事纠纷的内容和数量上。（1）由于经济发展水平较为低下，房屋一直是民众经济生活中的稀缺资源，围绕房屋而产

① 《农村人民公社工作条例修正草案》（1962 年 9 月 27 日中国共产党第八届中央委员会第十次全体会议通过），第 21 条。

生的财产纠纷进而诉诸法院的几乎每年都有，如有房屋产权、房屋典当买卖纠纷等，同时，房产之争也构成了继承、分家纠纷的最重要内容。从Y市法院审理的案件来看，房屋纠纷成为仅次于离婚纠纷的第二大类型。（2）经济活动的低迷与活跃与民事案件的数量增减有关系。一般地，经济越活跃，民事纠纷越多。

如1956年，Y市资本主义工商业的社会主义改造全面完成，由于在全市建立了生产资料的社会主义公有制，全国社会主义建设进入新的发展时期，Y市以煤炭、钢铁、硫黄和铁路运输为主体的国营经济生产力得到全面解放，职工人数大量增加，广大农村地区也普遍建立了几个或十几个自然村组建的高级社，全市工农业经济状况进一步恢复，人民群众的经济收入得到较大提高，日常生活得以明显改善。这一时期，民间借贷开始活跃，集贸市场日趋发达，牲畜交易和马车运输业得到较快发展，由于政府部门对牲畜交易和马车运输合同管理方面的疏忽，因而买卖牲口不付现款、马车运输不按合同办事或仅凭口头约定承运现象增多，而牲口交易和马车运输中的不规范行为，即成为当时债务纠纷的主因。因此，当年的债务纠纷案件有所增加。1956年，Y市人民法院受理债务案件59件，比上年上升24.29%；1957年，受理债务纠纷案件66件，比1956年上升了11.86%；房产纠纷案件69件，上升了22.87%。①

S省高级人民法院在1957年对全省法院审理民事案件的调查报告中，也显示出民事案件数量和内容变化的情况。②

1957年上半年S省各级法院共受理民事案件22298件。民事案件的变化表现在以下两个方面：一是民事案件整体数量上的变化。1957年上半年较1956年同一时期受理的民事案件下降0.4%，较去年下半年上升了6.4%。从刑、民事案件总数的比重来看，则民事案件比较显著地上升了。据统计，1956年上半年是67.9%，1957年上半年则升为74.8%。民事案件在整个刑、民事案件中比重的增长，反映了S省在取得社会主义革命的基本胜利和镇反运动决定性的胜利后，人民内部矛盾逐渐居于显著地位的情况。二是各类民事案件升降和变化的主要情况。

① 《Y市中级人民法院志》（内部稿，2010年）。

② S省高级人民法院：《关于民事案件一些情况和问题》（1957年9月7日），见S省档案馆档案：C1—1—372，300—310。

（1）离婚案件的主要情况。在民事案件中，婚姻案件占有最大的比重。1957上半年，S省各级法院共受理婚姻案件13026件，较1956年上半年下降12.6%，但是这类案件仍占整个民事案件的58.4%的比重。婚姻案件之所以比较大量发生的原因主要是：草率结婚、草率离婚；封建包办和变相的买卖婚姻；喜新厌旧，追求资产阶级的生活方式。各级法院受理的离婚案件很多都涉及带产、抚养子女和生活费的问题。带产问题，在城市来说处理上困难不大，主要是把衣服、用具等财物各归其有或适当调整即可解决。但在农村来说，根据某中院的报告在合作化以后，有了较大的变化，土地入社取消了土地收入后，在离婚带产中，也消灭了带土地的现象，但是也出现了一些带财产方面的新问题，如劳动工分、股份基金等财产的争执。（2）抚养纠纷的情况。1957年上半年S省各级法院受理抚养纠纷680件，较1956年上半年上升36.2%，较1956年下半年上升23.7%。（3）房屋纠纷的情况。1957上半年S省各级法院受理房屋纠纷1464件，较1956年上半年上升41.1%，较1956下半年上升32.9%。这类纠纷在农村绝大部分是历史上和土改中遗留下来的一些争执不清的问题。在城市主要是房屋增长赶不上人口增长的需要和公用需要。（4）土地纠纷（包括地基、道路）的情况。1957年上半年土地纠纷较1956年上半年上升66.4%，较1956年下半年上升77.7%。（5）山林（实际上多是数株）纠纷的情况。山林纠纷较1956年上半年上升54.6%，较1956年下半年上升64.1%。（6）水利纠纷的情况。水利纠纷较1956年上半年上升55.5%，较1956年下半年上升33.6%。（7）代购、代销、经销纠纷较1956年上半年上升78.6%，较1956年下半年上升50%。（8）赔偿纠纷较1956年上半年上升38.5%，较1956年下半年上升30.6%。（9）合伙合营纠纷较1956年上半年上升8.4%，较1956年下半年上升50.6%。（10）其他如劳动、分家、继承、加工订货、收购报销等纠纷虽有上升，但比例不大。

1960年，粮食大量减产，加之受“共产风、浮夸风”等“左”的影响，人民群众的生活受到很大影响，经济发展低迷，人民经济生活困难。当年仅有债务纠纷3件，占当年民事案件总数（559件）的0.54%；赔偿纠纷2件，占0.36%，而离婚案件则占到全部民事案件数量的94.81%。三年困难时期的另外两年1959年离婚案件占到全部民事案件的86.23%，1961年离婚案件占到全部民事案件的

87.86%，其中为渡过困难而草率结婚，又无法共同生活因而离婚的案件有106件，占全部民事案件的86.23%。1961年，党中央针对“总路线、大跃进、人民公社”运动中出现的“五风”（即共产风、强迫命令风、浮夸风、瞎指挥风、干部特殊化风）造成的经济困难和因自然灾害、苏联逼债以及粮食短缺、人民群众生活受到严重影响等问题而采取了包括制定《农业六十条》的一系列措施，农民再一次享有了自留地、自留山、自留林、自留牲畜等法律意义上的私人财产，大一些的集镇逐渐恢复了传统的集贸市场，城乡商品交易开始活跃起来，私人之间的借贷行为日益增多，因此产生的债务纠纷也相应地有所上升。1961年，Y市人民法院根据《人民公社六十条》，从加强人民内部团结、有利于工农业生产出发，受理审结的房产、地基、树木等案件计22件（含继承纠纷1件，合同纠纷2件），比1960年的3件上升了8倍多。而债务、赔偿纠纷33件（含抚养案件13件）也比上年有所增加。1963年，《人民公社六十条》得到进一步贯彻，农民的自主权进一步加大，集贸市场日趋繁荣，民间交易、借贷更加频繁，由此生产的债务纠纷、房产纠纷、林权纠纷等出现了大幅度上升的现象。本年度Y市人民法院受理的债务纠纷20件，比上年度的17件增加3件，而房产纠纷则达到55件，占当年民事案件总数（846件）的6.5%，另有赔偿案件14件，树木纠纷1件，其他财产纠纷11件。1964年，受理债务纠纷53件，比上年度增加了33件，房产地基纠纷77件，比上年度增加22件，赔偿12件，树木2件，其他财产纠纷22件，均比上年度有所上升。①

从整体上看，Y市法院受理的离婚案件的比重在下降，其他纠纷特别是财产纠纷在增长。离婚案件从中华人民共和国成立初期约占到全部民事案件数量的90%左右下降到70%左右。此外，从1950年到1965年，尽管遇到各种各样的困难，但是在整体上看，国民经济在挫折中发展，人民生活水平有所提高，反映在财产纠纷中就是所争执的财产的数量和类型都多了起来，日常生活用品多了起来外，自行车、手表等也往往成为争执的对象。

---

① 《Y市中级人民法院志》（内部稿，2010年）。

二、基层社会权力结构对民事纠纷与诉讼实践的影响

漫长的中国古代社会，由于国家权力尚未能够深入基层社会的内部，除了赋税徭役等人民对国家所承担之义务外，在众多的事项上，基层社会保留有相当的自主权力。绅士、长老、族长（家长）、行会等承担着在提交法庭审判前的解决纠纷功能和角色，这是自治权的一个表现。在国民党统治时期，农村管理依然延续着传统的“士绅治理”。新中国摧毁了旧的乡绅治理的模式，通过国家强大的组织和动员力量，在广大基层社会建立了各种各样的基层组织，形成了一个复杂细致、功能相对独立又不免重合的基层权力结构网络。经过组织考察、培养和群众推举等选出的基层组织里的拥有较高忠诚度、文化知识和声望的党支部干部、村干部、区干部、农会干部、团干部、街道干部、单位领导等取代了原来的“乡绅”，成为国家实现基层治理的核心人物。他们在各自的职权范围内履行职责。基层社会原有的解纷功能被保留了下来。尽管干部们的职责有分工，但是对于解决纠纷而言，他们都正式或非正式地承担着部分解纷功能。大多数案件都要经过各级调解，一部分案件得以解决，还有一部分案件仍然走向了法院。因此，正式提交给法院的民事纠纷，显然主要是那些通过干部及组织、政府调解未能解决的纠纷。我们也应当注意到，在当事人看来有些纠纷本身就是因为干部办事不公引起的，有些纠纷未能得到解决是因为干部政策水平或者调解技巧不够，有些纠纷尽管事后看来是完全符合政策和法律，完全公道的，因为当事人对其权威或能力缺乏信任，仍然选择诉诸法院。还有一些纠纷是通过邻里乡亲特别是长辈（家长、族长）得以解决的，尽管家长、族长的权威已极大衰落，但在一定事务上说话还是有一定分量的。

值得一提的是，为了更好地解决纠纷，减轻法院负担，新中国在总结、继承新民主主义时期已经开始的人民调解的工作经验，改造和完善相关制度建立了人民调解制度。1950 年 11 月 3 日中央人民政府政务院《关于加强人民司法工作的指示》中指出：人民司法工作还须处理人民间的纠纷，对这类民事案件亦须予以足

够的重视，应尽量采取群众调解的办法以减少人民讼争。[①]1953年4月召开的第二届全国司法工作会议，确定在全国范围内有领导、有步骤地建立与健全人民调解组织。中央人民政府政务院于1954年3月颁布了《人民调解委员会暂行组织通则》[②]，明确规定了人民调解委员会的性质、任务、组织、活动原则、工作制度和工作方法，并确立了人民调解工作在社会主义法制建设中的地位和作用。《人民调解委员会暂行组织通则》指出：建立人民调解委员会（以下简称调解委员会）的目的是"及时解决民间纠纷，加强人民中的爱国守法教育，增进人民内部团结，以利人民生产和国家建设"。司法部在1954年4月1日关于《人民调解委员会暂行组织通则》的说明[③]中也指出，调解委员会是人民很需要的一种组织，因为它能及时调解民间纠纷，便利人民的团结和生产，并能使法院减少一些不必经过法庭审理的案件，减轻一些不必要的负担。《人民调解委员会暂行组织通则》规定：（1）调解委员会是群众性的调解组织，在基层人民政府与基层人民法院指导下进行工作。（2）调解委员会的任务为调解民间一般民事纠纷与轻微刑事案件，并通过调解进行政策法令的宣传教育。司法部的说明中进一步明确，调解委员会的任务是：调解民间一般的民事纠纷（如争执不甚大的土地、房屋、债务、婚姻、继承等）和轻微的刑事案件（如轻微的侵占、斗殴、伤害、毁损、小额偷窃、欺诈、妨害名誉信用等），但性质比较严重、情节比较复杂、影响比较重大的案件，无论其为民事或刑事，仍应由法院直接处理。至于较大的刑事案件以及涉及公私、外侨等纠纷，均不许进行调解。各地务须加强检查控制，免生错误。调解委员会还有向群众宣传政策法令的任务，但其宣传活动主要是通过其日常调解工作来进行，不宜另搞一套，也不应对它要求过高。此外，还可以协助法院在本乡（村）、本派出所范围内进行一些了解情况，反映群众意见的工作。但交付的任务不能太多，以免影响调解委员的生产。（3）调解委员会的建立，城市一般以派出所辖区或街

---

① 中国社会科学院法学研究所民法研究室民诉组、北京政法学院诉讼法教研室民诉组合编：《民事诉讼法参考资料》（第二辑第一分册），法律出版社1981年版，第390页。

② 中国社会科学院法学研究所民法研究室民诉组、北京政法学院诉讼法教研室民诉组合编：《民事诉讼法参考资料》（第二辑第一分册），法律出版社1981年版，第112—113页。

③ 中国社会科学院法学研究所民法研究室民诉组、北京政法学院诉讼法教研室民诉组合编：《民事诉讼法参考资料》（第二辑第一分册），法律出版社1981年版，第432—436页。

道为单位，农村以乡为单位。调解委员会由委员3人至11人组成。调解委员会委员，城市一般在基层人民政府主持下，由居民代表推选；农村由乡人民代表大会推选。调解委员会设主任委员1人，并得设副主任委员1人至2人，由调解委员会委员中每年选举一次，连选得连任。凡人民中政治面貌清楚、为人公正、联系群众、热心调解工作者，均得当选为调解委员会委员。

Y市的人民调解工作始于抗日战争时期。当时，辖区内的各级抗日民主政府均执行晋冀鲁豫边区和太行区的相关规定，对土地、婚姻、债务、继承、劳工等所有民事纠纷进行调解，对部分刑事案件也可先行调解。调解时，先由各村自行调解，调解不成则向上一级政府调解委员会申请调解，经调解无效则依法判决。Y市在新中国成立后，于1951年全市开始在区、乡及街道办成立人民调解委员会。从1954年3月中央人民政府政务院颁布《人民调解委员会暂行组织通则》后到1955年年底，Y市90%的乡、村及街道办事处均建立了人民调解委员会，总数达531个，共有调解人员2000余人，调解民事纠纷1230余件，相当于法院收案数的3倍。1959年年初，全市大部分调解组织与治保组织合并为治安调解委员会，其调解功能有所削弱，此种状况一直延续到1966年“文化大革命”开始时。①

由此可见，各种形式的审判前调解已经“消化”掉一部分民事纠纷，从而使得进入诉讼程序的民事纠纷数量大大减少了。不过，这也从另一个角度说明，进入诉讼程序的民事纠纷恰恰是由于各种原因而成为“麻烦案例”，因此，这些经过“筛选”的案件的正确处理对于维护民事权利和经济、生产秩序而言，有十分重要的意义。

三、政治和法律因素对民事纠纷与诉讼实践的影响

新中国成立后到1966年“文化大革命”之前，曾发动了“三反”“五反”“肃反”“四清”等一系列政治运动，对社会各方面都产生了影响。不过，

① 《Y市中级人民法院志》（内部稿，2010年）。

从刑事案件与民事案件相比较的角度来看，这些政治运动直接地影响到刑事案件的数量，对民事案件的影响则是非常有限的。因为，在党看来，民事案件都是人民内部矛盾的表现，不适合用大规模的政治运动加以解决。总的来看，政治运动对民事案件的影响是间接的，主要表现在一些妇女因丈夫被判反革命罪和其他刑事犯罪而导致经济生活困难，自己一个人拖儿带女，为改变生活困境而提出离婚。在“四清”运动中，也发生过个别的公私财产之争，从生产队的角度来看，认为是农村社会主义和资本主义两条路线的斗争，是农村阶级斗争的反映，但是对方当事人和法院都仅仅将其视为人民内部矛盾的正常的财产之争，而非路线之争。

值得注意的是1952—1953年的“司法改革运动”深刻地改变了民事诉讼实践模式，基本建立起了“人民司法”的模式。新中国成立伊始，百废待兴，党和国家专注于土地改革和国民经济恢复，因此，虽然早在1949年就提出了废除伪法统建立人民司法的任务，但尚未着手这方面的改革。董必武比较早地注意到这个问题，他在1950年就指出，旧司法工作人员他们不能不受到旧的国家和法律的局限，他们有适应旧社会的一套思想方法和工作方法、经验、习惯，在旧的社会能站住脚，“可是现在旧中国已死亡，新中国已诞生的时候，社会生活各方面已经改变或正在改变着。国家性质变了，法律也改变了，司法工作人员、律师和法学教授不改变怎能站得住脚呢？所以旧的司法工作人员、律师和法学教授要继续担负起原来所担负的工作，就必须要经过改造”[①]。在“三反”运动中，政务院政法委员会等部门在调查中发现，司法队伍中存在政治不纯、组织不纯、思想作风不纯的问题。董必武在1952年5月在给中共中央各中央局负责同志的信中指出：“整顿与改造各级司法机构，成为进一步巩固人民民主专政的重要措施。”[②] 随后，政法委员会将司法改革运动列为1952年下半年工作的要点。此次司法改革运动从1952年6月开始到1953年2月基本结束。其间，1952年8月17日《人民日报》在《彻底改造司法工作》的社论中指出：“司法改革运动是反对旧法观点和改革整

---

① 《董必武法学文集》，法律出版社2001年版，第30页。

② 《董必武法学文集》，法律出版社2001年版，第141页。

个司法机关的活动。这个运动的目的是要求彻底改造和整顿各级人民司法机关，使它从政治上、组织上和思想作风上纯洁起来，使人民司法制度在全国范围内能够有系统地准确地逐步建立和健全起来，以便完全符合于国家建设的要求。”经过这场司法改革运动，可以说司法队伍政治不纯、组织不纯、思想作风不纯得到了解决，人民司法制度基本确立。其中重要的一个方面就是在诉讼模式上，抛弃了在旧法观点支配下的“衙门化”的坐堂问案模式，建立了简化审判手续、巡回审判、加强调解、人民陪审等为特征的人民司法模式。这种模式实际上就是对抗日战争时期陕甘宁边区“马锡五审判方式”的确认。

马锡五审判方式是群众路线在司法领域的体现，它的基本特点是：（1）一切从实际出发，客观、全面、深入细致地进行调查研究，重证据不轻信口供，证据口供都要经过核实。就是要使人民的审判工作牢牢建立在科学的基础上。（2）认真贯彻群众路线，依靠群众说理说法，实行审判与调解相结合，司法人员与人民群众共同断案。就是要在审判工作中贯彻民主的精神。（3）坚持党性原则，忠于职守，以身作则，严格依法办事。就是要在审判工作中始终坚持法制原则。（4）实行简便利民的诉讼手续，全心全意为人民服务。就是要在审判工作中执行利民的方针。[①] 其中，审判与调解（这里的调解指的是法庭调解，不同于诉讼之外的其他形式的调解）相结合被认为是最富特色的一项制度设计，在实践中，则形成一种调解偏好即“着重调解”。

大量的离婚案件或其他民事案件是通过法庭调解解决的（以Y市法院民事档案来看，调解结案的离婚案件约占全部离婚案件的80%；房屋、宅基地、债务、继承等民事案件中调解结案约占65%）这一点符合实际。为什么倾向于选择调解来解决离婚案件或其他民事案件，而非判决来解决呢？我们认为至少有以下几个方面的原因：第一，由于缺少经过专门训练的职业法官队伍，缺少完善的实体法律规则和形式完备的诉讼程序规范，使得严格依照法律来进行审判成为法官难以独立完成的任务，因此，通过法庭调解能够充分了解当事人的意愿和认识，使当事人也参与到决策过程中来，这样能够增强判决的可接受性。第二，由于当时国

---

① 张希坡：《马锡五审判方式是人民司法工作的一面旗帜》，《人民法院报》2009年8月11日。

家面临着经济改造、政权建设的重要任务，使案件当事人能够及时解决纠纷，转而投入到社会生产生活中，需要比较高效率的审判机制。由于以调解结案的案件不得上诉，这样减少了当事人翻案的机会，既减轻其讼累，又大大减少了上级法院的工作量，从而整体上有利于提高民事审判的效率。第三，法庭调解通常由审判员一人主持，不需要审判人员三人组成合议庭来进行，这在案多人少的情形下，有利于节约人力资源，实现诉讼经济。第四，审判员主持调解，既听取当事人的意见，又能够以官方的身份对双方当事人进行相对来说比较充分的思想政治教育和政策宣传，有利于当事人对自己行为的认识和对国家意识形态等的认同。

不过，法庭调解案件的数量多、比重大，并不意味着就可将中国当时的民事审判归结为调解法制。就离婚案件而言，首先，从档案来看，在《婚姻法》颁布实施的几年之内，绝大多数离婚案件和其他民事案件都是以判决结案的，因此从历史阶段性的角度来看，法庭调解并非一开始就占支配地位的。其次，从以调解结案的离婚案件来看，至少因为以下两方面的因素，降低了调解的意义：一方面，在离还是不离的问题上，大多数离婚案件最终仍是以离婚而告终的，这说明调解在形式上的意义如迅速结案等已经超越了调解和好、减少离婚数量的实质意义。法官更多的是对不愿意离婚的一方当事人（大多数情况下是男方）以婚姻自由原则的教诲。此类案件，男方坚持不离婚的立场已经不具有决定婚姻关系的意义。因为在调解过程中，法官已经明示或者暗示如不愿意调解，将会依法判决离婚。另一方面，从调解对于财产分割的情况来看，由于法律对离婚时夫妻财产分割有较为明确的规定，大多数案件当事人双方都没有得到比依法判决可能更多或更少的财产，其中之讨价还价或妥协之空间很小。最后，从典型与模式的意义上来看，为数较少的以判决结案的离婚案件往往更加具有典型性。一方面，无论如何强调法庭调解的重要性，无论法官主观上如何追求以调解来结案，以显示做群众工作的水平并减少上诉率，判决结案从来没有断绝过，尽管数量上随年份有所波动，因此，是不能忽视判决的；另一方面，判决结案的离婚案件，相对来说案情更加复杂一些，法官的精力投入更多一些，考虑的因素也更多一些，这无疑是对法官智慧的进一步考验。就房产、债务、土地、损害赔偿、继承等案件而言，应当说调解结案与判决结案的比例没有在离婚案件中的差别那样大。这些案件尽管数量上少于离婚案件，但其类型是多样的，涉及社会经济生活的诸多方面，而且往往比离婚案件更加复杂。有的案件涉及面广，不像离婚案件那样主要地涉及夫妻二人；有的案件属于历史遗留的案件，跨越时间度大；有的案件需要进行大量的调查走访取证活动；这些案件大多数都没有明确系统的法律规范可以找到并直接予以适用，这都增加了法院的工作量。并非所有的案件都可以通过调解加以解决，那些涉及更大的财产利益或者双方当事人有更深层的矛盾而致使诉讼中双方当事人相互对峙、互不妥协的案件，只有通过判决才能加以解决，在这个意义上来讲，判决是不可替代或抹杀的。

调解与审判这两种不同的结案方式，对财产权利的维护是有一定影响的，它们影响到财产权利的实现程度。因为，在调解结案中，有些案件有一方作出了让步，也就是说实际上让渡了自己的部分财产利益；更多的案件虽然是以调解的方式结案的，但实际上一方完全胜诉，另一方完全败诉；这样的效果可以想见正是以判决结案的常态。可见，过分强调调解与判决的差异，甚至将中国共产党领导下的民事法制实践简单地归纳为调解法制是不尽妥当的。

第二节　诉讼实践中的财产权利观念

权利是“人类文明社会所具有的一种实质性要素。它既是人的基本价值追求，也是社会文明演化进取的不可少的力量”[①]。权利是法学的关键概念，从法学的角度看，权利是权利主体在法律允许的范围内做或不做某事，或要求他人为或不为某种行为的能力或自由。权利具有如下特征：第一，权利与自由意志密切相关。权利中所包含的主体根据自己的需要和理性选择而决定行动的自由，是人区别于其他动物的显著标志。意志自由虽然受到诸如社会结构、经济条件等的限制，但它不是对事物的本能的冲动和条件反射，而是经过人的头脑的思考，反映人的内心愿望，而且只要不越过一定的界限，就能够作出出于自己意志的选择，因此，

① 程燎原、王人博：《权利及其救济》（第2版），山东人民出版社1998年版，第1页。

权利在本质上是自由。第二，权利与利益关联。权利可以被解释为特定的主体认为或感到基于伦理的理由应当加以承认或保障的东西，也可以解释为被承认的或被划定界限的和被法律保障的利益，如财产权就是为实现财产利益而被承认、设定和保障的主体对于财产而享有的权利。第三，权利与能力相关。权利是主体设立、变更或撤销某种法律关系的能力或资格。如订立合同、立遗嘱、提起诉讼等。在这里就可能出现权利能力主体和为实现权利而进行行为的能力主体相分离的情形。第四，权利与义务相关。权利是一种“合理的期望”，即“一个人可以有以经验、以文明社会的假设或以共同体的道德感为基础的各种合理期望”[①]。这种合理的期望，被法律所确保就成为法律权利，而合理期望所指向的他人的行动就构成了他人的法律义务。

一、权利观念的历史发展

权利及其观念是历史的产物。中国古代社会有无权利观念，特别是有无个人权利观念，常常成为学界研讨的争点，有的学者对此持着基本否定的态度，并认为权利观念的缺乏是构成中西方文化和社会的基本差异，有的学者则不同意上述认识。

如有的学者指出：在中国传统文化中，权利与和谐存在着某种紧张关系，和谐文化排除了权利文明。传统的和谐思想缺乏权利因素，它追求一种无权利的和谐或牺牲权利的和谐。传统的和谐文化缺乏权利因素的根本原因是：在中国传统社会中，个人缺乏自主性、自立性与独立性，中国传统文化排斥独立的个人意识，不存在关于个人及其权利的概念，没有把人看成是可以而且应该用权利的语言来加以描绘的一个抽象的和自主的实体。因此，中国传统文化没有权利生成的基础。而中国文化的强烈的道德主义高调，与社会和谐的至高无上的价值结合在一起，更阻碍了权利观念的出现。[②]

---

① 程燎原、王人博：《权利及其救济》（第2版），山东人民出版社1998年版，第15页。

② 参见陈弘毅：《权利的兴起：对几种文明的比较研究》，周叶谦译，载陈弘毅：《法治、启蒙与现代法的精神》，中国政法大学出版1998年版，第118—139页。

还有的学者提出中国古代社会是一个义务本位的社会。如程燎原、王人博在《权利及其救济》中指出，以义务为本位的人际关系或个体与国家的关系，不是一种平等的利益关系和权利义务关系，而是一种占有、依附、服从或奴役关系，这种关系在许多情况下，可以由自然经济的自然联系加以确定，也可以由非法律化的社会结构、体制和人伦网络固定化，更可以通过伦理教化的方式将义务融于个体的心理意识和行为，或将义务条规内化为生活的习惯和人格的特性，从而形成以义务为中心的秩序。一言以蔽之，自然经济的特性命定了中国古代社会只能是一个义务本位的社会。①

有的学者则认为中国古代社会是存在权利观念的。如夏勇在《中国民权哲学》中指出：中国社会之有权利的观念、体系和保护机制，自初民之有社会始，非自“西学东渐”“旧邦新造”始。这既是关于权利的社会学立场，也是关于权利的文化立场。它涉及对权利及其发展的道德基础、社会基础和历史基础的认识和批判。把中国传统社会视为权利的真空，把中国文化传统放在与个人权利决然对立的位置上，这是值得考虑的。在中国古代社会，虽然不曾有过，也不可能有古代罗马式的“权利”词汇，但是，在社会生活里，几乎每个人都知道什么是他所应得的，什么是别人不该侵犯的；同时，几乎每个人都知道什么是别人所应得的，什么是自己不该侵犯的。和其他任何形态的社会一样，权利意识和相应的义务意识无疑是中国古代社会意识的一部分。尤其是在诉讼中，锱铢必较，权利意识不可谓不强。与此相应，还有确定“应有”“应得”之界限，即现代法学所谓权利义务关系的规则以及用于实施规则的公共设施和相关的程序。无论是在什么样的文化传统里生活的人，都有着人作为人的并且因此是相同的欲求、需要和愿望，都要过社会生活。②

笔者更倾向于后一种观点。这是因为，尽管中国古代没有现代意义上的“权利”一词，但是并不能以此来否认权利观念的存在。权利是正当行动的资格、能力和界限，是社会秩序存在的基本前提，共同的社会生活要求每个生活在其中的

① 参见程燎原、王人博：《权利及其救济》（第2版），山东人民出版社1998年版，第118—119页。
② 参见夏勇：《中国民权哲学》，生活·读书·新知三联书店2004年版，第185—186页。

人都必须拥有一定的生活根基和选择行动的自由，也不能因此而损害他人的利益。“杀人偿命”“欠债还钱”，天经地义，这就是一种基本的普遍的和朴素的权利观念；通奸、械斗、诉讼、起义，这是对权利遭到侵犯后的反抗形式。因此，笼统地说中国古代社会缺乏权利观念是不妥当的。当然，在很多情况下，个人权利不是以直接的方式表现出来的，由于家族制度的影响，个人权利是通过集体权利而曲折地表现出来的。专制主义对权利的限制和压抑，使得中国古代社会权利观念受到一定的扭曲，容易表现为极端情形。如有的时候长期的忍气吞声，有的时候则爆发出来，一发而不可收。如一旦提起诉讼，砸锅卖铁，千方百计上京城，誓将官司进行到底；“王侯将相，宁有种乎”，一旦起义就要将改朝换代作为目标。林语堂在《吾国与吾民》中说：“忍耐为中国人民之一大美德，无人能猜想及有受批驳之虞。实际上它所应受批驳的方面，直可视为恶行。中国人民曾忍受暴君、虐政、无政府种种惨痛，远过于西方人所能忍受者，且颇有视此痛苦为自然法则之意，即中国人所谓天意也。训练此种德行的最好学校是一个大家庭，那儿有一大群媳妇舅子，妹倩姊夫，老子和儿子，朝夕服习这种德行，竭力互相容耐，在大家庭中，即掩闼密谈，未免有忤逆之嫌，故绝无个人回旋之余地。人人从实际的需要以及父母的教训自幼受了训练使互相容忍，俾适合于人类的相互关系。深刻而徐进的日常渐渍之影响于个性是不可忽视的。只要家族制度存在，只要社会建立于这样的基础上，即人不是一个独立的个体，但以一个分子的身份生活于和谐的社会关系中；那很容易明了忍耐；何以须视为最高德行，而不可免地培育于这个社会制度里头。因为在这样的社会里头，忍耐自有其存在之理由。”①

因此，我们应该承认中国古代社会权利的发展处于一个较低的水平。权利在个人与集体中生存，权利在忍耐与抗争中延续。由于专制主义和家族主义，社会成员只有臣民身份和伦理身份，没有作为独立的政治主体的公民身份，人们对“应得”“应有”的计较非但不能直接凭据人之作为人的尊严、利益、价值或要求，也无有公民资格可以凭据，只能凭借“分”的概念，据“分”而争。同时，由于以家族为核心的社会结构，权利计较更多的不是代表单个的个人，而是代表家庭

① 林语堂：《吾国与吾民》，中国戏剧出版社 1990 年版，第 43 页。

或家族的利益、尊严、荣誉和能力。正是这样的社会制度及所塑造和支持的观念，把个人对自己的资格、利益、力量或主张的感知、要求和获享限制在一个较低的水平，从而抑制了权利的生长。毛泽东同志在《湖南农民运动考察报告》指出“这四种权力——政权、族权、神权、夫权，代表了全部封建宗法的思想和制度，是束缚中国人民特别是农民的四条极大的绳索。”[①]财产权利具有判断不同意识形态和社会统治方式的区分功能。漠视人民的财产权利，任意侵夺人民的财产权利，限制人民自由地追逐和创造财富，对于财产纠纷缺少完善的解决途径，是专制社会的显著特征；抑制财产权利就是抑制自由，借以维护专制王权的任意性、普遍性和不可挑战性。商人传播和积累财富，诉讼激发自由和权利观念，为了维护统一的秩序，这两方面都是要反对的，在这里中国古代社会的抑商政策和非讼意识紧密地联系起来。

权利的扩展和权利观念的变革构成了近代中国社会变革的实质内容，它是中国古代社会受到压抑的特殊形式存在的权利及其观念在“西学东渐”、民主革命的条件下的新生与转化。但是由于半封建半殖民地的社会结构、军阀政治、战乱频仍、经济凋敝等各种社会、政治、经济状况的制约，使得原本上没有牢固基础的某些具有现代意义的权利制度大多停留在文本的层面，近代中国权利的变革和演进呈现出复杂性和曲折性的特点。

权利在中国发展的新纪元是从1949年开始的。如果说新中国的成立，宣告了古老的旧中国的结束，那么新权利体系的创建以及人的权利观念的变革则是权利历史的伟大变革。[②]“新的社会新的人”，如果说政权建设、土地改革、资本主义工商业的社会主义使得社会的权力结构和经济结构发生了根本性的变革，那么，婚姻自由则使得家庭结构发生了重要的变化。特别是广大妇女为争取婚姻自由权和个人财产权而提出的离婚诉讼，更是权利观念变革的显著标志。

在旧的社会制度之下，一般地讲，婚姻对男女来说都是不自由的，尤其是对妇女而言，及至结婚建立家庭，妇女在家庭中的地位仍然没有摆脱传统社会的

---

① 《毛泽东选集》（第1卷），人民出版社1991年版，第33—34页。

② 程燎原、王人博：《权利及其救济》（第2版），山东人民出版社1998年版，第119页。

“男尊女卑”的局面，妇女的家庭劳动被看作是小事，缺乏独立的价值，妇女也只有极其狭窄的个人活动和社会活动空间，妇女在家庭中的财产权，仍然处于依附和被支配的地位。不少妇女以逆来顺受的消极形式来忍受不幸的婚姻，不少妇女以生命的代价来对旧的婚姻制度进行最后的叛逆。一首广为流传的《女儿歌》道出了妇女的凄凉和无奈：

六月里黄河冰不化，
扭着俄（我）成亲是俄（我）大（父亲），
五谷里数不过豌豆儿圆，人里头数不过，
女儿可怜，女儿可怜，女儿呦。

1949年以后，这种状况得到了根本性的改变，特别是1950年《婚姻法》颁布后的几年里，各地法院似乎掀起了离婚案件的“诉讼浪潮”，其中提出离婚的90%以上都是妇女，在一定意义上讲，离婚诉讼浪潮就是妇女为实现婚姻自由而展开的“权利运动”。但是，我们不要仅仅从形式上来看待这个问题，以为妇女是没有这方面的权利需求的，是《婚姻法》的颁布以及党的教导、说服和教育，才使得妇女意识到自己的愿望和需求的，毋宁说，《婚姻法》和党的政策不过是对妇女们权利要求的确认和保障。在革命根据地时期已经有了婚姻自由的初步实践，在新中国成立之初，《婚姻法》颁布之前，妇女的婚姻自由权利意识正在日渐增长。在新中国成立前的晋绥地区，有一名妇女叫薛巧花，因家贫，父亲在她14岁的时候，将她卖给地主为妻。出嫁后，丈夫婆婆常常打骂她，把她当牛马一样使唤，除了承担一切家务外，还要和雇工一起上地，却不得温饱。土地改革开始后，群众斗争地主，薛巧花向代表委员会提出离婚要求，后来选择了新翻身农民王石贵结了婚。她实现了自己的权利，实现了自己追求幸福生活的愿望，把内心的喜悦用歌声表达出来：

地主娶我心不爱，压迫七年“灰得太”（很不幸）；土地改革实在好，跳出火坑真痛快！

坞头有个王石贵，人很勤劳又和气，咱们二人起了意，自由自愿配夫妻！

天上的云彩云套云，咱们妇女翻了身，不用金钱自由婚，各人爱上了心上的人。①

从Y市法院的诉讼档案来看，在20世纪50年代初期，妇女提出离婚的理由主要在于买卖婚姻、包办婚姻等，从20世纪50年代中后期开始，妇女提出离婚的理由主要是"经济上不予照顾""经常打骂""干涉参加集体生产和活动"等，虽然离婚理由有所不同，但是选择通过诉讼来结束不幸的婚姻关系并获得自己应得的财产，无疑是权利观念的具体表现。

在分家与继承纠纷、房屋典卖、租赁纠纷、地基纠纷、各种形式的债权债务纠纷中，当事人为了实现自己的权利，毅然诉诸法院，有的不满一审法院的判决，继而提出上诉，这也表明了深刻的权利观念。由于缺少法律的明确规范，当事人在论证自己权利主张正当性的时候，有的根据交易习惯，有的根据契约，有的则根据基本的生活经验。

从国家的立场上来看，对于婚姻自由权利的鲜明保障态度自不待言；对于其他民事权利，至少在"文化大革命"之前都是予以承认和保护的。这正是中国共产党领导人民革命的重要使命。可以说，从中国共产党成立时起一直到新中国的成立和"文化大革命"之前，都是从不讳言"人权""权利"和"自由"的。婚姻自由，妇女解放一直就是中国革命的重要内容，而对其他民事权利的保护，在革命法制史上也占有相当的地位。

如在财产权利方面，1940年8月13日的《晋察冀边区目前施政纲领》宣称："保障一切抗日人民的财产所有权。"②1942年2月的《陕甘宁边区保障人权财权条例》宣称："本条例以保障边区人民之人权财权不受非法之侵害为目的。"③"保障

① 《关于中华人民共和国婚姻法起草经过和起草理由的报告》（1950年4月14日），《中华人民共和国婚姻法教学参考资料》（第一辑），西南政法学院民法教研室1984年10月编印，第266页。

② 中国社会科学院法学研究所民法研究室民诉组、北京政法学院诉讼法教研室民诉组合编：《民事诉讼法参考资料》（第一辑），法律出版社1981年版，第11页。

③ 中国社会科学院法学研究所民法研究室民诉组、北京政法学院诉讼法教研室民诉组合编：《民事诉讼法参考资料》（第一辑），法律出版社1981年版，第30页。

边区一切抗日人民的私有财产及依法之使用及收益自由权（包括土地、房屋、债权及一切资财）。”[①] 1942年12月31日《解放日报》在《边区司法机关厉行保障人权财权》一文评论说：“保障人权财权条例，在一年的时间中已充分发挥了它的精神，边区一切民族、阶层、党派、性别、职业不同之抗日人民的人权和财权，政府均已给予完全的保障，此在司法工作中表现者最为明显。李院长并谓记者：司法政策应配合人民意志，适应时代与环境而为宽严适中之措施，尤要寓宽严于教育之中，目前边区司法主要目的乃在群众巩固边区之政权应保障边区抗日的人民之安全，司法政策须在此原则内运用。”

新中国成立初期起临时宪法作用的《中国人民政治协商会议共同纲领》，是中华人民共和国历史上财产权利发展的新起点。其中第3条宣称：“保护工人、农民、小资产阶级和民族资产阶级的经济利益及其私有财产。”1954年9月20日颁布的《中华人民共和国宪法》第8条规定：“国家依照法律保护农民的土地所有权和其他生产资料所有权。”第9条规定：“国家依照法律保护手工业者和其他非农业的个体劳动者的生产资料所有权。”第10条规定：“国家依照法律保护资本家的生产资料所有权和其他资本所有权。”第11条规定：“国家保护公民的合法收入、储蓄、房屋和各种生活资料的所有权。”在废除国民党的《六法全书》之后，由于未来得及制定系统的民事法律规范，对于公民财产权利的保护主要是通过一系列的政策、文件、批复和司法解释来提供基本原则，以及一些较为具体的解决权利纷争的办法。

值得注意的是，权利永远也不会超过社会结构所能给它提供的空间，在婚姻自由和妇女财产权保护方面，党和政府一方面确认离婚自由的权利，保护妇女的财产权，另一方面也要考虑到有利于生产的原则，在其他财产权利纷争上：一方面保护合法财产权利，另一方面也提倡“互谅互让”“有利生产”。诉讼档案表明，大量的离婚案件法官都能按照《婚姻法》的规定来处理，但也有一些案件，适当地减少了男方的经济压力，对于妇女自愿返还财产或少要财产的，法官往往加以

---

① 中国社会科学院法学研究所民法研究室民诉组、北京政法学院诉讼法教研室民诉组合编：《民事诉讼法参考资料》（第一辑），法律出版社1981年版，第30页。

默许。对于其他财产纠纷案件，法官一般会对当事人进行一定的“互谅互让”的社会主义新风尚的教育，但是最主要的还是根据政策、习惯或常识等进行裁判。

二、财产权利的重要价值

财产是人类从野蛮蒙昧状态进入文明社会的标志，财产构成了文明社会的基础。摩尔根说：“人类的进步从发展阶梯的底层开始，有两种政治方式，其一为氏族性的和社会性的，它产生了社会；另一为政治性的，这产生了国家。前者以人身和氏族制度为基础；后者以地域和财产为基础。第一种方式为古代社会的政治结构，而第二种方式为近代文明社会的政治结构。”[①]“对财产的欲望超乎其他一切欲望之上，这就是文明伊始的标志。”[②]“人们以财产代表积累的生活资料而对它产生占有的欲望，这在蒙昧社会是完全没有的事，但由无到有，到今天则已成为支配文明种族心灵的主要欲望。”[③]恩格斯说：“文明时代从它的存在的第一日起直至今日的动力：财富、财富、第三还是财富，不是社会的财富，而是这个微不足道的单个人的财富，这就是文明时代唯一的、具有决定意义的目的。”[④]

人们对于财产所拥有的占有、使用、收益和支配的权利，就是财产权利。经济学上一般称之为产权。产权是一个外来词。在英语中 property 包含多种含义：（1）财产、资产和所有物的总称；（2）指地产、房产；（3）指财产权和所有权。产权不是指人与物之间的关系，而是指由物的存在及关于它们的使用所引起的人们之间相互认可的行为关系，产权制度是一系列用来确定每个人相对于稀缺资源使用时的地位和社会关系。

财产和财产权利对于文明社会有重要意义。财产是人生存和发展的基础。人们为了生存必须占有一定的物质资料，并排除他人对这些资料的占有，人们为了发展必需可能对其拥有的物质资料进行支配如加工、交换、投资等，并排除他人

① 〔美〕路易斯·亨利·摩尔根：《古代社会》（上册），杨东莼等译，商务印书馆 1995 年版，第 3 页。
② 〔美〕路易斯·亨利·摩尔根：《古代社会》（上册），杨东莼等译，商务印书馆 1995 年版，第 6 页。
③〔美〕路易斯·亨利·摩尔根：《古代社会》（上册），杨东莼等译，商务印书馆 1995 年版，第 11 页。
④ 《马克思恩格斯选集》（第 1 卷），人民出版社 1995 年版，第 85—86 页。

把这种破私观点推到了极端。[①] 如 1966 年《解放军报》的一篇社论就认为，“文化大革命”从根本上说，就是“破除几千年来的私有观念，建立社会主义公有观念的大革命”，“私有观念是产生资本主义、修正主义的根子；私有观念破得愈彻底，无产阶级专政的政权才能愈巩固”[②]。1967 年《红旗》杂志的一篇社论则号召人们，“狠斗‘私’字”，“坚持破私立公”，“坚决同自己头脑里的‘私’字决裂”，“同旧思想、旧制度彻底决裂”[③]。“文革”初期的抄家运动正是这种极端观念的一种表现形式。它冲击了社会秩序，破坏了正常的财产权利关系。财产权是自由、个人自治赖以植根和获取养料的土壤，它对人类的一切精神和物质文明的巨大进步产生了深远影响。财产权不仅是个人发展的基本条件，而且，没有它，人类的正常经济秩序和共同的社会生活就完全无法进行下去。在极左思想的影响下，不顾中国社会经济发展阶段的现实和与之相应的民众强烈的财产权利观念，片面否定私有财产制度，要求破除私有观念，是不符合历史的发展规律的。“文革”期间所提到的“兴无灭私”“狠斗私字一闪念”“灵魂深处闹革命”“宁要社会主义的草，不要资本主义的苗”等口号完全是脱离了中国社会的实际，与民众强烈的财产权利观念背道而驰，显然只具有形式的意识形态上的意义，并不能够深入人心，扎根生活。

三、认真地对待权利诉求

在我国建设社会主义法治国家的进程中，大规模的“普法”活动或曰“送法下乡”成为重要的途径，这对于使广大民众知悉法律有一定的意义。但是，这种自上而下推行“法治”的路径选择具有相当的片面性，它无法构成中国法治社会建设的基础，因为它的基本预设是民众特别是农民缺法律观念、不懂法、权利意识不强、不守法。通过我们对诉讼档案的研究与分析，我们发现这一预设是虚构的。事实表明，老百姓很清楚自己需要什么，这是基于人性和生存需要以至于更

① 程维荣：《中国继承制度史》，中国出版集团东方出版中心 2006 年版，第 471—472 页。

② 《再论提倡一个“公”字》，《解放军报》1966 年 11 月 3 日。

③ 《“斗私，批修”，做好各学校各单位的斗批改》，《红旗》1967 年第 15 期。

好的生活的愿望，老百姓也清楚哪些当为哪些不当为，这是共同生活秩序的需要，其间的纷争在于随着社会生活的复杂化有些界限发生了变化，需要重新加以确定，有些是基于人性中的趋利避害或贪婪，而希望超过当取的界限，获得更多的资源和利益，以便取得社会生活中的优势。"普法"主要把基层民众作为受教育的对象，作为法治建设中的一个被动的参与者，这是不足为取的。我们应该改变这种思维定式，充分注意到基层民众的权利需求，尊重他们的主体性地位，发挥他们积极参与法治建设的功能。我们不能够剥夺他们的话语权，仅仅把他们视为一群"听者"。此外，官员应当认真对待民众的权利和诉愿，认真分析纠纷形成的原因，而不应简单地把纠纷、事件归结为"闹事""法律意识淡薄"等。因此，中国法治建设的核心问题应该是解决官员们的权力观念问题、制约国家权力的滥用问题，依法治"官"而非治民。

通过诉讼档案，我们还发现，20世纪50年代到60年代中期的民事司法中，是比较注意对弱势群体的保护的。如在离婚诉讼中对妇女财产的保护，对子女利益的保护，在分家与继承纠纷中对于生活困难者的保护，在房屋纠纷中对于住房困难者的保护，等等。我国社会正处于急剧的社会转型之中，利益的多元化、矛盾的复杂化、贫富差距的增大、明显的弱势群体的形成，已经成为社会问题。因此，有必要建立对弱势群体的有效保护机制，以实现社会和谐发展。如在具体个案的处理上，注意各种利益的平衡、各种矛盾的化解，特别考虑对于弱势群体权利尤其是与其生存密切相关的财产权利的司法保护。

第三节　正式制度与非正式制度中的财产权利

一、财产纠纷处理依据的多重性

法院对于所受理的诉讼案件的解决，必须有一定的依据，这样才能确立其处理结果的正当性、权威性和可接受性。司法是一种适用法律的行为，依法裁判是现代司法的基本要求。相对健全的法律制度构成了依法裁判的前提和基础。就诉讼档案来看，从20世纪50年代到60年代中期，民事判决引用法律条文的情况大致可归结为三种类型：其一是判决书明确指出了所依据的法律条文；其二是判决书仅表明“依法”判决，而并未指出所依据的具体法律条文；其三是判决书既未表明依法判决更无从指出所依据的具体法律条文，而是直接作出判决。那么，那些明确引用法律条文的判决是否完全按照法律规则来处理呢？那些仅表明“依法”判决，而并未指出所依据的具体法律条文的判决究竟是依何法呢？那些直接判决而不表明依法判决更无从引用任何法律条文的案件的判决又是如何形成的呢？

通过考察诉讼档案我们发现，尽管从整体上看20世纪50年代到60年代中期我国的民事法律制度不够健全甚至在一些方面处于法律制度缺失的状态，法院仍然通过审理案件，维护了当事人的正当权益和社会经济秩序。我们认为，法院对离婚诉讼中的财产争执以及其他财产纠纷处理的基本依据有政策、法律和习惯，它们对判决或调解的影响因个案的情况而有所不同。如果从制度角度而言，可以说，对于财产权利的保护，是通过正式制度和非正式制度的相互作用而实现的。

在诺思看来，制度是为约束在谋求财富或本人效用最大化中个人行为而制定的一组规章、依循程序和伦理道德的行为准则。制度的作用在于，它提供人类在其中相互影响的框架，使协作和竞争的关系得以确定，从而构成一个社会特别是构成了一种经济秩序。[①] 制度又可以分为正式制度和非正式制度。正式制度是人们有意识建立起来的并以正式方式加以确定的各种制度安排，包括政治规则、经济规则和契约，以及由这一系列的规则构成的一种等级结构，从宪法到成文法和不成文法，到特殊的细则，最后到个别契约等，它们共同约束着人们的行为。人们常常将正式制度称为正式规则或硬制度。非正式制度是指人们在长期的社会生活中逐步形成的习惯习俗、伦理道德、文化传统、价值观念及意识形态等对人们行为产生非正式约束的规则，是那些对人的行为的不成文的限制，是与法律等正式制度相对的概念。诺思认为，在人类行为的约束体系中，非正式制度具有十分重要的地位，即使在最发达的经济体系中，正式规则也只是决定行为选择的总体

① 参见〔美〕道格拉斯·C.诺思：《经济史上的结构和变革》，厉以平译，商务印书馆2005年版，第227页。

约束的一小部分，人们行为选择的大部分行为空间是由非正式制度来约束的。非正式制度也被称为非正式规则或软制度。[①]

从民事诉讼档案资料来看，作为民事裁判依据的正式制度主要表现为政策和法律，作为民事裁判依据的非正式制度主要表现为民事习惯。

一般认为，政策是国家政权机关、政党组织和其他社会政治集团为了实现自己所代表的阶级、阶层的利益与意志，以权威形式标准化地规定在一定的历史时期内，应该达到的奋斗目标、遵循的行动原则、完成的明确任务、实行的工作方式、采取的一般步骤和具体措施。就执政党、国家或政府而言，政策的本质在于政策的制定、执行及其执行结果都是为了解决一定的社会问题，调整社会利益关系。如詹姆斯·安德森认为，政策是一个有目的的活动过程，而这些活动是由一个或一批行为者，为处理某一问题或有关事务而采取的[②]；政策的本质集中表现在三个方面：政策集中反映或体现统治阶级的意志和愿望，是执政党、国家或政府进行政治控制或阶级统治的工具或手段。[③]“公共政策是由政府机关或政府官员制定的政策”[④]；政策作为执政党、国家或政府的公共管理的工具或手段，服务于社会经济的发展和文化的进步；政策作为分配或调整各种利益关系的工具或手段，是各种利益关系的调节器。[⑤]“政策是对全社会的价值做权威性的分配”[⑥]。毛泽东同志指出：“政策是革命政党一切实际行动的出发点，并且表现于行动的过程和归宿。”[⑦]夺取全国政权后，中国共产党非常注意利用政策而对社会经济制度进行改造，改变旧有的阶级利益格局，建立新的阶级利益格局。在司法领域内，政策成为诉讼实践中解决纠纷的重要依据。

法律是国家制定或认可的，由国家强制力保证实施的，以规定当事人权利和义务为内容的具有普遍约束力的社会规范。法律为人们的活动设定了基本的准则，

---

① 卢现祥主编：《新制度经济学》，武汉大学出版社 2003 年版，第 115 页。
② 陈振明主编：《政策科学 —— 公共政策分析导论》（第二版），中国人民大学出版社 2003 年版，第 48 页。
③ 陈振明主编：《政策科学 —— 公共政策分析导论》（第二版），中国人民大学出版社 2003 年版，第 51 页。
④ 陈振明主编：《政策科学 —— 公共政策分析导论》（第二版），中国人民大学出版社 2003 年版，第 48 页。
⑤ 陈振明主编：《政策科学 —— 公共政策分析导论》（第二版），中国人民大学出版社 2003 年版，第 51 页。
⑥ 陈振明主编：《政策科学 —— 公共政策分析导论》（第二版），中国人民大学出版社 2003 年版，第 48 页。
⑦ 《毛泽东选集》（第 4 卷），人民出版社 1991 年版，第 1286 页。

具有可预测性。它通过提供和运用解决各种争端的程序而消解各种不满和实施制裁。法律通过限定国家权力的范围及运行程序来防止权力滥用可能造成的对人民的侵害。在正式制度中，科斯最看重法律体系的作用。“除非是法律确认的权利调整，否则通过转移和合并权利达到同样后果的市场费用如此之高，以至于最佳的权利配置以及由此带来的更高的产值也许永远不会实现。”[①] 在整个法律体系中，宪法作为国家根本大法，是最重要的制度安排，构成了制度稳定的基础并令其变迁减缓。爱尔斯特也强调宪政制度对经济发展的重要性，他认为“宪制之所以对于经济发展十分重要，是因为它增进了稳定性、责任感和可信度的价值。用比喻的话来说，宪制部分地充当了飞轮的作用”[②]。由此可见，政治法律制度对于经济发展的作用是强大的，而这在很大程度上取决于政治法律的稳定性、连续性，如果政治法律制度不轻易更动，就能够在社会上形成稳定、安全、责任与信任，从而增加信息透明度，降低交易成本，使经济发展步入良性循环的路径。[③] 新中国成立后，曾颁布了《婚姻法》《土地改革法》和 1954 年《宪法》以及一大批法律、法令、法规等，但是，由于“左”的冲击和干扰以及“文革”中的法律虚无主义的盛行，并没有形成以宪法为核心的法律体系。已制定的法律存在着简约性和粗疏性的特点，在一些方面甚至存在着法律缺失的情形，关于财产权利的政策也呈现出变动性的特点，这些都影响到了诉讼实践中对具体案件的处理和对财产权利的保护。

与财产权利密切相关的民事习惯是关于财产权利的非正式制度的主要表现形式。所谓民事习惯，又可以简称为习惯或习惯法。习惯法是指一种存在于国家法之外的、在社会中自发形成的、由一定权威提供外在强制力来保证实施的行为规则。习惯法也被认为是维持和调整某一社会组织及成员之间关系的约束力量，是由该组织或群体出于维护生产和生活需要而发展的约定俗成，是适用一定区域的带有权威性的行为规范。习惯法体现了传统文化的巨大影响力。它是人们集体学

---

① 〔美〕科斯等：《财产权利和制度变迁 —— 产权学派与新制度学派译文集》，上海三联书店 1994 年版，第 20 页。

② 谭崇台主编：《发展经济学的新发展》，武汉大学出版社 1999 年版，第 293 页。

③ 谭崇台主编：《发展经济学的新发展》，武汉大学出版社 1999 年版，第 293 页。

习的结果，是人们充分交流后共同形成的一套规则。梁治平先生认为，习惯法是这样一种知识传统：它生自民间，出于习惯，乃由乡民长期生活、劳作、交往和利益冲突显现，因而具有自发性和丰富的地方色彩。由于这套知识主要是一种实用之物，所以在很大程度上为实用理性所支配。[①] 习惯法乃是由乡民长期生活与劳作过程中逐渐形成的一套地方性规范；它被用来分配乡民之间的权利、义务，调整和解决他们之间的利益冲突；习惯法并未形诸文字，但并不因此而缺乏效力和确定性，它在一套关系网络中实施，其效力来源于乡民对于此种"地方性知识"的熟悉和信赖，并且主要靠一套与"特殊主义的关系结构"有关的舆论机制来维护。自然，官府的认可和支持有助于加强其效力，但是它们并非习惯法所以为"法"的最根本特征。[②]

二、正式制度和非正式制度与财产权利实践

新中国成立后，国家在经济基础变革的基础上，建立了一套自上而下的行政控制网络，国家权力前所未有地渗透到城市、乡村，干预和支配着社会生活的方方面面，与经济改造和政治控制相应，国家也在建构新的意识形态和法律制度。传统地方性的信仰、观念、仪式和行为方式等，被视为陈旧落后的东西遭到不断地批判甚至禁止，族谱、村庙、家祠等被认为是旧社会的遗迹而遭毁弃。旧的社会关系不断松懈和瓦解，新思想观念如男女平等、婚姻自由、科学、民主等则得到反复、广泛和深入的宣传和灌输。然而，在这一社会改造过程中，传统的东西并非顷刻间土崩瓦解的，一些习惯被抛弃了，一些习惯被顽强地保留了下来。习惯以其特有的力量仍在影响着人们的生活。

财产权利方面的政策、法律、习惯相互连结又不免冲突，在错综复杂的关系中共同支配着法官对财产纠纷的处理。

在婚姻制度方面，由于《婚姻法》的颁布，中国共产党所主张的男女平等、

① 梁治平：《清代习惯法：社会与国家》，中国政法大学出版社 1996 年版，第 127—128 页。
② 梁治平：《清代习惯法：社会与国家》，中国政法大学出版社 1996 年版，第 166 页。

婚姻自由的政策得以以法律的形式确认和固定下来。男女平等、婚姻自由的观念通过宣传和贯彻《婚姻法》运动以及通过诉讼实践解决了许多不自由的不幸福的婚姻关系而得到了社会相当程度的接受。离婚诉讼中的财产纷争一般也可以依法解决。在处理离婚诉讼中财产争执的焦点在于国家法与习惯法在彩礼问题的关系上。

彩礼又称财礼、聘礼、聘财，指订婚或结婚时男方送给女家的财物。彩礼习俗，由来已久，早在西周时就确立了纳采、问名、纳吉、纳征、请期、亲迎的“六礼”婚姻制度，“纳征”就是送聘财，也就是民间所说的彩礼，它是作为缔结婚姻的条件而存在的。这种婚姻形式一直延续至中华民国时期。如《中华民国民法》还规定订婚或结婚须有媒妁之婚书或收受聘财方为合法有效。[①]可见，从彩礼对于婚姻成立的效力来看，它是一项正式的法律制度，从彩礼的形式和内容来看，又因各地经济状况、习俗等而有所不同，因此，一直以来，彩礼制度具有国家法和民间习惯法的双重性质。

在革命根据地时期，彩礼的习惯被认为是落后的东西而在意识形态中和婚姻制度中予以否定和摒弃。如1930年3月《闽西婚姻法》[②]规定“取消聘金及礼物”，1930年4月闽西苏维埃政府在《关于婚姻法令之决议的布告》[③]中宣称：“中国男女婚姻，过去几千年来，在旧礼教的束缚之下，形成了极可耻的买卖婚姻制度，男子对于妇女只当作一种附属品和家产看待。”布告要求“各级政府、各地群众站在自由婚姻原则之下，与旧礼教作坚决的奋斗，以解放被束缚被压迫的青年男女群众”。1931年10月《湘赣省婚姻条例》规定：“禁止聘礼、送肉等不好习惯。”[④]1932年4月《中华苏维埃共和国婚姻法》[⑤]规定：“废除聘礼、聘金及嫁妆。”直至抗日战争时期，尽管一些法律规范没有明文规定废除彩礼，但在婚姻法

---

① 李霞：《民间习俗中的彩礼及其流变》，《民俗研究》2008年第3期。

② 中国社会科学院法学研究所民法研究室民诉组、北京政法学院诉讼法教研室民诉组合编：《民事诉讼法参考资料》（第一辑），法律出版社1981年版，第441页。

③ 中国社会科学院法学研究所民法研究室民诉组、北京政法学院诉讼法教研室民诉组合编：《民事诉讼法参考资料》（第一辑），法律出版社1981年版，第443页。

④ 张希坡：《中国婚姻立法史》，人民出版社2004年版，第132页。

⑤ 中国社会科学院法学研究所民法研究室民诉组、北京政法学院诉讼法教研室民诉组合编：《民事诉讼法参考资料》（第一辑），法律出版社1981年版，第453页。

反对买卖婚姻的原则之下，彩礼也被视为买卖婚姻的一种手段和表现形式而予以排斥。如1941年7月晋察冀边区行政委员会指示信《关于我们的婚姻条例》[①]指出："买卖婚姻不单指公开的买卖婚姻，凡用彩礼聘金等变相的买卖亦包括在内，在条例公布后，有买卖或变相买卖均按本条例处罚，对这种处罚是处罚实行买卖行为的，不是处罚结婚的双方，因为实行买卖的不是结婚的双方而是他们的家长或其他人的缘故。"但同时，指示信也意识到了实行条例可能遇到的复杂性和困难，因而提出反对偏"左"偏"右"的倾向。指示信说："边区婚姻条例的颁布施行，无疑问的，给予旧婚姻制度以致命的追击，它是要把旧的不合理的婚姻制度与恶习根本扫清，从新建立一种新的合理的婚姻制度。但由于旧制度习惯有着深厚的社会根源与悠久的历史传统，这样一种大的改变，不是一个简单事情。"各边区婚姻条例颁布后，并未能禁止彩礼、聘金等现象，而彩礼或聘金是否即为买卖婚姻之形式亦有争论，彩礼聘金应否予以没收也成为问题。陕甘宁边区高等法院《对于赤水县询问买卖婚姻价值款应否没收问题的意见》指出，婚姻制度的改善，是要随一般的教育文化生活的揚高，方能得到实际的效果，如果文盲生活，尚未达到某一阶段，而骤然绳以严峻的法律加以彻底改造，就会造成社会秩序混乱的状态；同时还指出，"婚姻上的聘礼，在法律上势难予以一定数目的限制，富家多出，贫家少出。目前边币贬值，一万元边币，合之从前现银，不过值得三四百元，表面数目虽大，实际上不过够办衣物首饰数事，我们如果硬指为是买卖婚姻的代价，是不足以折服人的"。[②]因此，对于大量的涉及彩礼的纠纷都采取一种折中的态度来处理，而不是按照买卖婚姻没收彩礼。边区高等法院建议在审判上关于这类的事件，是采取以下的适应方法：如果发生纠纷，成为诉讼，法院只审查他们的婚姻本质上有无瑕疵，如男女婚姻资格，是否重婚，年龄是否相当，女方是否同意，手续是否全事，是否威胁、抢夺、诱骗。如婚姻本质上无瑕疵，聘礼数目虽多，亦是有效。如有瑕疵，即应宣告婚姻无效，聘礼返还不予没收。

1950年的《中华人民共和国婚姻法》继承了革命根据地时期的主张，反对

---

① 中国社会科学院法学研究所民法研究室民诉组、北京政法学院诉讼法教研室民诉组合编：《民事诉讼法参考资料》（第一辑），法律出版社1981年版，第479页。

② 《陕甘宁边区政府文件选编》（第六册），档案出版社1988年版，第296—297页。

将彩礼作为婚姻成立的条件，“禁止借婚姻索取财物”，在法律中根本未提及“彩礼”一词。在观念上认为，“任何财物的多寡，任何门第的高低，都不应再成为男女结婚关系的基础。任何珍贵之物都不能作为男女双方相互爱情的代替物或交换品”[①]。但是，在现实生活中，彩礼几乎可以说是普遍的，改造彩礼这一习惯的目标至少可以说并没有得到充分的实现。从新中国成立后长时期的婚姻立法与实践来看，已经从原来基本上将彩礼视为借婚姻索取财物、买卖婚姻的一种表现形式而加以彻底否定的激进态度中有所调和和退让。这表现在，虽然在国家的意识形态中反对各种各样的彩礼，但是在处理因彩礼而产生的争执中，不是简单地将彩礼认定为借婚姻索取财物或买卖婚姻将彩礼予以没收，而是区别情形加以对待。有关政策和实践中认为应当区分彩礼的性质，如果将彩礼作为结婚的条件并索取财物的数量较大则属于变相的买卖婚姻性质的彩礼，可以根据具体情节轻重而决定是否予以没收，也可以根据实际情况决定是否返还男方；对于结婚出于自愿，并非以彩礼为结婚条件，男方自愿给予女方的彩礼则属于赠与性质，原则上均不允许请求返还。但如给付之一方在经济上特别困难而收受之一方又有返还能力者，则在确保婚姻自由的前提下，得对给付之一方酌予照顾，判令收受之一方返还全部或一部。

彩礼的习惯根深蒂固，绵延不绝。究其原因，可能有下列几方面：一是传统观念的影响。在人们的传统观念里，婚姻合两姓之好，担负着延续子孙的家族任务，是人生中的“大事”，必要的仪式正是婚姻的象征和确认。不聘不娶，如果没有彩礼，似乎意味着仪式不够完善，程序有所瑕疵。二是尽管制度层面男女平等被确立为一项法律原则，在观念上也被有限地接受，但仍没有彻底改变男女在社会经济生活关系结构中和家庭关系中的地位。不少人认为，女儿在出嫁前是从属于父母亲的，是为他人养育的，必须在嫁女儿的时候收取一定的钱物用以偿还父母的养育费。在新中国成立以后，女去夫家生活，绝大多数的生产资料和生活资料都由男方来提供的家庭的基本关系结构仍未改变，这可以说是彩礼存在的经济

① 《关于中华人民共和国婚姻法起草经过和起草理由的报告》（1950 年 4 月 14 日），《中华人民共和国婚姻法教学参考资料》（第一辑），西南政法学院民法教研室 1984 年 10 月编印，第 240 页。

原因。三是大量的诉讼档案表明，女方提出离婚理由，虽然以婚姻自由作为武器，以感情破裂作为理由，但透过这些表面的说法，真正的原因是因为“男方不给吃、不给穿”，“生活不下去”，这也表明女方在家庭中的依附性，也就是说，妇女解放并没有真正实现。四是男女性别比例的失调，男多女少的社会结构，导致彩礼现象也不会很快地消失。适龄男青年（特别是在农村）不容易找到结婚对象，而相应的女青年则有相对较大的选择余地。因此，除了身高、相貌等这些先天条件、知识、能力等这些素质条件外，对方的经济条件也是一个重要因素。特别是在前两个条件基本相等的情况下，经济条件可以说能够起到决定性的作用。而彩礼的多少，恰恰是衡量的一个指标。

彩礼习惯在新的时期发生着蜕变，因彩礼而引起的纷争不断出现在诉诸法院的婚姻案件中，以至于司法实践不得不在吸收民间彩礼习惯的基础和借鉴以往司法经验的基础上对此作出反应。如 2003 年 12 月 25 日法释［2003］19 号《最高人民法院关于适用〈中华人民共和国婚姻法〉若干问题的解释（二）》第 10 条规定：“当事人请求返还按照习俗给付的彩礼的，如果查明属于以下情形，人民法院应当予以支持：（一）双方未办理结婚登记手续的；（二）双方办理结婚登记手续但确未共同生活的；（三）婚前给付并导致给付人生活困难的。适用前款第（二）、（三）项的规定，应当以双方离婚为条件。”

通过分析民事诉讼档案，我们发现在因分家、继承而致的财产纠纷中，国家法与民事习惯的关系是复杂的。法官在政策、法律提供的指导性框架内，结合个案的不同情形，力求作出合乎情理的处理。

在中国古代，除秦代商鞅变法时颁布了《分户令》，规定“民有二男以上不分异者，倍其赋”，以国家法律强制人民分财析籍外，以儒家伦理为指导思想的国家法律则提倡“同居共财”，反对“别籍异财”，甚至把“父母在，别籍异财”作为不孝的罪行施以刑罚制裁。然而，在民间则广泛地存在着分家析产的习惯，以至于国家法律不得不做出退让，即父母同意情形下的分家析产不为罪。分家析产习惯所确立的财产制度具有产权明晰的特点和经营的活力优势，满足了民众的增长财富和改善生活的需要，因而冲击并突破了儒家教条。新中国成立后，社会经济制度以及民众生活发生了巨变，分家析产也不再是一个法律概念，但是，分家析产的习惯依然被保留了下来。对于分家纠纷，诸子均分的古老传统被法官所认可，同时，法官又会考虑有利团结和生产、结合为大家庭所做之贡献以及小家庭人口多少、经济状况等作出适当的调整。在男尊女卑的封建社会中，女子可能分得一些嫁妆，也可能在寡妇守节等一定条件下获得继承财产的权利，但从继承顺序、数额来讲，不可能拥有与男子平等的继承权。到了民国时期，法律上虽然规定了男女平等的继承权，但在实践中并未得到有效的贯彻。诉讼档案清楚地表明，新中国的司法实践中，在对于利用旧习惯剥夺、限制妇女的继承权和寡妇带产再嫁的案件，法官表现出对男女平等、婚姻自由的政策精神和法律原则的坚决捍卫，对妇女财产权的坚决维护。通过具体个案的处理，法官宣扬了新时代的民主和平等精神，支持了妇女的维权行动。这就向人们昭示，新旧社会制度在妇女财产权方面的立场不同，并不是停留在口头和纸面的宣传上，而是要在实际中加以兑现的。一个个具体案件的审理结果产生了巨大的社会心理效应，极大地动摇了长久以来形成的与新社会格格不入的旧传统，司法实践在此证明了其参与构建社会经济秩序的力量。

民事诉讼档案显示，民事习惯在20世纪50年代至60年代中期审理房屋典权案件纠纷中发挥了基本依据的作用。关于土地和房屋不动产典权制度是传统中国的特色民事制度之一。“房屋典当，民间行之已久，造成公认的习惯，其内容为一方交付典价，他方交付房屋，在约定的一定期间以内，出典人不付利息，典权人不付房租，到期后出典人交还典价，典权人退还房屋，如到期后再经过一定期间不赎，即作绝卖。”[①] 典权制度，经历了北齐初萌、唐宋发展、明清充实和完善诸阶段，形成了关于出典人和典权人之间就典物、典价、典期、转典、回赎、找贴等一套完整的民事权利和义务的规范。一方面国家法确认典权交易并有一些相关规范，另一方面具体的实施更多地依据民间习惯的规范内容，因此典权制度具有习惯法和国家法的双重性质。1930年的《中华民国民法》在吸收民间典权习惯的基础上，对典权作了系统、明确的规定，从而形成了正式和完备的典权民事法律制度。新中国成立后，随着对国民党《六法全书》的废除，典权制度又重归民间，主要作为一种民事习惯而存在。基于典权制度的社会经济功能的特点，即一

① 纪敏编著：《中国房地产政策法规与实践》，学苑出版社1991年版，第244页。

方面典权制度是地主剥削农民、兼并财产的一种合法手段，另一方面在劳动人民之间的典权交易则带有相互救济、调剂余缺和互助互利的性质，国家政策对此采取了不同的处理态度。1951 年 11 月 9 日中央人民政府司法部《关于典当处理问题的批复》指出“一般的农村典当关系，今天仍准其存在，但地主土改前的典权必须废除”[①]。也就是说，人民政府不允许带有剥削性质的典权存在。在司法实践中，由于土改时确认农民土地所有权的需要，已对旧社会土地典当关系作了处理。农民获得了土地，倍觉珍惜，经过合作化、集体化土地所有权又归集体所有，因此，几乎未见到关于土地典权的纠纷。涉及典权的民事案件更多的是关于劳动人民之间的旧社会遗留下来的房屋典权的纠纷。土改后，也有少量的房屋典权纠纷，这是因为，法律和政策一直确认农民和市民的房屋私人所有权，所有权人有权支配和处分其房屋，进行包括典当在内的各种形式的交易。法律和政策只是给处理房屋典权纠纷提供了一些原则性的规范和指示，具体案件的处理主要是依据典权习惯而进行的。在这里，作为非正式制度的典权习惯填补了国家法的空白，在财产权利保护上发挥了不可替代的功能。

随着时间的推移，如何对待典权习惯，又成为物权法起草过程中存在的重大争议问题。

物权法是规范财产关系的基本法律，调整因物的归属和利用而产生的民事关系，包括明确国家、集体、私人和其他权利人的物权以及对物权的保护。典权本质上属于一种物权。在对待作为民间法的典权习惯上，有的学者主张将其明确系统地规定于物权法中，以使其具备国家法的性质，有的学者则主张物权法不规定典权为宜。

主张在物权法中设立典权制度的主要理由是：（1）新中国典权的存在、发展、消灭和重生，是有其内在根据的。中华人民共和国以来典权纠纷时有发生，中华人民共和国成立初期乃至 20 世纪 60 年代中期司法实践中主要遇到的是民国时期遗留下来的房屋典权纠纷；20 世纪 80 年代审理的最后一批典权纠纷案件都是发生在 20 世纪五六十年代的，此后至今，鲜有典权案件发生。但是，就其原因是因

① 纪敏编著：《中国房地产政策法规与实践》，学苑出版社 1991 年版，第 219 页。

为在很长的一段时期内，土地为国家所有或集体所有，农村房屋虽为私人所有，但数量有限，城市居民很长一段时间内也大都居住在公产房屋内，有使用权而无财产所有权以及以所有权为根据的处分、交易的权利，社会商品经济不发达，大额融资需求亦少见，民事主体没有什么不动产可出典和承典了。私有财产的弱化是导致典权弱化的主要原因。而现在随着住房制度的改革，公民拥有的私有房屋进一步扩大，个体和私有经济进一步活跃，房屋所有权人在有暂时不住的房屋时，或者出租，或者出卖，有的不愿意出租或出卖，就可采取典的形式来处理。因此，从发展趋势来看，典权作为一种不动产交易的形式势必扩大。因此，有必要在物权法这一关于财产关系的基本法律中予以规定，以便从法律上给典权以确认和保护，并为解决此类纠纷提供明确的法律依据。否则，遇到此类纠纷又得依靠司法解释、批复等来具体案件具体处理。物权法不明确典权对于公民财产和交易安全都是不利的。[①]（2）从传统法文化的角度来看，典权制度为中华法系的特色制度，凝聚了一千多年以来的法律分化结晶。在实践中发挥了解困、融资等诸多社会经济功能，为社会经济秩序的稳定和经济增长起到了积极作用，它的独特之处，是现有的物权制度都不可替代的，长远来看，既是继承和发扬中华民族济贫扶弱的道德观念，维持民族文化，保持民族自尊的需要，又是社会经济发展的新形势的需要。[②]

反对将典权规定于物权法中的主要理由是：（1）从法律进化的观念来看，典权制度为过去旧社会之遗留物，在今日经济与社会文化均有较大变化和进步的情况下，它已失去其存在的土壤。如有的学者认为，典权是重农时代之产物，为我国传统旧伦理之下的特殊现象。由于古人崇敬祖先，重孝好名，视出卖祖遗财产、特别是作为不动产之田宅为败家不孝之举，故而于急需金钱以济急用之际，以典权保留回赎之可能，为出卖家产遮羞。而今日现代人之观念已完全不同，于急需金钱时，径可出卖家产，无任何伦理负担。且在以往之重农时代，金融不发达，货币投资范围狭小，故而置产几为金钱投资之唯一途径；而如今信托代理制度发

① 杨立新：《“三进三出”看典权》，中国私法网：http://www.privatelaw.com.cn（2005年12月25日）。

② 房绍坤：《民商法问题研究与适用》，北京大学出版社2002年版，第76页。

达，金融昌盛，投资领域宽广。因而没有在法律上规定典权之必要。典权是在自给自足的自然经济的基础上和宗法伦理观念的基础上建立起来的，在市场经济日益发达、宗法伦理观念早已过时的情形下，没有必要为特色而特地在物权法中重新设置一民事制度。①（2）在不能克服典权制度的固有缺陷的情形下，将典权习惯的内容直接移入国家法中，只会起到不好的作用。不少学者认为，典权制度固有缺陷表现在：一是典权制度允许在同一项不动产上形成出典人和典权人两个平行的各自拥有处分权的权利局面，同时也不禁止由第三方占有、使用该项不动产。而且，大多数情形下，允许出典人以佃农或房客身份仍然占有、使用已出典的不动产，形成权利的重叠和纠缠，影响交易的效率，存在着对潜在的交易第三人的危险因素。由于出典人于典期期满后可以随时要求回赎不动产，因此典权人所获得的财产利益也存在着风险，从而助长了典权人的短期操作行为，不愿意改良不动产，从而降低了不动产的附加值。二是典权交易显然是不利于出典人一方的，因而也不符合经济利益的公平性。本来出典已出于无奈，致使典价压得很低，一般不会超过该项不动产当时正常价值的二分之一。在出典人无法凑齐典价回赎的情况下，典权人可以长期占有不动产，长期收益。而出典人要出卖不动产时，典权人又具有优先购买权并实际占有着不动产，出典人很难找到另外的买主。典权人即以此压低"找价"的价格，往往不过原有价值的三分之一。在典物因不可抗力而致全部灭失的特殊情况，由于风险全部由典权人负担，出典人不必退回典价，典权人则丧失典价和收益。②

几经争议，典权制度在物权法草案中几进几出，2007年3月16日通过的《中华人民共和国物权法》中最终没有规定典权，基于"物权的种类和内容，由法律规定"的物权法定的原则，典权并没有成为物权法中物权的一种。可以说，典权制度依然保留了民事习惯法的基调。笔者认为，诉讼档案表明众多的房屋典权纠纷都与典权制度的固有缺陷有密切的关系。司法实践表明，房屋典权案件多为民国时期形成的，少部分为20世纪五六十年代形成的，20世纪80年代以来，几乎

---

① 王泽鉴：《民法物权》（第二册），中国政法大学出版社2001年版，第103—104页。

② 郭建：《中国财产法史稿》，中国政法大学出版社2005年版，第131页。

未见房屋典权纠纷，这也说明在国家法的层面上设置物权制度已无必要。但由于我国经济发展的不均衡性，很难排除典权纠纷案件发生的可能性，以往诉讼实践主要地依据典权习惯并结合具体案件的实际情况来解决纠纷的经验，仍然具有参考借鉴的价值。

从诉讼档案中我们可以看到在审理借款、欠款纠纷和财产损害赔偿纠纷中，法官很少引用法律条文，可以说，几乎所有的相关案件都是按照“欠债还钱”和“损害东西要赔偿”的习惯法原则来处理的。“若没有习惯的帮助，无人能应付得了每日必须干的工作，无人能生存，哪怕是一天。”[①] 正是这些基本的习惯法原则构成了财产秩序的基础。它们向人们传达了基本的交往信息，确立了基本的交往规则，提供了社会经济关系的基本准则，也使在如何处理由于各种原因难以避免的纠纷出现的时候有章可循。在不断处理借款、欠款纠纷和财产损害赔偿的纠纷过程中，法官们总结出了敦促当事人一方履行还款义务和赔偿义务的措施，也注意到了在违约行为和侵权行为中的当事人过错、违约、侵权行为的事实、违约结果、损害结果的事实以及因果关系等共同的基本因素，从而为后来建立以一系列概念、规则组成的更为抽象和系统的法律规则体系如违约责任、侵权责任的法律制度提供了实践理性的经验和基础。

在调整财产权利关系方面，任何正式制度作用的有效发挥，都离不开一定的非正式制度的配合或补充作用。就像法律制度的实施一样，如果没有相应的法律信仰和伦理道德观念为基础，人人都在观念上缺乏法律信仰和相应的自我道德约束意识，法律制度就不可能得到有效实施，甚至会形同虚设。同时，任何正式制度安排都是有限的，只有依靠各种不同形式的非正式制度的必要补充，才能形成有效的社会约束体系。例如关于财产权利的法律制度就不可能做到能够具体到任何财产关系建立的细节以及不同区域交易习惯的差异性。同样，非正式制度作用的有效发挥，也依赖于正式制度的支撑。非正式制度的约束是非强制性的。只有借助于一定的强制性的正式制度的支持，才能有效地实现其约束力，特别是在涉及面广的各种复杂经济关系和社会问题上，离开了正式制度的强制作用，非正式

① 卢现祥主编：《新制度经济学》，武汉大学出版社 2003 年版，第 117 页。

制度是软弱无力的。一个国家社会经济秩序的维护是靠正式约束与非正式约束共同作用的结果。[①]

民众的权利观念，以及在此观念支配下的为维护自己权利而进行的包括诉诸国家权力介入的诉讼程序等各种形式的斗争，是法律发展的内在动力，同时，法律发展也在影响民众的权利观念和行动选择。为权利提供细致周到的和强有力的制度化的保障，是民众的基本需求，也是中国社会经济变革的内在需求和法律现代化的基本命题。当今中国社会中规范、引导人们权利实践的制度，除了国家法之外，还存在习惯法这种地方性知识，认真对待民间习惯法，实现国家法和民间法的良性互动，是法律产生实效的重要途径。通过纠纷的解决来维护权利，实现社会秩序和社会公正，是司法的基本功能，这不仅仰赖比较完备的法律体系，更需要正直、明达的法官。

① 卢现祥主编：《新制度经济学》，武汉大学出版社 2003 年版，第 122 页。

参考文献

一、论文

[1] 李国华：《论建国后我国城市私有出租房屋的社会主义改造》，《党史文苑》2004 年第 12 期。

[2] 李霞：《民间习俗中的彩礼及其流变》，《民俗研究》2008 年第 3 期。

[3]〔美〕海登·怀特：《叙事性在实在表现中的用处》，载陈新主编：《当代西方历史哲学读本》，复旦大学出版社 2004 年版。

[4] 侯建新：《西欧崛起：经济与社会互动的历史及相关学科》，《社会科学战线》2008 年第 2 期。

[5]〔美〕黄宗智、〔中〕尤陈俊：《调解与中国法律的现代性》，《中国法律》2009 年第 3 期。

[6] Jerome Alan Cohen. *Chinese Mediation on the Eve of Modernization*. California Law Review，Vol. 54，1966.

[7] 乔志强：《深化中国社会史研究》，《历史研究》1993 年第 2 期。

[8] Stanley Lubman. *Mao and Mediation*：*Politics and Dispute Resolution in Communist China*. California Law Review，Vol. 55，1967.

[9] 王加丰、侯建新、赵文洪等：《权利视野下的史学研究》，《史学理论研究》2004 年第 1 期。

[10] 王福民：《历史唯物主义对日常生活的关注》，《哲学研究》2010 年第 8 期。

[11] 王亚新：《纠纷、秩序、法治——探寻研究纠纷处理与规范形成的理论

框架》，载马俊驹主编：《清华法律评论》（第二辑），清华大学出版社 1999 年版。

[12] 吴承明：《经济史：历史观与方法论》，《中国经济史研究》2001 年第 3 期。

[13] 行龙：《经济史与社会史》，《山西大学学报》2003 年第 4 期。

[14] 行龙：《二十年中国近代社会史研究之反思》，《近代史研究》2006 年第 1 期。

[15] 杨善华、刘小京：《近期中国农村家族的若干理论问题》，《中国社会科学》2000 年第 5 期。

[16] 张佩国：《农民的财产边界与近代中国司法的性质》，《河北大学学报》2002 年第 4 期。

[17] 张佩国：《公产与私产之间 —— 公社解体之际的村队成员权及其制度逻辑》，《社会学研究》2006 年第 5 期。

[18] 张佩国：《口述史、社会记忆与乡村社会研究 —— 浅谈民事诉讼档案的解读》，《史学月刊》2004 年第 12 期。

[19] 赵旭东：《秩序、过程与文化 —— 西方法律人类学的发展及其问题》，《环球法律评论》2005 年第 5 期。

二、著作

[1]〔美〕白凯：《中国的妇女与财产（960—1949 年）》，世纪出版集团上海书店出版社 2003 年版。

[2]〔美〕伯尔曼：《法律与革命 —— 西方法律传统的形成》，贺卫方、高鸿钧等译，中国大百科全书出版社 1993 年版。

[3] 陈弘毅：《法治、启蒙与现代法的精神》，中国政法大学出版 1998 年版。

[4] 陈振明主编：《政策科学 —— 公共政策分析导论》（第二版），中国人民大学出版社 2003 年版。

[5] 程燎原、王人博：《权利及其救济》（第 2 版），山东人民出版社 1998 年版。

[6] 程维荣：《中国继承制度史》，中国出版集团东方出版中心 2006 年版。

[7]〔美〕道格拉斯·C. 诺思：《经济史上的结构和变革》，厉以平译，商务印书馆 1992 年版。

[8]《董必武法学文集》，法律出版社 2001 年版。

[9] 房绍坤：《民商法问题研究与适用》，北京大学出版社 2002 年版。

[10]〔法〕弗雷德里克·巴斯夏：《财产、法律与政府》，秋风译，贵州人民出版社 2003 年版。

[11] 费孝通：《江村经济——中国农民的生活》，商务印书馆 2004 年版。

[12] 付海晏：《变动社会中的法律秩序——1929—1949 年鄂东民事诉讼案例研究》，华中师范大学出版社 2010 年版。

[13] 郭建：《中国财产法史稿》，中国政法大学出版社 2005 年版。

[14] 公丕祥主编：《法律文化的冲突与融合》，中国广播电视出版社 1998 年版。

[15] 韩延龙主编：《中华人民共和国法制通史》（上），中共中央党校出版社 1998 年版。

[16]〔美〕海登·怀特：《形式的内容：叙事话语与历史再现》，董立河译，北京出版社出版集团、文津出版社 2005 年版。

[17]〔德〕黑格尔：《法哲学原理》，范扬、张企泰译，商务印书馆 1982 年版。

[18] 洪远朋主编：《经济理论比较研究》，复旦大学出版社 2002 年版。

[19]〔美〕黄宗智：《民事审判与民间调解：清代的表达与实践》，中国社会科学出版社 1998 年版。

[20]〔美〕黄宗智：《法典、习俗与司法实践：清代与民国的比较》，世纪出版集团上海书店出版社 2003 年版。

[21]〔美〕黄宗智：《经验与理论：中国社会、经济与法律的实践历史研究》，中国人民大学出版社 2007 年版。

[22] 纪敏编著：《中国房地产政策法规与实践》，学苑出版社 1991 年版。

[23] 姜义华等编：《港台及海外学者论中国文化》（上），上海人民出版社 1988 年版。

[24]〔美〕康芒斯：《制度经济学》（上册），于树生译，商务印书馆 1962 年版。

[25]〔美〕科斯等：《财产权利和制度变迁——产权学派与新制度学派译文集》，上海三联书店 1994 年版。

[26]〔德〕柯武刚、史漫飞：《制度经济学》，韩朝华译，商务印书馆 2000 年版。

[27]〔美〕理查德·A. 波斯纳：《法律的经济分析》（上），蒋兆康译，中国大百科全书出版社 1996 年版。

[28] 梁治平：《清代习惯法：社会与国家》，中国政法大学出版社 1996 年版。

[29] 林语堂：《吾国与吾民》，中国戏剧出版社 1990 年版。

[30]〔美〕路易斯·亨利·摩尔根：《古代社会》（上册），杨东莼等译，商务印书馆 1995 年版。

[31] 卢现祥主编：《新制度经济学》，武汉大学出版社 2003 年版。

[32]《马克思恩格斯选集》（第 1 卷），人民出版社 1972 年版。

[33]〔美〕迈克尔·D. 贝勒斯：《法律的原则——一个规范的分析》，张文显等译，中国大百科全书出版社 1996 年版。

[34]《毛泽东选集》（第 1 卷），人民出版社 1991 年版。

[35]《毛泽东选集》（第 4 卷），人民出版社 1991 年版。

[36]〔英〕梅因：《古代法》，沈景一译，商务印书馆 1984 年版。

[37] 瞿同祖：《中国法律与中国社会》，中华书局 1981 年版。

[38] 瞿同祖：《瞿同祖法学论著集》中国政法大学出版社 2004 年版。

[39] 石泰峰：《跨越文明的误区——现代西方法律人类学》，山西高校联合出版社 1995 年版。

[40]〔英〕S. 斯普林科尔：《清代法制导论》，张守东译，中国政法大学出版社 2000 年版。

[41] 谭崇台主编：《发展经济学的新发展》，武汉大学出版社 1999 年版。

[42] 王泽鉴：《民法物权》（第一册），中国政法大学出版社 2001 年版。

[43] 王泽鉴：《民法物权》（第二册），中国政法大学出版社 2001 年版。

[44] 吴欣：《清代民事诉讼与社会秩序》，中华书局 2007 年版。

[45] 夏勇：《中国民权哲学》，生活·读书·新知三联书店 2004 年版。

[46] 谢振民编著，张知本校订：《中华民国立法史》（下册），中国政法大学出版社 2000 年版。

[47] 张恒山：《法理要论》（第二版），北京大学出版社 2006 年版。

[48] 张希坡：《中国婚姻立法史》，人民出版社 2004 年版。

[49] 周建漳：《历史及其理解和解释》，社会科学文献出版社 2005 年版。

[50]〔日〕滋贺秀三：《中国家族法原理》，张建国、李力译，法律出版社 2003 年版。

三、档案

（一）S 省档案馆档案

[1] S 省档案馆档案：C1—1—372，170—173。

[2] S 省档案馆档案：C1—1—372，183—186。

[3] S 省档案馆档案：C1—1—372，193—211。

[4] S 省档案馆档案：C1—1—372，300—310。

（二）Y 市法院档案

[1] Y 市法院档案：34—3—4909。

[2] Y 市法院档案：34—3—4905。

[3] Y 市法院档案：34—3—4899。

[4] Y 市法院档案：34—3—4882。

[5] Y 市法院档案：34—3—4881。

[6] Y 市法院档案：34—3—4876。

[7] Y 市法院档案：34—3—4874。

[8] Y 市法院档案：34—3—4867。

[9] Y 市法院档案：34—3—4865。

[10] Y 市法院档案：34—3—4840。

[11] Y 市法院档案：34—3—4833。

[12] Y 市法院档案：34—3—4795。

[13] Y 市法院档案：34—3—4791。

[14] Y 市法院档案：34—3—4789。

[15] Y 市法院档案：34—3—4776。

[16] Y 市法院档案：34—3—4774。

[17] Y 市法院档案：34—3—4697。

[18] Y 市法院档案：34—3—4554。

[19] Y 市法院档案：34—3—4135。

[20] Y 市法院档案：34—3—4046。

[21] Y 市法院档案：34—3—4043。

[22] Y 市法院档案：34—3—4042。

[23] Y 市法院档案：34—3—3990。

[24] Y 市法院档案：34—3—3988。

[25] Y 市法院档案：34—3—3708。

[26] Y 市法院档案：34—3—3707。

[27] Y 市法院档案：34—3—3210。

[28] Y 市法院档案：34—3—3206。

[29] Y 市法院档案：34—3—3199。

[30] Y 市法院档案：34—3—3198。

[31] Y 市法院档案：34—3—3197。

[32] Y 市法院档案：34—3—3138。

[33] Y 市法院档案：34—3—3054。

[34] Y 市法院档案：34—3—3050。

[35] Y 市法院档案：34—3—2989。

[36] Y 市法院档案：34—3—2976。

[37] Y 市法院档案：34—3—2855。

[38] Y 市法院档案：34—3—2845。

[39] Y 市法院档案：34—3—2716。

[40] Y 市法院档案：34—3—2525。

[41] Y 市法院档案：34—3—2475。

[42] Y 市法院档案：34—3—2474。

[43] Y 市法院档案：34—3—2472。

[44] Y 市法院档案：34—3—2470。

[45] Y 市法院档案：34—3—2469。

[46] Y 市法院档案：34—3—2440。

[47] Y 市法院档案：34—3—2332。

[48] Y 市法院档案：34—3—2283。

[49] Y 市法院档案：34—3—2171。

[50] Y 市法院档案：34—3—2029。

[51] Y 市法院档案：34—3—1939。

[52] Y 市法院档案：34—3—1891。

[53] Y 市法院档案：34—3—1861。

[54] Y 市法院档案：34—3—1740。

[55] Y 市法院档案：34—3—1639。

[56] Y 市法院档案：34—3—1586。

[57] Y 市法院档案：34—3—1585。

[58] Y 市法院档案：34—3—1571。

[59] Y 市法院档案：34—3—1557。

[60] Y 市法院档案：34—3—1556。

[61] Y 市法院档案：34—3—1406。

[62] Y 市法院档案：34—3—1405。

[63] Y 市法院档案：34—3—1397。

[64] Y 市法院档案：34—3—1388。

[65] Y 市法院档案：34—3—1285。
[66] Y 市法院档案：34—3—986。
[67] Y 市法院档案：34—3—985。
[68] Y 市法院档案：34—3—982。
[69] Y 市法院档案：34—3—981。
[70] Y 市法院档案：34—3—979。
[71] Y 市法院档案：34—3—977。
[72] Y 市法院档案：34—3—974。
[73] Y 市法院档案：34—3—954。
[74] Y 市法院档案：34—3—952。
[75] Y 市法院档案：34—3—950。
[76] Y 市法院档案：34—3—949。
[77] Y 市法院档案：34—3—947。
[78] Y 市法院档案：34—3—904。
[79] Y 市法院档案：34—3—902。
[80] Y 市法院档案：34—3—901。
[81] Y 市法院档案：34—3—900。
[82] Y 市法院档案：34—3—899。
[83] Y 市法院档案：34—3—891。
[84] Y 市法院档案：34—3—839。
[85] Y 市法院档案：34—3—827。
[86] Y 市法院档案：34—3—810。
[87] Y 市法院档案：34—3—809。
[88] Y 市法院档案：34—3—807。
[89] Y 市法院档案：34—3—806。
[90] Y 市法院档案：34—3—805。
[91] Y 市法院档案：34—3—803。
[92] Y 市法院档案：34—3—784。

[93] Y 市法院档案：34—3—728。
[94] Y 市法院档案：34—3—688。
[95] Y 市法院档案：34—3—648。
[96] Y 市法院档案：34—3—521。
[97] Y 市法院档案：34—3—420。
[98] Y 市法院档案：34—3—412。
[99] Y 市法院档案：34—3—398。
[100] Y 市法院档案：34—3—379。
[101] Y 市法院档案：34—3—337。
[102] Y 市法院档案：34—3—293。
[103] Y 市法院档案：34—3—262。
[104] Y 市法院档案：34—3—236。
[105] Y 市法院档案：34—3—235。
[106] Y 市法院档案：34—3—234。
[107] Y 市法院档案：34—3—223。
[108] Y 市法院档案：34—3—221。
[109] Y 市法院档案：34—3—212。
[110] Y 市法院档案：34—3—199。

四、法律法规、政策文件

[1]《中共中央关于废除国民党的六法全书与确定解放区的司法原则的指示》（1949 年 2 月）。

[2]《中国人民政治协商会议共同纲领》（1949 年 9 月 29 日）。

[3]《中华人民共和国宪法》（1954 年 9 月 20 日）。

[4]《中华人民共和国婚姻法》（1950 年 5 月 1 日）。

[5]《关于中华人民共和国婚姻法起草经过和起草理由的报告》（1950 年 4 月

14日）。

[6]《中华人民共和国土地改革法》（1950年6月30日）。

[7]《中华人民共和国物权法》（2007年3月16日）。

[8]《农村人民公社工作条例修正草案》（1962年9月27日）。

[9]《最高人民法院关于贯彻执行民事政策几个问题的意见》（修正稿）（1963年8月28日）。

[10]《中央人民政府法制委员会有关婚姻法施行的若干问题与解答》（1950年6月26日）。

[11]《最高人民法院、司法部关于婚姻案件中聘金或聘礼处理原则的指示》（1951年10月8日）。

[12]《最高人民法院关于适用〈中华人民共和国婚姻法〉若干问题的解释（二）》（2003年12月25日）。

[13]《最高人民法院华东分院关于继承等问题的批复》（1951年1月18日）。

[14]《中央法制委员会办公厅关于女子继承权利问题的函复》（1951年4月14日）。

[15]《最高人民法院华东分院有关亲属继承等问题的批复》（1951年4月17日）。

[16]《最高人民法院华东分院关于"指示顾婉贞等与顾沈氏等分析遗产案件的处理办法"的通报》（1951年7月9日）。

[17]《最高人民法院西南分院关于赘婿要求继承岳父母财产的问题的批复》（1951年7月18日）。

[18]《最高人民法院华东分院关于已婚女子继承问题的批复》（1951年12月18日）。

[19]《政务院对华东行政委员会关于土地改革后妇女继承权与托管土地及土地典当回赎问题的批复》（1953年2月21日）。

[20]《司法部关于土改后所生子女在家庭内是否有土地权及分家问题的批复》（1953年3月19日）。

[21]《最高人民法院关于兄弟姊妹互相继承遗产问题的复函》（1953年4月8日）

[22]《司法部关于遗产继承问题的复函》（1956年12月4日）。

[23]《最高人民法院关于处理农村合作化后所发生的土地、继承问题的复函》（1958 年 3 月 26 日）。

[24]《最高人民法院关于几个继承问题的批复》（1962 年 9 月 13 日）。

[25]《最高人民法院关于国家经租的房屋不允许继承问题的批复》（1964 年 9 月 18 日）。

[26]《中央人民政府内务部关于土地改革地区典当土地房屋问题的处理意见》（草案）（1950 年 9 月 30 日）。

[27]《内务部关于填发土地房产所有证的指示》（1950 年 11 月 25 日）。

[28]《中央人民政府司法部关于典当处理问题的批复》（1951 年 11 月 9 日）。

[29] 中共中央批转中央书记处第二办公室《关于目前城市私有房屋基本情况及进行社会主义改造的意见》（1956 年 1 月 18 日）。

[30]《中共中央关于各地对社员宅基地问题作一些补充规定的通知》（1963 年 3 月 20 日）。

[31] 国务院批转国家房产管理局《私有出租房屋社会主义改造问题的报告》（1964 年 1 月 13 日）。

[32]《国家房产管理局关于私房改造中处理典当房屋问题的意见》（1965 年 12 月 3 日）。

[33]《新区农村债务处理办法》（1950 年 10 月 20 日）。

[34]《政务院关于加强人民司法工作的指示》（1950 年 11 月 3 日）。

[35]《人民调解委员会暂行组织通则》（1954 年 3 月）。

[36]《闽西婚姻法》（1930 年 3 月）。

[37]《闽西苏维埃政府关于婚姻法令之决议的布告》（1930 年 4 月）。

[38]《湘赣省婚姻条例》（1931 年 10 月）。

[39]《中华苏维埃共和国婚姻条例》（1931 年 11 月 26 日）。

[40]《中华苏维埃共和国婚姻法》（1932 年 4 月）。

[41]《晋察冀边区目前施政纲领》（1940 年 8 月 13 日）。

[42]《陕甘宁边区施政纲领》（1941 年 5 月 1 日）。

[43]《晋察冀边区婚姻条例（草案）》（1941 年 7 月 7 日）。

[44]《陕甘宁边区保障人权财权条例》（1942 年 2 月）。

[45]《晋西北保障人权条例》（1942 年 11 月 6 日）。

[46]《晋察冀边区行政委员会关于女子财产继承执行权问题的决定》（1943 年 6 月 15 日）。

[47]《冀鲁豫行署关于女子继承权等问题的决定》（1945 年 3 月）。

[48]《陕甘宁边区高等法院对于赤水县询问买卖婚姻价款应否没收问题的意见》（1942 年 7 月 13 日）。

五、其他

[1]〔美〕黄宗智：《中国法律的实践历史研究来源》，国学网：http：//eco.guoxue.com/print.php/ 17761（2008 年 9 月 11 日）。

[2] 杨立新：《“三进三出”看典权》，中国私法网：http：//www.privatelaw.com.cn（2005 年 12 月 25 日）。

[3]《边区司法机关厉行保障人权财权》，《解放日报》1942 年 12 月 31 日。

[4]《彻底改造司法工作》，《人民日报》1952 年 8 月 17 日。

[5]《再论提倡一个“公”字》，《解放军报》1966 年 11 月 3 日。

[6]《“斗私，批修”，做好各学校各单位的斗批改》，《红旗》1967 年第 15 期。

[7] 张希坡：《马锡五审判方式是人民司法工作的一面旗帜》，《人民法院报》2009 年 8 月 11 日。

[8] 高楠：《宋代民间财产纠纷与诉讼研究》，河北大学博士论文，2005 年。

后　记

本书是在我的博士毕业论文基础上修改而成的。

我首先要感谢恩师行龙教授。

博士论文是在我的导师行龙教授的悉心指导下形成的，本书也是在行老师的指导、督促之下完成的。行龙教授倡导“走向田野与社会”的学术理念，鼓励采用跨学科的社会经济史研究方法，追求“自下而上”和“自上而下”结合的“以小见大”与“以大看小”融通的整体史关照。他的丰富而深刻的学术思想，从严治学的科学精神，精益求精的学术风格，平易近人、热情爽快的人格魅力，都在滋育、鞭策和感染着我。从专业学习到论文的选题、写作、预答辩、修改与完善，直到成书，在我的学术成长过程中恩师付出了大量的心血；并在工作方面给了我很多的指导；还关心我个人生活中遇到的一些困难。

我衷心地感谢行老师！尽管导师的恩情绝不是一句“谢谢”可以报答的。

我还得到山西大学晋商研究所刘建生教授的诸多指导和帮助。他给我授课，讲解经济史学的基础和前沿问题，关心我的论文进展情况，给我提了很好的修改意见。在此谨致谢意。

我感谢山西大学中国社会史研究中心的岳谦厚教授、王李金教授、王守恩教授等和晋商研究所梁四宝教授、石涛教授等在开题、写作、预答辩、资料方面给我的帮助和建议。

山西大学社会史研究中心的胡英泽教授在我的学习、论文资料收集、论文修改方面给了我诸多帮助和鼓励，也了解我的辛苦。我忘不了他在夏天最热的月份和冬天最冷的几天与我一起去省档案馆收集资料的情形。我真诚地向他说声谢谢！

山西大学社会史研究中心的郝平、常利兵、张俊峰、苏泽龙、马维强、韩晓莉、李噶诸位博士以及其他老师也以各种不同方式帮助了我，在此致谢。

感谢山西大学晋商研究所的邸红艳、社会史中心的冯艳花老师在管理和资料方面给我的帮助。

我特别感谢我所调研的法院领导和法官们，他们为我的调研提供了方便，使我得以接触和阅读到大量的民事诉讼档案，形成了博士论文的资料基础。谢谢他们。

我感谢山西大学法学院的王继军教授给我的帮助和指导，是他安排我去挂职调研，他也很关心我的论文进展情况，时常激励我。我感谢法学院的张天虹、汪渊智、陈晋胜、周子良、黄晓燕、史凤林、任凤莲、王霄燕、董玉明、白红平、王瑾诸位老师以及别的同事以不同的方式给我的帮助。

感谢我的父母对我的理解和鼓励；感谢我的岳母不辞辛苦地为我们操劳、帮忙；感谢我弟弟的关心。

感谢我温柔贤惠的妻子畅燕玲和茁壮成长的儿子玉玉对我的深情、关心和理解，他们的爱给了我温暖和前行的动力。

张艳和王燕芳在我的论文资料收集和校对方面作了大量的工作，在此表示感谢。

感谢一切帮助和关心我的人，也感谢那些我从其论著中得到学术启迪的学者。

由于学力所限，虽是尽力而为，写作水平难免不尽如人意。

李 麒

2016 年 8 月